日本史籍協會編

中山績子日記

東京大學出版會發行

中山績子自筆日記

（文久三年九月九日）

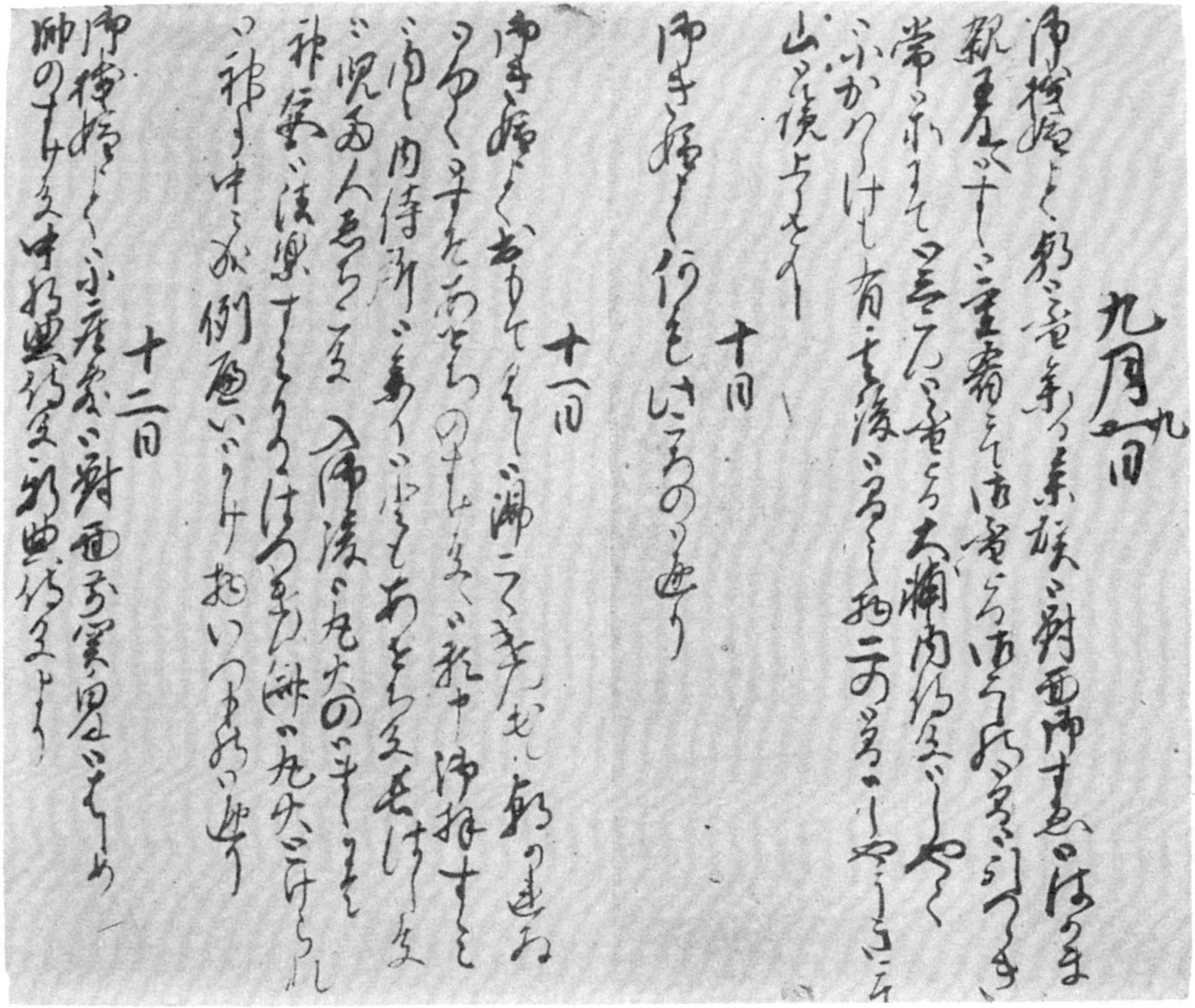

元侯爵中山家藏

中山績子日記

緒言

一本書ハ贈従一位中山愛親ノ女績子ノ日記ニシテ其大部分ハ大典侍在職中ノ筆錄ナリ

一抑モ内侍司ハ後宮職員ノ最初ニ在リ其職別ハ大寶令ニ

尚侍《ナイシノカミ》一人　典侍《ナイシノスケ》四人　掌侍《ナイシノジョウ》四人　女孺一百人

トアリ尚侍ハ内侍司ノ長ニシテ典侍ハ其次ナリ掌侍之ニ次グ内侍司ノ掌ル所ハ常侍奏請宣傳女孺ヲ檢校シ兼テ内外命婦ノ朝參ヲ知リ及ビ禁内ノ禮式ノ事ニ供奉スル事ヲ掌ルト見エタリサレバ常ニ天子ニ近侍シ諸司ヨ

リノ上奏ヲ天子ニ執次ギ又天子ノ命ヲ傳フル事ヲ掌リ併セテ女孺ヲ監督シ内外命婦ノ朝参ニ關スルコトヲ職司トセルナリ

一令ノ制ニヨレバ奏請宣傳ノ事ハ專ラ尙侍ノ掌ル所ニシテ之ニ與ラズ若シ尙侍ナキ時ハ典侍奏請宣傳ノ事ヲ行フトアリ然ルニ後世尙侍ハ多ク任ゼラレズ奏請宣傳ノ事ハ專ラ內侍ノ長タル勾當內侍長橋局ノ行フ所トナリシヲ以テ典侍ノ職務局限セラルヽニ至リシモ猶常侍董督司禮ノ事ハ典侍ノ管スル所ニシテ依然後宮ノ上首タル位置權力ヲ有セリ

一大典侍ハ典侍ノ第一ニシテ古ヘノ尙侍ト相駢ブベキモ

ノナリ故ニ其日記ハ天子御日常ノ御動作ハ勿論椒庭ノ消息ヲ知悉スベキ至重處要ノ史料ナリ

一愛親ガ寛政年間閑院宮典仁親王尊號追贈ノ問題ニ關シ光格天皇ノ聖慮ヲ奉體シ侃諤ノ議ヲ主張シ終ニ幕譴ニ觸レシハ有名ナル事蹟ニシテ維新前有志敵愾ノ心モ亦タ是ニ胚胎スルモノ多シ績子夙ニ庭訓ヲ遵守シ忠愛ノ念頗ル厚ク巾幗ノ身ヲ以テ皇室式微ノ間仁孝孝明明治ノ三朝ニ歴事シ勤恪精勵後宮ニ大功アリシハ其姪孫中山慶子ノ明治天皇傅育ノ功蹟ト前後相俟テ陸離タル光彩ヲ放ツモノト謂フベシ而シテ此日記ガ斯ノ人ノ筆ニナルモノタルヲ知ル時ハ特ニ尊重セザルベカラズ

一女房日記ニハ古來一種ノ用語樣式アリ今勉メテ原形ヲ存センガ爲メニ一モ之ヲ改メズ其文字ノ如キモ活版ニナキモノハ新ニ字母ヲ作リテ鑄造シ其難キモノハ木版ニヨリ出來得ル限リノ苦心ト注意トヲ拂ヒタリ例ヘバまゐるノ旨ニ於ケルられはノ〓ニ於ケルまゐらされはけられはさせられはノ〓ニ於ケルられすノ〓にニ於ケル樣ノ〓ニ於ケル殿ノ〓ニ於ケルガ如シ看ン人之ヲ諒セラレンコトヲ

一終ニ滋ミテ原本ノ謄寫印刷配本ヲ允諾セラレシ侯爵中山孝麿氏ノ厚意ヲ敬謝ス

大正六年二月

日本史籍協會

中山績子略譜　中山家家譜抄出

中山家廿一代愛親卿女

宗　姫　寛政七二月十日生

文化四八廿七儲君親王爲上﨟号高松局愛《ナリ》子同十四三十九補典侍宰相典侍　同年四二從五位上　文政九五十正五位下同十一十十一改名績《イサ》子　天保十十廿一從四位下大典侍　弘化二八八正四位下効階元從四位下也弘化三正廿八從三位　同年地行加增　明治元年正三位　明治八二十二薨八十一。

中山績子日記　目次

安政三年正月元日より十二月晦日まで　一
安政四年正月元日より十二月二十七日まで　七五
安政五年正月元日より十二月三十日まで　一三九
安政六年正月元日より十二月晦日まで　二三五
万延元年正月元日より八月二十二日まで　三〇九
万延元年十一月十四日より同月十八日まで　三五七
文久元年正月十四日より十二月三十日まで　三六一
文久二年正月元日より十二月二十九日まで　四一三
文久三年正月元日より十二月二十九日まで　四八五
元治元年九月朔日より十二月二十九日まで　五五三
慶応二年正月元日より十二月十一日まで　五九五
慶応三年十一月七日より同月十五日まで　六五九
慶応三年十二月十九日より同月二十八日まで　六五九

目　次

慶応三年十二月九日より同月三十日まで　六六一
慶応三年六月十六日　六六二
明治元年二月三日・三月九日・同月十八日　六六二
慶応三年四月一日・同月二日　六六三
慶応三年十月二十八日・同月七日　六六四
慶応三年十一月一日・同月二十日・同月二十一日　六六五
慶応三年四月二十六日　六六五
慶応三年五月朔日より同月二十六日まで　六六六
明治元年正月元日より十二月二十八日まで　六七一
明治二年正月元日より十二月三十日まで　七一一
明治三年正月元日より十二月二十九日まで　七四七
明治六年八月一日より十二月二十八日まで　七五三
明治七年一月三十日より十二月二十二日まで　七七七
解　題　吉田常吉　七八九

中山績子日記

安政三年丙たつ正月ゟ

安政三年ひのえたつ

正月元日

御機嫌よし／＼なから冬とし御風邪に用心四方もい出に成らせ候に

六ッ前に成る

御神供宰相のすけ為春の参りのうちに吉書あそはされは毎のに通りえほうのかたへ上様に祝御目通りよて

准后様にはしめにそうもん攝家中に對面常に所に盃二こんまいるにもいさん男かた也

にもらため朝ら出る　出に〳〵打もら海に成とへに直衣にこ成参りに為と

うにもいせん大すけに手なか長もし為るちこ五ッきぬかり夕方にさかつきうけ取こわくに〳〵せん五ッきぬに三こんに盃まいるに三こんめ　天しやく男かた七人

参賀御對面にする候にはらま

二日

御機嫌御よし〳〵御祝きのふに同し准后様門院様へ御使もしめ長はし殿
進しめ〳〵もれ例年之御通り御盃御参り初長もし殿へ別段御盃たふうけ取
こわく御御せん御三こん　天しやく御小かはらけ有男かた三十四人

三日

御機嫌御よし〳〵御祝きのふに同し
御盃も同し男かた三十七人

四日

御き嫌御よし〳〵外様御対めん有

五日

御き嫌御よし〳〵關白様御不参千秋萬さい参内殿　出御御直衣めさるゝ
一こんの御盃准后様御はしめ御目通りよて御そうもん御湯殿はしめよ付
一こん御盃まいる女中御通り有大すけ御てうし上る近衛殿より御文まい

る御返事出る

六日

御き嫌によし〳〵に年越に盃一こん宛

七日

御き嫌によし〳〵白馬をちゑ一こんまて　出に中將内しのすけ少將内しのすけに

内ゝにて　入に後にふくあつき紅梅めさるゝ

八日

御き嫌によし〳〵准后ゟまんさいに内ゝにてあらせられ御覧

九日

御機嫌によし〳〵女中そし日の祝にまな上のゝ大すけ神気願朝より下り

夜に入り上るにこやにて花二重にふんこ上る

十日

御機嫌によし〳〵諸礼にゑいめんにふく男方

十一日

御きけんはよし／＼神くうそうし始御拝有徳大寺殿へ天もい給ふ准后さまへ出御もしめ上段になからをまいらせ候は三こんまいるは三こんめ准后さま上まいらせ候天しやくにては戴下段にてははいせんは手なかは通りあり准后さまめしかへ後御口祝上まいらせ候は祝はゑきかちんはきじ出るはふうにはやきかちんは引かへはきじはすい物とは引かへ羽もりは左へ上るは盃准后さまへ進しまいらせ候は通り申口にて女中一とうりは口祝は候もゐ戴は間のもれまへ左府さまは不さん大納言さま中將さまは前へめし御置やうり御戴女中一とうりもは前にて御ちそう戴候也

は包物御手つから進しまいらせ候左府さまへも大納言さまより御傳へ　入御後二かもり准后さまへ春のは礼は盃はしやくにていたゝき候也

十二日

御きけんはよし／＼は拝かをそうし始關白さま御参御祝出るはあし玉もまい

る靈かんし宮ゟ春の御礼に御參り難波の御間にて御對めん御祝出る御口祝もまいる觀行院ゟ信樂院ゟ妙染院ゟ御あいめん御盃たふ申の口にて御祝御ゟたため九こん下る准后ゟへも參る一こん下されハ御年玉御くわしも下さる　乙しゆ初夜の法御内ゝ　出御成

十三日

御機嫌御よし〳〵初夜法御内ゝ　出御成

十四日

御き嫌御よし〳〵瑞龍寺ゟ御礼御參り常御所にて二こんの御盃まいる二こんめ上けゆる

天しやくにていたゝき中段にて御はいせん以下瑞龍寺ゟ御しやくにて戴ハ也蓮觀院ゟはしめ御たいめん御盃長はしゟ御しやくにて下さる梅仙院ゟ不參觀實院ゟ應修院ゟ長春院ゟ同斷申の口にて御祝御ゟたゝめ准后ゟ

へ参らせられ帰り後こなたにて一こん御とし玉御くわし下さる

十五日

御機嫌御よし〳〵知光院殿はしめ御礼きのふ同じ夜に入とんと大すけ所労夕かたより引

十六日

御き嫌御よし〳〵踏歌節會おもてくし　出御

十七日

御き嫌御よし〳〵三毬打にて小御所へ成御引なをし済させられ一こんの御盃まいる

十八日

御き嫌御よし〳〵

十九日

御き嫌御よし〳〵舞御覧鶴ほうてう高橋太平楽にて御盃五つかひ七つ少

し過御する〳〵濟させられにつくもいのにせん御祝被遊に
廿日
御き嫌によし〳〵法中参内御たいめん御ふく男らた
廿一日
御機嫌によし〳〵神供御法樂
廿二日
御き嫌御よし〳〵
廿三日
御き嫌御よし〳〵座主宮な御参り御間もれ御一所に出る祐宮な少〻御む
さ〳〵にて督のすけな一宵下らる〻
廿四日
御き嫌御よし〳〵御會始八つ半過より出御御せん右府七つ半過　入に二
こんの御さかつきまいるにもいせん御手なかに通り

廿五日

御き嫌御よし〳〵關白さま御參り御對面にて黑戸佛さまくもし成御寺御所百〻御所上ろう參まいらせ候にて〻やにて重の物御室へ白銀三枚上ろうへ御きぬ一疋三百疋一老二老二百疋つゝ百〻御所へも同斷夕かた久〻まて御黑戸へ成例の御通り

廿六日

御き嫌にてよし〳〵兩寺御代香長橋殿御花御燒香まいるにて黑戸へ成にて花上けまいらせ候

敏宮さま和宮さま准后さまより御菓子上まいらせ候兩宮さまへこなたよりも御くわしまいる

座主宮さまへ御一箱肴

廿七日

御き嫌にてよし〳〵座主宮內府さま御まいり御小座處まて御たいめん

知恩院方丈參内伺有來月二日巳刻と仰出させらるゝ傳そう衆へ表使にて
申廣もたゐ御承知のよし

廿八日

御き嫌はよし〳〵内侍所は法樂有晴天鶴飛來

廿九日

御き嫌御よし〳〵小御所五十首御當座もしめは直衣めさるゝ關白御參
りは小座敷にてはたいめんなる竹御所より上ろの〳〵御重すゝり御もしめて
は用ひ

三十日

御き嫌御よし〳〵御拜御參り初有

二月一日

御き嫌よく御拜參賀御對面准后御まいり御口祝關白御は參り御對めん

准后さまにも關白さまに山水にてハ對面　御神くう長はしなすみさ〳〵後に春の參り夜に入御盃三こんまいる二こんめ小かゝ里御三こんめ長橋なハしやく

二日

御き嫌ハよし〳〵ハ拝二ハ參り十二月分ハミてハ參りとちへハかう參下さる關東使御たいめんハふく男かた知恩院方丈年始御礼參内關東使すミおもてよりめしハ樣表使にて御申七ッ比參内

三日四日

御機嫌御よし〳〵

五日

御き嫌ハよし〳〵兩寺御代香宰相のすけな御もな御燒香まいる

六日

御き嫌によし〳〵両寺御代香宰相は法事有よなか過に清めに湯めさるゝ

にそうしんとけにくし

七日

御機嫌によし〳〵

八日

御機嫌によし〳〵廣庭へ成いらになくさみ　に別は准后の若宮のにはへ

成に引直衣

九日

御き嫌によし〳〵上てん

十日

御き嫌によし〳〵事成事なし

十一日

御き嫌よし〱御座敷御當座

右府さま内府さま中務卿宮さま座主宮さまめし御参り御當座御樂御一こん進し

まいらせ候

十二日

御き嫌よし〱正親町殿御樂御まいる當はんめし御参

十三日

御き嫌よし〱御代香表より御もあ御燒香

十四日

御き嫌よし〱

十五日

御き嫌よし〱石清水御法樂あらせられ候

十六日

御き嫌よし〱敏宮さま久〻春の御礼御参内御對めん御重さかなまて御

盃肴こうしやく文こ内にやき物はさかつき上ゟの〱あなたこなたは拝見
夕かた御間もれは一品御いたゝき祐宮様にもは参内はまゐ上ゟの〱両宮
様よりは妻もし女中一とうへ戴れ也あきの宮より一とうへは人形一ッつ
ゝ下さる

十七日

御き嫌はよし〱座主宮様御参り御當・〔座脱カ〕女ほうもは人数十首

十八日

御き嫌はよし〱御會とく有

十九日

御き嫌御よし〱中務卿宮様内府様は参りは當座

廿日

御き嫌御よし〱

廿一日

御き嫌御よし〳〵に拜水無瀨に法樂　聖門ゟに參りしもらくまてにしり
そき准后ゟ別勅まてに上り

廿三日

御き嫌御よし〳〵御會とく有梅仙院へ春よりにはしめてにまいりにまか
に上應修院へもつきそひ參る〳〵おくにゑむさしきまて一こん下さるにい
とうのをつに手つからに包物おり物くみものきせるに人形一つ下さる應
へへもにくみもの

廿四日

御き嫌によし〳〵關白ゟ御參りに小座敷に當座准后ゟに初女房御人數夜
ま入廣橋へめしによみ合

廿五日

御き嫌によし〳〵聖廟御法樂四辻へにこゑにまいな天神かけなら る〳〵
准后ゟ宮ゟかたに上青門ゟにはしめて上けられるに文こ小ふうし大人形

の白ちりめんぬいつめたもこ入のきせるの上あそはし祐宮様のあけ遊はしれのまん重のいたゝき御上の志るし福祿壽のくしとますみさまいらせ後となた様へも出る青門様は明日

廿六日

のき嫌のよし〳〵の庭いら泉涌寺御代香長はし殿の花の焼香まいる八ツころよりまいらせ御き嫌伺文まいる青門様へのくし出る

廿七日

御き嫌のよし〳〵の夕の膳泉殿まて上らまいらせ右府様座主宮様の参りの小座敷へめす

廿八日

御き嫌のよし〳〵の小座敷の當座内府様の参りの一こんまいる御神供大すけへ仰出さるゝ

廿九日

御き嫌によし〱にゐれな出る

三月一日

御き嫌よく御拝御神供大すけ参賀御對めん關白殿に参に小座敷に當座准后殿に参りに口祝まいる綾小路殿にきれためし参り〱夜よ入に盃に三こん肴二こん小ゐゝ里に三こん長はし殿にしやく

二日

御き嫌よく御拝に参りに會とく有夜よ入になくさみに當座

三日

御き嫌よく御拝有にかく問所に當座にするにものゝ法とうきんに覽座主宮殿もに拝見に一所になら〱参賀にあれめん朝の出る大すけ中將内し殿伊か殿夜よ入にさかづきに三こんまいる二こんめも次第にいたゝきに三こん長はし殿にしやく

四日

御き嫌御よし〳〵局をひんを御覧にならせら座主宮様も御一所に成らせられ

五日

御き嫌御よし〳〵

六日

御き嫌御よし〳〵御代香おもてより

七日八日九日

御機嫌御よし〳〵五日より大引

十日

御き嫌御よし〳〵和宮様御参り御とう留

十一日

御き嫌御よし〳〵神供御法楽有御うまにつきほう〳〵よりぬんこ上る祐

宮御もにはしめてに有きいろ〳〵上る舞樂にかく門《問カ》所七ツ過濟さる〳〵
に膳に一通り准后御和宮御に一所に口祝にせんにくわしに内義にくし知
光院為蓮生院為めしよて參らるゝに舞樂拜見申口よてにおたゝめ九こん
にくわしも下さるおもてに酒ゑむ亥刻過すミさる〳〵にくし

十二日

御き嫌によし〳〵に會とく有綾小路為にけいこ當はんめしに樂和宮御へ
内きに庭へ成らる〳〵

十三日

御き嫌によし〳〵に代香表より

十四日

御き嫌によし〳〵にゐんとうもしめにむいあにあたつけ和宮御にゐりの
にゐんとう進しられに觀行院為へも少にゐんとう下さる

十五日

御き嫌はよし〳〵右府様聖門様青門様は参は樂夕かたは一こん出るよなか過はないい出

和宮様はれとまは文こ内にはおほり一疋は袖入もい〳〵は人形橋本前大納言ゟはしめは品物下され

十六日十七日

御き嫌はよし〳〵十七日四辻ゟはまいれた

十八日

御き嫌はよし〳〵座主宮様は参りは小座敷はないめん参内ゟは花見まては夕はせん参内ゟまて上られ〳〵長はしゟへはあや一反御手つゝらはくみものはきせるあか地鶏のはぬひ口の者謡はこひも仰付られ〳〵数もん女中一とう例之通りはちそうはもらひ申よなか半少し過入御座主宮様は早出

十九日

御き嫌によし〳〵當もんめしに數よみに當座女ほうもに人數

廿日

御き嫌によし〳〵正親町殿にきいた參らるゝ内侍所に法樂

廿一日

御き嫌によし〳〵右府様に參りに當座に數よみ

廿二日

御き嫌によし〳〵內府様に參りに當座に數よみ

廿三日

御き嫌によし〳〵にうきに祝關白様よりに內々にむわかけ二內府様より
に茶山字屏一箱別當のすけ殿はしめうけの人々より祝に上一とうよりむ
の板〆おもし四ッ　でん中ゑもこ入盃あんさしもちより上れ

廿四日

御き嫌によし〳〵門院様に參りに箱もれ上ろの〳〵女中一とうによせさか

なこなたよりは文こ内ふはあや一反は袖入もい〳〵は人形入參る大すけ
はふるのあみ入戴れ也

廿五日

御き嫌はよし〳〵座主宮様は參りは當座は樂

廿六日

御き嫌はよし〳〵は代香中將内し為はもなは燒香まいる

廿七日

御き嫌はよし〳〵當もんめしは樂綾小路為はきいた祐宮様はうけは祝に
付大すけより生つくりはまな上る宮様よりはむらゑもし戴れ也督のすけ
為神參さからるゝ切手はまな進上督のすけ為よりいすもし到來

廿八日

御き嫌はよし〳〵内府様は參は小座敷へめしは當座後はつゝ乙はきいた
は間物はいたはき無はたい出

廿九日

御き嫌御よし〳〵御夕御ぜん前三条大納言へめす座主宮様御參り當もんもめし御樂

四月一日

御き嫌よく御拝御神供長はし殿參賀御對めん御こち御はかま准后様御參り御口祝肴朝ゐまゐ宰相のすけとの衛門内侍へ能せ夕方御盃御三こんまいる二こんめこゐゝ里御三こんめ長もしへ御しやく

二日

御き嫌よく御拝あらゝ〳〵

三日

御き嫌よく御拝御參り

四日

御き嫌よくの拝牡丹の花見右府ゟ内府ゟ座主宮ゟの参りの當座女ほうも
の人數の一こんのもいきんの手なか男かたの小座敷にて大ニの賑ゝ

五日

御き嫌のよし〳〵常の為のそうし

六日

御き嫌のよし〳〵の代香表より

七日

御き嫌のよし〳〵座主宮ゟの参りの當座の數よみ女ほうの人數

八日

御き嫌のよし〳〵綾小路為けいこ参らるゝ

九日

のき嫌のよし〳〵賀茂まつりの神事

十日

御きけんよし〳〵御かく問所御當座關白殿御參り右府殿も御參り

十一日

御きけん御よし〳〵御拜御神樂御入もん御小座敷御長御はかまめさるゝ綾小路成參らるゝ

十二日

御きけん御よし〳〵御會有

十三日

御きけん御よし〳〵

十四日

御きけんよく御拜宰相典侍成まけまて引

十五日

御きけんよく御拜石清水御法樂御神樂乃御けいこ綾小路成參らるゝ御小座敷へめす

十六日

御きげんよく候拝有候會とく後おもて候庭へなからゆり〱候間ものゝ候返とう

女中袖へんとう

十七日

御きげん候よし〱候會右府殿候渡いり主もらくにて候まい出

十八日

御きげんよく候會後候當座按察使典侍殿手なしよて引

十九日

御きげんよく綾小路殿候まいおよ参り〱小座敷へめしれ

廿日

御きげん候よし〱

廿一日雨

御きげん候よし〱候小座敷候當座右府殿候参り候くわし出る

廿二日はれ

御機嫌よく祭は當日はなる七ッ半はしまひ済常御所はせんはおかみ五つ比出御しんもつもすみ入御賀茂下上は法樂は清めにては丸火のはふくめさるゝは小座敷なりは夕はせん小御所中ゑんにて女中一とう南なさしにてては祝いゑゝき候也は學問所にて當もんめしはくし下さる女中一とうもはくし戴候也

おそ染大はちの人准后様は上り手なし人々上らるゝ

廿四日

御きげんはよし〳〵右府様座主宮様は参りは當座座主宮様よりは杉折はくわし上ゆの〳〵は一こん男かたはもいせんは手なかやくそ大はちの人たちこゐかはり公家しゆ一とうは前にて一こん戴大は賑々八つ右府様はゑい出

廿五日

御機嫌はよし〳〵關白様は參りは小座敷にては對面成

廿六日

御き嫌はよし〳〵泉涌寺御代香大すけは花は焼香はくわし旨

廿七日

御き嫌はよし〳〵今日より和宮様はとう留にはまいりはせうろう上け
まいらせ候

廿八日

御き嫌はよし〳〵はう事は祝は能に付はむる八つ六つ過ははしまり近衞
様つ孫君様は參りははちまりよりはまゐ上まいらせ候はんとまのせつはしゆ
つ内にいろ〳〵霊かんし様は參む妙かく院様は參はまゐ上まいらせ候
めしれは人數すいさんありちもつの人〻關白様は參りは對面靑門様もは
參り夕かたは三間はゑんさ敷にては間ものはいたゝき

廿九日

御きけんよし〳〵あせちのすけ殿へ御神くう仰出さるゝ神事入

三十日

御きけんよし〳〵座主宮様御参御當座後御樂

五月一日

御拜御神くうあせちれすけ殿参御たいめん准后様和宮様へ御口祝まいる

夜に入御盃御三こんまいる二こんめ小すゝ御三こんめ長橋殿御しやく

二日

御きけんよし〳〵關白様御参り少ゝ御風邪高しな伺御藥すひきとう

三日

御かり床弥御當分御よし〳〵いしし伺御別殿御すり床有御まくら御すひまき御口祝

四日

御かゝり床座主宮さま御參り御たいめん御床のまゝ

五日

御かゝり床參賀御對面あらせられ御和宮さま御口祝御盃御重さかなにて皆御くわしも出る

准后さま御參り御口祝朝かれゐあせちのすけ為衞門内侍為能と為夜に入御さかつき御三こん重を乃御通り常の所にて准后さま御はしめいたゝきに也

六日

御かゝり床弥御よし〳〵位御代香おもてより大原三為さま御花御焼香まいる

七日

御き嫌よく弥御よし〳〵さま御床はらひ

八日

御き嫌御よし〳〵座主宮さま御參り當もんめし御樂和宮さま御いとまの所雨

よての延引

九日

御き嫌のよし〳〵和宮さまのゐと海のぬんこ内より地白のもやう花紅葉に
わかしかさりのかんさしの袖入旨観光《マヽ》院様へもつま帯にのちよく一ツ添
下さる

十日

御き嫌のよし〳〵の小さしきの當座右府さま中務卿宮さま座主宮さまの参り准
后さまのはしめ五六人の人數

十一日

御き嫌のよし〳〵神供の法樂

十二日

御き嫌のよし〳〵

十三日

御き嫌はよし〳〵大すけ引

十四日

御き嫌はよし〳〵

十五日

御き嫌はよし〳〵は拝石清水は法樂

十六日

御き嫌はよし〳〵は拝

十七日

御き嫌よくは拝加茂兩社は法樂はくわいし小御所中段まてよみ上ゐる後

上賀茂社

十八日

御き嫌はよし〳〵内府殿は參りは小座敷へめし東はゑん座敷まては楊弓

内府殿も御一所

十九日

御き嫌にてよし〳〵にて小座敷にて當座右府殿座主宮殿中務卿宮殿にて參り三十首にて當座にて內々五首

廿日

御き嫌にてよし〳〵にてよみ合廣橋ゟ

廿一日

御き嫌にてよし〳〵にて拜にて神供にて法樂にてくわいし小御所まてよみ上にて拜にてなをし

廿二日

御機嫌よくにて拜にて參りにて楊弓有

廿三日

御き嫌よく座主宮殿にて參りにて樂

廿四日

御き嫌はよし〳〵
廿五日
御き嫌はよし〳〵は楊弓有
廿六日
御き嫌はよし〳〵は代香あぜちのすけ殿にも御焼香まいる
廿七日
御き嫌よく祐宮様は参内はまくなきり門院様は参は風ぜん上かの〳〵は一
こんは一所惣参當門院様はふるはゐんとう進しめ〳〵はれと海
廿八日
御き嫌はよし〳〵
廿九日
御き嫌はよし〳〵

六月一日

御き嫌よく御拝御神供中將内侍の参賀御たいめん准后宮様祐宮様へ御口祝まいる夜に入御盃御三こんまいる御三こんめ長はしの御しやく

二日

御き嫌よく御拝

三日

御き嫌よく御拝

四日

御き嫌御よし〳〵座主宮様御参り御樂有門院様御むさ〳〵御見まひ御文
さけまいる

五日

御機嫌御よし〳〵御楊弓

六日

御機嫌にてよし〳〵にて代香おもてより

七日

御き嫌にてよし〳〵

八日

御き嫌にてよし〳〵敏宮御方紅葉にて為御遊覧にてふきあえに付こなた西対屋局にてそう留

九日

御き嫌にてよし〳〵傳そうめしれ也

十日

御き嫌にてよし〳〵てんそうめしれ也

十一日

御き嫌にてよし〳〵敏宮御方にて参り中ゐちこくらへ惣御まんとう

十二日

御機嫌によし〳〵座主宮様に参りに當座

十三日

御き嫌によし〳〵に代香おもてより

十四日

御き嫌によし〳〵に拝有にたん生日に付夕方に盃一こんまいる大に乳人へ別段に盃下さる大にちの人しやくによせさかなこなたへもまいる

十五日

御き嫌によし〳〵に拝に法樂石清水座主宮様に参りに樂

十六日

御き嫌によし〳〵にかつう男かた常に所にて二こんのに盃濟候て常のに間にて一こんのに盃まいる准后様にはしめに通り水仙も毎之に通り中の口にて女中一とうに祝戴れ也

十七日

御き嫌はよし〳〵門院御方はむさ〳〵に付日々何にてもまいるは硯ふたさ
あか大はちの人參り

十八日

御き嫌はよし〳〵内府御方は清く成はまいりは小座敷にては對面

十九日

御き嫌はよし〳〵關白御方は參り

廿日

御き嫌はよし〳〵綾小路殿はきいおに參らるる

廿一日

はき嫌はよし〳〵

廿二日

御き嫌はよし〳〵

廿三日

御き嫌によし〳〵門院様にむさ〳〵に付大すけまいりにさい工物三種にまな進しられ大すきよりもにまな三しゆ上梅田はしめへ水仙送るもしめて正親町中納言様にめんくわい致しに

廿四日

御き嫌によし〳〵加茂下・上に法楽に拝有

廿五日

御き嫌によし〳〵に拝聖廟に法楽天神なけ相なもられに御上三つにしるし

廿五日夜に入にくしとり

廿六日

御き嫌によし〳〵に代香宰相のすけ様

廿七日

御機嫌によし〳〵宰相のすけ様上りなけ門院様へ立よりに同様座主宮様

御参り

廿八日

御き嫌御よし／＼雷鳴にて御かてうへ成

廿九日

御き嫌御よし／＼門院様御祈禱一七ヶ日　内侍所へ仰付られ御くまいる

三十日

御機嫌御よし／＼御拝門院様へ西瓜参夕かた清もらひ御くし行水清涼殿にて御わに入られ　入御准后様御三間中段にて御わに入られ女中清人々下段にてわに入男かたむさし二こんの御盃参御ちやうし出男かためす

七月一日

御機嫌よく御拝御神くう長はし殿朝かれゐ大すけ衛門内侍殿ゑちこ殿参

賀御對面准后様宮様あたに口祝まいる座主宮様に参りに樂有夜に入りに
盃に三こんまいる二こんめ小あゝり三こんめ長はし殿にしやく

二日

御きげんよくに拝に参り綾小路殿にきいお

三日

御機嫌によし〳〵敏宮様にいと海巳刻にふんこ白御地白に袖入に文ちん
入まいるむ妙かく院様へきやうしもりに文こ内あにくみ物に水入

四日

御機嫌によし〳〵

五日

御機嫌によし〳〵門院様にむさ〳〵段々にやうにによろしあらに新中納
言典侍殿門院様へ見上に参れ祐宮様中山家へにとうりうに成夕方花の
に殿よりにまくしきりにゑゝにてにまあにとやあ下さる門院様夕方大に

ちの人来候にさしこみまた〳〵に様子よろしからず暮過長橋へ来られ
ハよなか少し過にこときれ又々長橋へより文まいり程無二人共ね り来候
にせわに廣橋へほとなく来候よしにて申上ハ

六日

御き嫌によし〳〵にハとなこひふ大もけ按察使のすけゑちこへまいり
見上そう〳〵ねりまいる局にてかゝり湯濟出る巳刻過にやうたい書出る
なる後二度め夜に入に三度め申刻門院へに養生叶せられ候こう去に付今
もんよりはいてう物音とゝめ候にきんたれ候ほう〳〵より御機嫌伺
あり

七日

御機嫌によし〳〵朝てはる御高付もかりにそうしんにこぬに梶をあらせ
られ候ちもつの人々御き嫌に参らるゝ
原貼紙 七日より内侍所日々れ候代参あらせられ候に忘めきりに神事のせ川はに

つうろう有のき嫌ニ参らるゝ

原貼紙

七日朝よりのせんのないものしまひのならい何ものの前向の道具のあはせ

八日

御機嫌のよし〳〵関白様より此節の機嫌伺さゝの〳〵水仙まき一折上け

られ

九日

御き嫌のよし〳〵

十日

御機嫌のよし〳〵

十一日

御き嫌のよし〳〵関白様座主様の参り新待賢門院様の内くわん

十二日

御き嫌のよし〳〵門院様の入くもんいぬの刻なりの　しやう着御よつき

に小座敷にかまへ六ッ半關白様夕かたに參り常に所中段まてに對面に時刻ぬのこくに小座敷へめしにるんさしき東杉戸より出させられ關白様にしん外ふおからまいらせ候に小座敷下に間にかまへ出來東杉戸より出させられ大すけにしんにふく着御に男かた濟させられ公家しゆしりそき關白様にめいまてに前へ參る大すけはかま計也

十三日

御機嫌によし〳〵近衛様より御き嫌に伺にくわし靈かんし様よりも同斷にふみまてまいる

十四日

御機嫌によし〳〵酉刻脱御するにまんる此ころ乃に引直衣めしぬきめ入御成に清めにくし行水にくしあそはされはおみもく頃にしまひ濟まいらせ候

十五日

御禊出御ともらゐにこち計大すけにれんもかま計

御機嫌御よし〳〵参賀御對面あらせられ候女中もみ海まて御礼申上はみ
ま紀しの〳〵御祝事なし
十六日十七日
御き嫌御よし〳〵
十八日
御き嫌御よし〳〵御霊御出御拝なし
十九日
御き嫌御よし〳〵關白殿御参り御たいめん成
廿日
御き嫌御よし〳〵
廿一日廿二日
御機嫌御よし〳〵
廿三日

御機嫌御よし〳〵故新待賢門院御御そうそに付准后様より御機嫌うかゝ
ひ御くわし上けられ候敏宮様和宮様よりも御くわし御組合にて上る〳〵
酉刻御出くわん口より言上有ゐのこくごんせんとうへつきさる〳〵の亥
刻言上こなたへは亥半刻に申参る能登殿御本所へ御焼香濟すく〳〵泉涌
寺へ参る〳〵今日より三十日こんゑにて大すけ屋敷かり宅大御ちの人安
茶右京大夫見物に参られ候丑の半刻御する〳〵御のふくわん申参御こし
成

廿四日

御機嫌御よし〳〵御そう不御滞無諸家より御菓子御機嫌伺にさん上新中
殿下り

廿五日廿六日

御機嫌御よし〳〵

廿七日

御機嫌によし〳〵近衛殿ゟ參りにたいめん成

廿八日

御機嫌によし〳〵朝に盃御はたなし新中納言典侍為なさる所勞今日心よく上らるゝ中口にて口祝

廿九日

御き嫌によし〳〵

八月一日

御き嫌によし〳〵參賀に對面なし朝ゟをゐあせちのすけ為中將內侍為になも為に高つき斗今日にそうしんとけ方々よりにまゐ上る夜に入に盃にもふけ男かためし申さぬ事おもてへ申出る准后殿に參御口祝まいる

二日

御機嫌によし〳〵座主宮殿に參り今日關東より御馬けん上參內為にて御

覽はすゑ御はゐ海昨日れなゐふ將くん家御ぞく日にて今日也

三日四日

御き嫌はよし〳〵

五日

御き嫌はよし〳〵關白殿此度は願通りは辞職に付は小座敷にてはなゐいめんはこふなわにて御盃まいるはもいさんは手なかは通り進しめ〳〵物はきぬ五疋半金七枚はをまん一箱は小屏風一双さりの〳〵ゑきしかた御せんも有御好三十四年勤さりの〳〵かく別のは勤切に付まいる

六日七日

御き嫌はよし〳〵

八日

御き嫌はよし〳〵關白宣下に付二度そうもん有少將内侍為ゑとへ衣にてまはるゝ前關白殿准后さん下に付は内にゝは高つき二合おくの文にてまい

る九條殿へ折うつハ内々ハふみにて出るあなたよりこわく御一荷大すけ
初へ戴れ也よく日ハよせさかな七種上る日の御座ハ對面ハ打もの海ハな
とへハ引直衣ハすそ大すけなとへ衣

九日

御き嫌よくハ直衣もしめに付朝の迄ゐ御たいめん常ハ所にて二こんのハ
盃まいる二こんめ天しやくにてハ戴ハもいたんハ手なかハ通り有ハ小座
敷へめしハ對面ハ口祝まいる

十日

御き嫌よくた（か脱カ）・司准后殿ハ礼にハまいり常の御所にて二こんのハ盃まいる
天しやくにてハ戴大すけ長もし為ハ通り戴れ也ハ小座敷へめし御口祝ま
いる

十一日十二日

御き嫌ハよし〳〵十二日座主宮殿ハ参り

十三日

御き嫌御よし〳〵ほう生會御神事入此ころの御道具類ミな〳〵御清めよて御用ひ女中ミな〳〵かゝり湯三仲間下々にいたる迄夜食濟てかりゆ

十四日

御き嫌御よし〳〵御丸火入御くし行水御心そ中御道具此せつの御清めよて御神事入より御用ひ

十五日

御き嫌御よし〳〵月御覧も御さたなし御盃も出ず

十六日

御き嫌御よし〳〵御神事とけ手なしあそちゐ上らるゝ大所勞よて引

十七日十八日

御き嫌御よし〳〵十八日御まつり何も御さたなし

十九日廿日廿一日廿二日廿三日廿四日廿五日

御き嫌はよし〳〵故門院さまは盡七日ニ付准后さまよりもはくわし上まいらせ候

廿六日

御き嫌はよし〳〵は代香なし

廿七日

御き嫌はよし〳〵能せ殿故門院さまは中陰勤られは清く成上らるゝ

廿八日

御き嫌はよし〳〵信樂院殿門院さまは病中よりは中陰上ろう代つとめ候

今日久々ニて參候一夜とうり留前關白さまは辭職は願之通り仰蒙らまいらせ候

御礼仰入候三福對は卦《掛カ》物一箱御せんも五色一巻御まな一折准后宣下ニ

付は花むんは花臺はまな一折は文ニて上まいらせ候

關白さまよりはかけ物二福對一箱はよせさあれ一折上まいらせ候大すけ長橋殿

へあや一たんつゝ伊よ殿大はちの人へまんも一反駿河とのへちりめん一

反ハちこ日参富小路殿へハ包物

廿九日

御機嫌ハよし〳〵信楽院殿ハ病中ハ中陰勤られ候くろうにおほしめしハさらし二疋銀五枚申口にて戴かせハ手つから袖入ぬいゑもこ入下さる長はし殿大ハちの人故門院宮へ参られ候御送物見わけ信楽院殿もハ本所へ参られ候

三十日

御き嫌ハよし〳〵内府宮ハ参松ハ鉢植上けられ候ハ揚弓あら候ハ神事入此比のハ道具ハきよめ

九月一日

御き嫌よく日なくにて参賀とゝめ候ハ心そ中ハ神供あなたへ付候朝ハ盃ハはたなし朝のまゐる御高つき計供し候ハてんつゝみ六位まゐる准

后宮御まいりそくもれ候て御口祝有女中御礼申上もの海苑しゆへ〳〵准后宮へは御礼に参られ夜に入御盃御もふけ計男のためし申さぬ事申出る

二日

御機嫌御よし〳〵准后宮御まけ下り

三日

御機嫌御よし〳〵四季合和歌御香吉野立田

四日

御き嫌御よし〳〵御楊弓有

五日六日

御き嫌御よし〳〵

七日

御き嫌御よし〳〵関白様御参り御小座敷にて御對面

八日

御き嫌のよし〳〵御菊わたのしんそ中のはたなし

九日

御き嫌のよし〳〵参賀の對面のするゝのもあま准后宮のきよ〳〵の上りの

花のよせさあなのきん上の参り御口祝まいる夜に入のさあつき御三こん

重ねの通りの高御座にての間物の一こん女中はあまゑもと遊ひ毎之通り

なり准后宮の下り中女中一とうよりそうめん上のよせさかな戴れ也

十日

御き嫌のよし〳〵なる前の庭

十一日

御機嫌のよし〳〵の當日そうもん有のなる六つのしまひ例ゑいのあけ物

なしおもての庭のふねの間もれ別當典侍ゐつゝうけ明朝下り

十二日

御き嫌御よし〳〵長はし殿所労引

十三日

御き嫌御よし〳〵御神事とけ梅仙院殿より御機嫌うかゝひ庭のくり御きん上今もんの月御覧御さたなし

十四日

御き嫌御よし〳〵座主宮様御参り

十五日

御き嫌御よし〳〵大引

十六日

御き嫌御よし〳〵蓮観院殿梅仙院殿御参り

十七日

御き嫌御よし〳〵おもて御庭御舟知光院殿玉蓮院殿参られは御庭にて御地そう下さる

十八日
御機嫌御よし／＼泉殿まて御夕御せん
十九日
御き嫌御よし／＼
廿日
御機嫌御よし／＼内府様御参り御揚弓御一こん大原殿御ちこ長もし殿局より参る
廿一日
御き嫌御よし／＼亥の司准后様御参り
廿二日三《マ》・四五
御き嫌御よし／＼事成事なし
廿六日
御機嫌御よし／＼御代香大すけよふもい御花御焼香御くわし上る

廿七日廿八日

御き嫌によし〳〵

以下六行（原貼紙）

九月廿八日

此度長橋為屋敷出來ニ付白むしにまな一折廿七日御まん上こなたより白

銀十枚にぬるに卦《マヽ》物二ふく對さたららすやしき出來に付願ニて一夜とう

留大すけもしめへも白むし硯ふた肴にもらひ申一とうよりよせ肴進上も

廿九日

長もし為に上りに花少《マヽ》のもち五つにあき

廿九日

御き嫌によし〳〵祐宮ゟ退御によせさあな上り〳〵女中へもにすもし中

山家より硯ふた有

三十日

御機嫌御よし〳〵

十月一日

御機嫌御よし〳〵参賀御對面准后方御参御口祝祐宮方へも御口祝まいる

夕方夜よ入御さかづき御三こん重られは常御所よて出る朝かれゐ大すけ

少將内侍為能宿為御高付計出る

二日

御機嫌よく亥のこ夜に入御さかづき御三こん重参り〳〵御もちき有男かため

し申され

三日

御機嫌御よし〳〵三日御いのこ二口と書そんし

四日五日御花遊はされは

六日

御き嫌御よし〳〵新待賢門院様御しうくやうに付御代香長はし殿六日七日御殿そうしん

七日

御き嫌御よし〳〵御代香長はし殿大御ちの人もまいらるゝ

八日

御き嫌御よし〳〵長橋殿此度やしき出來一日ねかひ御下り

九日

御き嫌御よし〳〵たか司准后様御参り御對めん關白様御所勞御尋御まかまいる

十日

御機嫌御よし〳〵

十一日

御機嫌御よし〳〵内府様御参り北御ゑむさしき御揚弓座主宮様も御まい

りは人數は一こんはにたゝき

十二日

御き嫌はよし〳〵

十三日

御き嫌はよし〳〵今夕のは代香兩寺宰相のすけ為は花は燒香まゐるはくろ戸

十四日

御機嫌はよし〳〵座主宮御は參北はえむさしき菊は覽は問物

十五日

御き嫌はよし〳〵はれのこはきんちやうははたなしは盃はもふけ計故新待賢門院御は百ヶ日は女いやは代香中將內し為能と為も參らるゝは花は燒香

十六日

御き嫌御よし〳〵故門院様御百ヶ日に付准后様より御くわし敏宮様和宮
様よりも御くわし有栖川様より御くわし一箱上〳〵御代香中將内侍な
るち後なも参らるゝ夜ニ入少々御あせ心

十七日

御かり床いし伺

十八日

御かり床いしうかゝひ有

十九日

御かり床いし伺座主宮様御参り

廿日

御かり床御くし御さつと遊はさ〳〵

廿二日

御機嫌よく今日御床はらはれ候

（以下三行原貼紙）

廿二日

准后さまにはむさ〳〵には口中にもせにはよくちかやも法眼伺仰出されは筆頭

あせい近江寺ゆういんまて伺は付薬はふくみ薬上ル

廿三日

御きげんよく關白さま御参り御小座敷御對めん

廿四日

御機嫌はよし〳〵たか司准后さまは参りは小座敷はたいめんは庭御覧

廿五日

御きげんはよし〳〵

廿六日

御きげんはよし〳〵常は為はそうし

廿七日

御きけんよし〳〵御ゐのこ御きんしやう御はたおし夜に入御盃御三こん重ね人々御はちき男かためし申されて御別殿若宮御殿御枕御あひまき御口祝御ちこ鳥うたはるゝ

廿八日

御きけんよし〳〵観實院様心淨院様信海院様観世院様知光院様弘誓院様参人々御一こん被下れ御つゝみもの下さる

廿九日

御きけんよし〳〵御つほの御口切にて青門様御まいりなあ司准后様も御参り御小座敷にて御對めん

十一月一日

御きけんよく参賀御對面御盃御三こん

二日

御き嫌よく前關白殿御料を進しめ〳〵御一所よ御せん宰相殿御もいをん
三日四日五日四日より別當殿まけ下り
六日七日八日九日右府様御參り御たいめん
十日
御機嫌御よし〳〵御庭作よ付大石はこひ思召よて九こん給はる能登殿新
嘗會よつきむかへ仰付め〳〵吉田殿めし傳しゆ内侍所御代參のとをりのゐ
ゝを湯いたされ御學問所菊の御間よて傳習
十一日
御き嫌よく新甞祭御丸火入長橋殿神供仰出さゐの〳〵越後殿うねめ御もい
をん少將殿も能登殿もむかへ神事入
十二日
御き嫌御よし〳〵
十三日

御き嫌によし／＼新嘗祭に當日長橋ゟ越後ゟ初夜過表へまいらるゝよひの神せん初夜半一刻前すミさり／＼ならるゝ曉の神せん四つ過濟ならるゝになのにはかまにこちめしあらせらるゝに香にくし有

十四日

御神事とけ祐宮ゟくもし成に局へあらり／＼

十五日

にき嫌によし／＼

十六日

御き嫌によし／＼春日祭に神事入一とうのゝおもあさちゟ宰相ゟに下り

十七日

御き嫌によし／＼に丸火入にくし行水毎之に通り督ゟもしめてにくし上らるゝ

十八日

御きげん嫌のよし〳〵春日まつりの當日

十九日

光格天皇様の十七回の忌ニ付御法事方々より御機嫌伺のくわし上る近衛殿の内々のもなの茶上ケの〳〵の代香長はし殿あきち殿願ニて参らるゝ夕方雷鳴のかてう出来もらくニて治る

廿日

御き嫌のよし〳〵右府様御座主宮様の参り御對面御庭作ニて青門様よりも植木の數々上ル

廿二日

のき嫌のよし〳〵の庭作ニ付のなくさみすもし九こん下さるゝ

廿三日

のき嫌のよし〳〵

廿四日

御きげんよし〳〵心そあきに御清もらひ六つ二刻前御ゐるにくし行水吉書御覧そうもん中將内侍ゟゐとへ衣にてまいらるゝ夕かたとりの刻過清涼ゟ出御こくきん出るに引直衣御もかませいこ大すけにすそもかま計中將内しゟゐとへ衣にきんにきん御きいすゝの〳〵御きんゑにて出御成にすいゑ清涼ゟ南のかたきんかよりあさちゟ出さるゝ

廿五日

御機嫌よし〳〵

廿六日

御機嫌よし〳〵に代香大すけに花に燒香御くわしに花六日廿六日と二つゝ上る十三日に花朔平門院殿へ一つゝ上る

廿七日

御きげんよし〳〵進きんに茶に口切に付脇坂淡路守不參

廿八日

御き嫌のよし〳〵座主宮御方の参りめしはもらくにて御ない出

廿九日

御き嫌のよし〳〵准后御方久〻の所勞今日の参り

十二月朔日

御機嫌よく御拝御神供按察使典侍ゟ参賀の對面其後の小座敷にてなか司准后御方乙ち君御方の對めんの人形毛うへとも三つまいる准后御方の参りの口祝まいる夜に入の盃の三こん二こんめふかゝみの三こんめ長橋ゟのしやく

二日

御き嫌のよし〳〵の神樂御神事入参役長橋ゟ大すけへ仰出さるゝ

三日

御き嫌のよし〳〵

四日

御きけんよし〳〵御神樂御當日七つ前御くうの人揃御神供兩人にてゝ御湯濟參るくれ過おもてくし御湯こくけん出る兩人參る　出御入御後御内々出御出御中御屏風外にて兩人戴物八つ一刻前濟參らるゝ〳〵兩人より參る榊上る

五日

御きけんよし〳〵

六日

御きけんよし〳〵御代香おもてゟ仁孝天皇の公卿新待賢門院樣御代香は殿上人なり

七日

御きけんよし〳〵石山大夫の元服こわく御一ふた御まな進上大すけへも御重内御もらひ申御まな上は近習もん所へめし加られは仰出さるゝ

八日
御き嫌御よし〳〵見事成硯ふた肴一とうへはもらひ申候
九日
御き嫌よくなか司乙ち君様は元服に付同は座は對面は打もかまは引直衣はこひねりはもとへはないめん濟常は所にて二こんの盃二こんめ天しやくはかけ緒進しまいらせは硯ふたに乃せ大すけはかけ緒かき上るこなたより折うり二合まいる大原為はちこ常丸為はとう留に成まいらせまんしさゐは神事入
十日
御き嫌はよし〳〵は丸火入はくし行水ははやく濟はこし
十一日
御き嫌はよし〳〵まんしさいは當日八つ半はもる六つ半過おもてくしは湯こく元(限ノ借)なしはきん出御はれん關白様はすそ廣橋頭辨為庭座舞御覧八つ

半過ゑんもつゆりまち出御あらかさまて入御

十二日

御き嫌御よし〳〵

十三日

御き嫌によし〳〵に代香長はし殿にもなに焼香

十四日

にき嫌よくに拝かを下上に法樂に小座敷

十五日

御機嫌よく御拝石清水御法樂御小座敷別當典侍殿御かかり殿中に上られ今日に宮參りて乙上五つきぬまて朝かれゐまて拝常御所まてにこふゐ包一こんに盃拝領常丸殿今日に奉公人仰付の〳〵にまな一折上る女中一とうへ硯ふた肴紅白ちりめん拝領大原殿へ其よし申入

十六日

御きけんよく別殿濟にて祝ニ付准后様へ　出御にて冠にてはかまにて口祝准后様上めて度にてそうにてはもり御盃准后様へ進しめて度大すけ長橋殿にて通り戴ハにてせんにて一通り上めて度にてもいせんあせちのすけ殿長はし殿大にて乳の人ごなんにて祝あそいされハにて一こん出るにて盃臺こなたゟ進しめて度物三十枚にてきぬ三疋にてすゝり文臺女中一とうゟも御盃臺にてまな一折あきハ准后様ゟにてゑうきかしらめて度へ三百疋新中納言のすけ殿はしめにてちこにて下たち二百疋戴ハ也關白様大納言様三位中將様めしにて對面にて一こん大にて賑ゝ也關白様ゟ祐宮様へにて人形一箱女中へ御見事の生作り知光院殿梅芳院殿玉蓮院殿准后様ゟめし參らるゝ關白様にて三方へ御手つからにて包物進しられハ子ノ刻過　入御成出御のせ川にてはいせんにて手長はかま准后様もにてはかまにて出むかひにて祝濟にてもかまなしめて度

十七日

御機嫌御よし〱御庭作ニて植木やなよ九こん下されハ曲つき右府様も

御参りに御覧蓮観院様妙染院様知光院様にも拝見蓮観院様妙染院様寒中に機嫌にうかゝひ御まな進上御包物下さる

十八日

御き嫌御よし〳〵に延引御霊に火たきにこしの間にてにすゑにはかまに拝あそはされは男すゑに火たき毎之に通り

十九日

御き嫌によし〳〵暮れにはうなおもてに内義毎之通り男末三仲間いし一とうも下さる

廿日

御き嫌御よし〳〵に清事に無人にて大すけ所労なるふにこしゟ出る

廿一日

御き嫌によし〳〵神くう内侍所御法楽大すけ残りゟ引

廿二日廿三日廿四日

御き嫌御よし〳〵廿二日官位御はた
　廿五日
御機嫌よく常御殿御そうし御盃事なし
　廿六日
御き嫌御よし〳〵御代香おもてより
　廿七日
御き嫌御よし〳〵
　廿八日
御機嫌御よし〳〵右府様御参りいさみ九こん月々上けられ候に付御きぬ
五疋まいる
　廿九日
御機嫌御よし〳〵内府様御参り御對めん御神供大すけへ仰出さるゝ神事
入

晦日

御き嫌によし〱に歳暮にみき〱めてたし〱〱

安政四年巳のとしミ

正月より十二まで

元日

四方はい八ツ半になるにつくろひ出御成朝かれゐ御ふく男かたにそくたい入御成に玄まひ御神供常にふゝ成らせられは大すけ参向なり参り春の参りのうち御吉書あそばされは准后様にはしめ揃に祝御目通りにてにそうはん朝に盃に通り有御はかため朝かれゐはれのにさん夕かた小朝拝日のに座てつしられこいしに成せられにぬくにそくたん男かたんつもれに通り夜ま入に盃うけとり大すけ新中納言のすけな長はしないよな大にちの人ことくににさんなおうに向に三こん五さつくれとをり天しやく中さかつき参賀に對めんにするにはかまなり

二日

御機嫌よくに祝きのふに同し大床子御膳出御成参賀に對面にするにはか海に盃にとり初一こん旨長はしな別段に盃たふうけ取あさちのすけな宰相典侍な中將内侍な越後な能登なことく

ははせんは三こんきのふみ同し

三日

御き嫌よくは祝きのふみ同しは盃も同し事也

四日

御機嫌よく近衛殿左大臣は轉任は拜賀日は座は對めんは打もら濟はると
へは引直衣常はふにて御さいめん二こんの御盃二こんめ天しやくこなさ
よりは文こ内にはく乙もれ三枚ゟさゑやき物ははゟつきは内々のふみよ
てまいるは返事有祐宮殿准后殿へは礼に成らせられ〳〵宰相殿はつきそひ

五日

御き嫌よく千秋萬歳うつら舞ふてははゟ引き一こん准后殿は初はそうも
んは通り有は湯殿始一こんは盃大すけよりはてうし上る

六日

はき嫌はよし〳〵はせ玄こしは盃一こんまいる

七日

御き嫌御よし〳〵白馬せちゑ御なる六ッ出御まへ参賀御たいめん巳半刻過出御御三こんまて御はいせんうねめ代ルなも為へ仰付られ　暮前入御成御間物上らせ候清涼殿へ馬引され御覧夜ニ入御盃七草の一こん南御向こゑく御御せん御三こん天しやく

八日

御機嫌御よし〳〵出御始七ッ半御引なをし准后様ろう下まて御出むらひ御うちき上段へ成御盃三こんめ准后為上り候天しやくにて御戴御もいせん御手なら御通り有御直衣めしぬき候准后為御らひとり御はらま御いも井まへ准后為御口祝上候御やきあちん御きし御そうに御やきあちん御と御引あへ御きしと御すい物御引あへ御さあ形もかり准后為御戴後御通り關白為大納言為めし御一こん御ふゑ〳〵也

三位中將様御不参御二方へ御包物給はる入御よかり過大すけもしめ二かもり准后殿へ参り御しやくにて戴る

九日

御機嫌御よし〳〵太閤殿御参り御祝進しかし

十日

御き嫌御よし〳〵諸礼七ッ半比おもて呈し出御瑞龍寺殿御参り常御所にて御盃二こんまいる二こんめ御上遊はし天しやくにて御戴瑞龍寺殿中段口にて何をも御しやくにていたゝきは御玄よく香ろう御まん上外に御好にて五十三次やき物御盃御まん上蓮観院様もしめ御礼

十一日

御き嫌御よし〳〵神くうそうし始御なる六ッおもて呈し御湯そうし始御ふく御手水男あたそうし始濟かし〳〵御拝女ほう天盃さふ

十二日
御機嫌御よし〱かをそうし始きのふみ同し
十三日
御き嫌御よし〱とうしやうへ成
十四日
御き嫌御よし〱年越御盃一こんまいる
十五日
御機嫌御よし〱御らゆ御かちん御祝あそハされ候朝御膳すミ〱常御所南御向にて七種御かゆ御祝被遊すくふすゑし候かけ帯計也参賀御對面御すゑ御はかまくれ過とんと空し小御所へ出御御引直衣入御すくすく常御所にて御盃一こん南御向かけ帯也
准后御はしめ御通りこ包く御々きん御三こんまいる御三こんめ天しやく中さら川き公家衆二十六人

十六日

御機嫌御よし〳〵踏歌節會きんの内侍中將内侍ゟきの内侍少將内侍ゟ一こん供しかの〳〵うねめ代能とゟ御もいきん一こんくもおもつく入御後品々御内ゝ出御成

十七日十八日

御機嫌御よし〳〵

十九日

御きけん御よし〳〵舞御覽鶴ほうてう和宮ゟ　御參り御口祝御すゝ御重さかなまて御盃まいる小御所へ出御引直衣鶴のほうてう濟かの〳〵おもて御よろしきさひ南殿へ出御仁和樂まて御對めん御すそかきちゟへ御頼申御七つかひ何を濟かの〳〵和宮ゟ御れと海御むちりめんまいる

廿日

御きけん御よし〳〵法中參内御對面御ふく男りる

廿一日
御き嫌御よし〳〵法中御たいめん。
廿二日
御機嫌御よし〳〵御庭作ニ付御たくさみ植木やたい工へ御まん下さる
廿三日
御き嫌御よし〳〵御拜御參り大すけ湯出來り候宰相ゟ長はしゟ楸丸ゟゑ
ちこゟ御乞も少々御風邪よて安藝守不勞故近江守めし肥後守へ又御代匕
仰付られ候いきとう上る御かり床
廿四日
御かり床いし伺あり
廿五日
御かり乞こ少ゝ御よろしめ御黑戸御代もい
廿六日

御かゝり床兩寺御代香長はし為御花御燒香
廿七日廿八日
御かゝり床一とう風まて引御無人宰相為おして出られ大すけ引
二月一日
御かゝり床御神供あなたへ附られ　御むさ〳〵にて參賀御たいめんなし
二日三日四日
御かゝり床四日大すけ出る
五日
御かゝり床いし伺あり
六日
御かゝり床兩寺御代香中將內侍為
七日

御かり床准后為御参り夕かた御早出

八日九日

御かり床いし伺伊勢守安藝守うかゝひ

十日

御機嫌よく御かり床いらはせいし伺

十一日

御き嫌よく傳奏衆東向ニ付御かく門《問カ》ふ御たいめん天もいたふ御小座敷ニて御對めん御する為御はかま

十二日

御機嫌御よし〳〵明日御代香石野三位為伺之通りと仰出さるゝ

十三日

御機嫌御よし〳〵御代香おもてより

十四日

御き嫌御よし〳〵大すけ引

廿八日

御き嫌御よし〳〵大すけ今日ゟ出る

廿九日

御き嫌御よし〳〵小御所御當座始御引直衣夜ニ入よみ上　出御御すゑ御はかま中將内侍局へ御神供仰出さるゝ

三月一日

御機嫌よく御拜御神くう中將内侍局参賀御對面准后殿へ御口祝和宮殿御参内長橋局御むかひよ参られ候むつしの刻過御参り御口祝長はし局参り参られ候夜ニ入御盃御三こんまいる　天しやく

二日

御き嫌御よし〳〵御かく問所御當座御すゑ御はかま太閤殿御参り

三日

御き嫌御よし〳〵御かく問所御當座御する御もかま参賀御對めん御する御はかま和宮様祐宮様御礼御口祝御すゝ御重さかなにて御盃出御くわしせうきん参内殿へ成御する御はかま夜ニ入御盃御三こん長はし殿御しやく二こんめも次第御小かいらけ有局ゑいな御覧女中もちよりなし准后様和宮様より御ちそう戴れ也

四日

御き嫌御よし〳〵准后様御ゑんな御覧あらせられ御よせさかな上られ女中一とう御ちそう戴れ也

五日

御き嫌御よし〳〵四辻殿御古と御きん古御小座しきへめしれ也

六日

御き嫌御よし〳〵御代香おもてより

七日

御き嫌によし〳〵實誠院殿八十賀蓮觀院殿にすゝめまてめて度こなたへもにかちん一かさねにまゐ上るこなたより白銀五枚にふんこの内にもみ一疋に人形に盃にかす〳〵下さる新中殿長はし殿大にちの人越後殿へ一かさねつゝ・此人數より五百疋こもんの文こふむらさき板〆おもし長橋殿より出る人形なきもれさりつきかんさし色々遣はし候也宮様かた々にかり二ゆひつゝ

八日九日

にき嫌によし〳〵

十日　七日より大引十日

に機嫌によし〳〵御拝有大すけ出る

十一日

に機嫌によし〳〵御拝有に延引神くう御法樂に小座敷

十二日
御き嫌御よし〳〵
十三日
御き嫌御よし〳〵御代香長もしゟ御花御焼香
十四日もれ
御機嫌御よし〳〵太閤ゟ關白ゟ御參り御對面中宮寺宮ゟ御上京よ付御機嫌伺御參り御をんも一箱御まん上祐宮ゟへ御人形一箱こなたより御文こ内〻御まんす一反御人形菊あさり御筆すゝき御ゑもこ入御きをるおもて御拜見小御所の庭中口よて御間物御戴御候と海御ゑいめん御くわし進しられ候物大すけ長はしゟへさ本物五ツ新中納言ゟもしめせ候ろう三組
十五日
御機嫌御よし〳〵御小座敷御當座
十六日

御き嫌にてよし〳〵まんしさゐにて神事入

十七日

御き嫌にてよし〳〵にて丸火入にてまし行水

十八日

御き嫌にてよし〳〵石清水まんしさゐにて當日六ッ半おもてましにて湯出御にて服男あムこくきんなし御きい出御南御向故清涼殿北のあムより出なりにてぎんにてすそも職事何もすゝなり入御成にて朝のにてきんにて引つゝきにて夕にてせんけんもつ伺ありにて覧ふへ成　入御成にておあみ夜ま入にてまし初夜半過にてこし成

十九日

御き嫌にてよし〳〵五ッ半過にて神事とけ

廿日廿一日廿二日

御機嫌にてよし〳〵

廿三日
御機嫌御よし〳〵御かく始七つ半過濟候二こんの御盃御はいせん御手
なか御通り有
廿四日
御き嫌御よし〳〵
廿五日
御き嫌御よし〳〵關東御こんれゐ御祝御使所司代勤候小御所ニて御對
面關東より百枚包た百も御臺様より五百枚上る
廿六日
御き嫌御よし〳〵和宮殿様御神事まて百〻御所へ御下りもい〳〵人形御
すゝ里御手つから進し候安察使典侍為御代香御花御焼香まいる
廿七日
東照くん日時定今もんより御神事入手なし局ふくしや下り

御きげん御よし／＼たか司右府さま御参り御小座敷御當座當もんもめし女房も御人數あせちとの風にて出られも引

廿八日

御きげん御よし／＼法中參内御對面

廿九日

御きげん御よし／＼四辻との御こせ御きい古あせちさま別當のすけとのも出らるる

四月一日

御拝あらせられ候　御神供中將内侍との參賀御對めん准后さま御不参夜に入御盃御三こん朝かれゐ大すけ中將内しとの能ととの

二日

御機嫌御よし／＼参内殿御花見に付長はしとのへ御あや一反御手つから御

包物御くみ物御あんさし下さる御夕御せんふな御あまゐ上植木もれ御覧
ニ御入あなとうそて川二もち御間物御すし御重さかな御一こん出る御目
通りまて何ぞも御ちそう口ノもれ鶏　入御のせつ御香ろう鶴亀二ツ御け
ん上

三日

御き嫌御よし〳〵座主宮為御参り御樂左府為も御参り御當座女房御人數

四日

御機嫌御よし〳〵傳奏衆より御乙や御屏風一双つゝ色〻上る御別殿小
御所へ成御三こん長橋御しやく殿上人鳥うたいるゝ

五日

御き嫌御よし〳〵

六日

御機嫌御よし〳〵御代香長はし為御花御焼香まいる

七日
御機嫌御よし／＼座主宮ゟ御參り御かく問所ニて御樂當もんもめし候也
八日
御き嫌御よし／＼賀茂祭御神事入長はしゟ七日一日御願まて御下り今日
上の手なしまて中將内侍ゟつぼねへ引
九日
御機嫌御よし／＼宰相典侍ゟまけニて引よかる過少將内侍ゟ出らるゝ
十日
御き嫌御よし／＼左府ゟ御參り志もらくまて御志りそき
十一日
御き嫌御よし／＼
十二日
御き嫌御よし／＼太閤ゟ御參り御たいめん

十三日

御き嫌御よし〳〵准后為御むき〳〵御よろ敷御まいり宰相為御き嫌伺文參る

十四日

御き嫌御よし〳〵御拝二月三月分御參り有飛鳥井前大納言為參めて御座敷へめす

十五日

御き嫌御よし〳〵石清水御法樂有

十六日

御き嫌御よし〳〵葵まつり御當日御なる七ッ半御佐ほう毎之御通り五ッ過こんもつ済四ッくれ〳〵済めて御丸火御神事とけめて手あし上らるゝ

十七日十八日十九日

御きけんよし〳〵

廿日

御きけんよし〳〵知恩院方丈不勞心よく年始參内伺廿四日巳刻と仰出さるゝ

廿一日

御きけんよし〳〵九條殿中納言御拜賀ニ付三種三荷上られ朝はまゐる御對面御まん有

廿二日

御きけんよし〳〵九條殿御なをし始常御所まて二こんの御盃肴二こんめ天しやく御もいせん御手かはは御通りあり

廿三日

御きけんよし〳〵おはら少〻御風邪いはふ御當分御かり床御藥はいきとう關白殿御參り御小座敷ニて御對面

廿四日

御かゝり床いし伺有梅仙院殿御機嫌伺御參り御ま形御まん上紫おもし下さる應修院殿も參られ　知恩院方丈年始參内御かゝり床御對面なし

廿五日

御かゝり床

廿六日

御かゝり床御代香大すけ御もな御焼香御くわしも上る大雨ニて大すけ五月二日までふろう下り

廿七日廿八日廿九日

廿九日御かゝり床はらいを

五月一日

御機嫌よく御神くう長はし殿春の參り殿ちこ殿も參らるゝ

二日

御機嫌よし／＼

三日

御きげんよし／＼知光院殿弘誓院殿参られ　御庭拝見一こん下さるゝ

四日

御機嫌よし／＼太閤様関白様御参り御對面

五日

御きげんよし／＼御節句めでたさ参賀御たいめん御すゑ御はか海祐宮様御礼御口祝御すゝ御重さかな御盃まいる御のぼり御覧しる　御新立にて御一こん上る准后様へも上る女中一こん戴ル也夜に入御三こん御盃まいる御三こんめ長はし殿御玄やく准后様御参り御口祝まいる宮様より御まな上る／＼　女中硯ふたさかな

六日

御機嫌御よし〳〵御代香おもてより
七日八日九日十日
御き嫌御よし〳〵九日十日大すけ引
十一日
御き嫌よく御拜御法樂御小座敷にてよみ上
十二日十三日
御き嫌御よし〳〵十三日御代香表より
十四日
御き嫌御よし〳〵御かく門〔問カ〕ふにて青門殿御參り御對面御樂あらかの〳〵
當もんめしいや
十五日
御き嫌御よし〳〵御拜御法樂巳刻過小除目にて朝のまゐ出御御すそ大す
けもの海汁中將內侍為御きんふとへ衣關白殿御前へあらせ候御志りそ

き入御成七ッ過職事廣橋頭辨殿葉むろ頭辨殿中御門辨殿万里小路辨殿直そう濟して入御成御三間にて柳原左大辨宰相殿其外職事天盃さふ三条内府殿御たいめん御打もの海御ひとへ御直衣御小ひふり御たとふ夜ニ入三条西中納言殿万里小路中納言殿しけ野井中將殿御對面御三の間中ノ口ニて天盃たふ

十六日

御機嫌御よし/\御拝四月分御参り御ひもあせちれすけ殿へ御頼申れ大すけ湯出來のそれ故なり關白殿太閤殿御参り御小座敷ニて御對めん有新中殿めし長はし大すけもめし關白殿より先朝より勤功により新大典侍ニ仰つけめ/\

十七日

御き嫌よく御拝五月分御参り別當典侍殿御とも

十八日

御き嫌御よし〳〵小御所にて御当座御楽あらせられ立かくにて御小座敷へ入御成男かたにて御一こん出る左大臣殿座主宮殿御参り御一所に御戴おとこかたも御ちそう下さる大御みえ〳〵なり

十九日

御き嫌御よし〳〵

廿日

御き嫌御よし〳〵小御所にて御楽綾小路殿正親町中納言殿めし御舟あく俄の思召付

廿一日

御き嫌よく内侍所御内々御法楽御小座敷伊勢物語御こうしやく飛鳥井前大納言殿参られ　太閤殿も御参り御一所にきこしめされは御長御はかま御するめさるる

廿二日

御き嫌御よし〱左府殿御參り御庭今日出來九こん下さる

廿三日

御き嫌御よし〱御拜御法樂御舟樂大すけ引

廿四廿五日

御き嫌御よし〱

廿六日

御き嫌御よし〱御代香おもてより

廿七日

御き嫌御よし〱太閤殿御參り常御所ニて御對めん一夜御神事入御拜の御通り

廿八日御なる六つ

御機嫌御よし〱伊勢物語御傳授ニ付飛鳥井前大納言為巳刻參られ　御湯めされ御ぬく白御なとへ御直衣御なあふき巳半刻過濟りの〱　其御ま

ゝよて常に所天盃らふに傳校ニ付半金三枚にあや三反にまお一折下さる
諸家よりもきん上清き女中よりもにまお一折上る關白殿に參り常に御よ
てに對めん成

廿九日

御き嫌によし〳〵座主宮殿二日三日內に參りの事仰まいるおろもた前內
府殿に不勞にむつらしくに養體書出る今日巳刻こう去三ケ日もいてう物
音せゝめらる今日常丸殿玄さゐの御ろう清くなり上らるゝに神供宰相の
すけ殿へ仰出さるゝ

晦日

御き嫌によし〳〵もいてうに機嫌伺有

閏五月一日

御きくんよく御拜なしに神供宰相のすけ殿もいてう中故參賀に對面あら

せられ候朝のまゐ宰相の長はしのゑちこのなり准后方へも御礼ニ参られ候
夜ニ入御盃御三こん重ねられ男のとめされ候下段にて御通りあとれ盃も有
三こん御さのな

二日

御き嫌御よし〳〵左府の御参り

三日

御き嫌御よし〳〵座主宮方御参り当もんめし御樂

四日

御き嫌御よし〳〵伊勢物語御傳授後小御所にて御当座あらせ候御引
直衣御当座もしめと同事より上有むつしの半刻済候太閤方左府方中務
卿宮方めされ御参り中務卿宮方御参りまへ御ふみにて御よせさのな上候
御小座敷ニて御一こん御みき〳〵也

五日

御機嫌はよし〳〵廣橋殿めしによ乙合にあく問ふへ成

六日

御き嫌はよし〳〵は代香中將内侍殿は花は燒香旨

七日

御き嫌はよし〳〵十一日聽雪へめされはは事太閤殿關白殿右府殿へ仰まいるは淸は返事旨

八日

御き嫌はよし〳〵綾小路殿正親町中納言殿めしは樂は舟樂も有くれ〳〵はあへ

九日

御機嫌はよし〳〵

十日

御機嫌はよし〳〵督典侍殿ふ勞心よく局迄上る

十一日

御機嫌御よし〳〵聴雪へ關白殿太閤殿ゑら司右府殿御參り御當座あらせられ關白殿より御茶ゑな御よせ肴太閤殿より御かま御茶包ん御敷物御よせさかな右府殿より御かけ物二ぬく對御よせ肴こなたより御ふんこに御さらし一疋御らみ入御水入御文ちん關白殿へまいる同御ふんこ御さらし一疋黄金一枚太閤殿へ御ゑもこ入も添右府殿へ御さらし一疋御ゑもこ入三千疋御川ま袋ニ入進しられ候大御賑々

十二日

御き嫌御よし〳〵

十三日

御き嫌御よし〳〵御代香おもてより

十四日

御機嫌御よし〳〵新大すけ殿むろめこ包く御御肴御上座主宮殿御參り御

小座敷へめしにて樂
十五日
御機嫌にてよし／＼にてゑんとう始
十六日
御機嫌にてよし／＼
十七日
御き嫌にてよし／＼聽雪まて近衛殿座主宮殿中務卿宮殿めしにて對面近衛殿よりにて氣かにてよせ肴有栖川殿こひ一折青門殿よりにてくもし上候今夕より雨いよくにて中もまてにて涼所へにてやころらへ
十八日
御機嫌よく御拜綾小路殿にて小座敷へめしにてけんお
廿日
御き嫌よく御拜當月にて参りにて小座敷にて當座當もん女中にてう人數

廿一日
御き嫌よく御拝有て司右府様御参り御當座御一こん出る
廿二日
御き嫌よく御拝知恩院方丈國師號宣下御礼参内白銀五枚杉原十帖末廣一本まん上大すけ新大すけ様白銀三枚別段十枚
廿三日
御機嫌御よし〳〵
廿四日
御機嫌御よし〳〵聴雪にて御當座中務卿様めし御参り御庭てへ里の人〻一こん下され御箱物御まし下さる
廿五日
御き嫌御よし〳〵
廿六日

御機嫌御よし〳〵御代香大すけ御くもし御花御焼香旨

廿七日

御機嫌御よし〳〵御當座有

廿八日

御き嫌御よし〳〵御神供長もし為へ仰出さるゝ御かく門《ま丶》ふ御當座仰出さるゝ太閤殿御参り御小座敷へめに

廿九日

御機嫌御よし〳〵綾小路為めしし也

六月一日

御機嫌よく御拝御神供長はし為参賀御對めん祐宮殿御礼御口祝准后殿も同断朝のきる大すけ長橋為いかも為御盃御三こんまいる長はし為御しやく

二日
御き嫌よく御拝有
三日
御き嫌よく座主宮御成御参り聴雪にて御楽
四日
御機嫌御よし〳〵御なくさみ御當座
五日
御機嫌よく左府御成御参り御當座女ほうも御人數
六日
御機嫌御よし〳〵御代香おもてより御黒戸朝之うちに成らせられ
七日
御機嫌御よし〳〵
八日

御き嫌御よし〳〵宰相のすけ殿兄殿所ろうゐいを川乙まひニ下らるゝ雷
夕りさはるゝ

九日

御き嫌よく御そうしん御黒戸へ成

十日

御き嫌よく御拜御かく問所にて會とく常御殿御庭水なき故也

十一日

御き嫌御よし〳〵御拜御參り有

十二日

御き嫌御よし〳〵御拜

十三日

十四日

御きけんよく御拝御まん生日ニ付今年より正親町中納言殿へ御色〳〵御かちん三種御肴大すけ殿の文まて御物あきなゝめ下されは後御礼文御返事頼は也御盃一こん肴御通り大御乳人へ別段御盃給はる

十五日

御きけん御よし〳〵常御不御そうし

十六日

御きけんよく御かつうおもて御盃例之御通り御内儀御盃一こん御七らつう
水仙御祝准后殿御もしめ御通り女中も御目通りニて菓子祝は也

十七日

御きけん御よし〳〵御小座敷御當座梅仙院殿へ御くやう料三枚下さる

十八日

御きけん御よし〳〵まら司右府殿御参り御當座有御つゞ乙御きれた

十九日

御き嫌によし〳〵

廿日

御き嫌によし〳〵大分雷鳴御き嫌伺あり敏宮御和御殿よりも肴

廿一日

にき嫌によし〳〵寂靜院御梅芳院御妙染院御参られ一こん下さるにいと海のをつ風呂ん袖入下さる

廿二日廿三日

にき嫌によし〳〵廿三日座主宮御に参り

廿四日

御き嫌によし〳〵飛鳥井前大納言御不勞大病由に内々に尋五種に肴水仙巻二十大にちの人よりのふみまて下さる

廿五日

御き嫌よく聖廟に法樂有天神らけ御忘るし眞行草三つに書しとり祐宮御

寂は引あそハし座主宮御より白ゐちこぬひとりたもこ入五つ

廿六日

御き嫌はよし〱は代香中將内し殿は花は燒香は菓子

廿七日廿八日

御き嫌はよし〱廿八日綾小路殿はさいた

廿九日

御き嫌はよし〱は三間はそうし

三十日

御き嫌よく清もらひ召し毎之は通り中將内し為まはるゝは召し行水は輪まめさるゝ朝かれゐ准后御は輪は三間中段女中下段まて清人ゝ輪ニ入るとへ衣男かゝも輪ニ入申さるゝ二こんのは盃旨下段まては通りもちめ二こんあと三こん

七月一日

御機嫌よく御拜にて神供長橋より參賀にて對面にてこちにてもか准后さま祐宮さまにて
礼にて口祝朝かれゐ別當のすけより夜に入にて盃にて三こん長橋よりにてしやく

二日

御き嫌にてよし〳〵霊りんしの宮さまにて先代にて拜領にて衣此度ゟにて着用にて願通
りに仰出され候にて礼にてふみまて仰入候にて返事出ル

三日四日

御きけんにてよし〳〵ふから少〻にてむさ〳〵にてかり床

五日

にてかり床新待賢門院さまにて一めくりに付中將内侍よりにて代香にて花にて燒香大す
け新大もきより長橋より大にて乳人ゟ二百疋一とうゟ三百疋兩寺へ上ル

六日

にてかり床いし伺

七日

御機嫌よく弥御よろ敷御床はらい候朝御盃御清め御かゝみめされ参賀御對面御すゑ御もら済太閤殿御参り御小座敷へめす祐宮殿御礼御口祝御すゝ御重さかなまて御盃御くわし出ル夜ニ入御盃御三こんまいる御三こんめ長橋ニて御しやく御小かわらけ御三間まて御梶被遊御直衣めさるゝ大すけかき帯御手なか少將内し殿ゟとへきぬ

八日

御機嫌御よし〳〵あらし丸中納言ニ伊勢物語御傳授給はりし事七月中下句之内ニ仰出されし一とう御悦申上ル

九日

御きげん御よし〳〵大御乳人めて度事ニ付おりむきこひまん上右ニ付一こん御盃別段御盃さふ御もいたん新大すけニ

十日

御き嫌はよし／＼座主宮様は参り聴雪にては楽當もんもめしは

十一日

御き嫌はよし／＼はめて度事は三間にて祐宮様へ二こんのは盃参る済を御あらきは間にては口祝宮様計は祝出ル夜に入は盃七こん二こんめな公家しゆ出座三こんめ大すけしやく次第にいたゝきは也四こんめ小あゝまあせちれすまなはもいせん五こんめ大すけはもいせん天しやく也六こんめ宰相のすきなはもんをむ大あゝま七こんめ男あゝ徳大寺大納言な次第に戴は也

十二日十三日

はき嫌はよし／＼十三日は代香表より

十四日

はき嫌はよし／＼祐宮様は礼あらきは間にてはすゝは重肴は盃まいるはまあ上御何事も戴は也

十五日

御機嫌よく參賀御對面御すゑ御はらまもすの御膳ならはし候大御ちの人より進上御祝被遊御兩人へ別段御盃たふ夜ニ入御盃御三こん二こんめより男のためし天しやくにて一こんいたゝきれ也

十六日

御き嫌よし〳〵ゑちこくらへそう弁とう青門宮御參り御くもし上る

女中へもくた物なしもゝぬとう三色夕のゝ大文字御覽

十七日

御き嫌よし〳〵

十八日

御き嫌よし〳〵御靈御いてにて准后宮御下り中御覽ふニ出來られ候御やうたい御湯めされ東御庭ニて御拜なふさる

十九日

御き嫌よく御拝あらせられ両日大すけ引

廿日

御き嫌よく御拝ハ参りあらせられ

廿一日

御き嫌よくハ拝あらバ丸ゟ伊勢物語御傳授ニ付ハ小座敷ニてハかうしやく御用濟ゟい出御すゑハはらま

廿二日

御き嫌よく伊勢物語ハ傳授給ハりれニ付ハ小座しきハらまへ出來ハすいせん

廿三日

御き嫌よく烏丸ゟへ伊勢物語ハ傳授ニ付ハ湯めされ五ツ半ハ小座敷へめしハ引直衣ハゐとへハゐあふき四ツ一刻半前濟せられハなをしのまゝにて常ハ不ハこふはいニてハ盃召すく〳〵天もい給ハるハ望やう望も給ハ

り御礼申入候ゑい出御すゝ御重肴にて御盃女中も一とういゑゝたすミ
はらまゑし候

廿四日

御き嫌御よし〳〵綾小路殿御けいこに参らるゝ

廿五日

御き嫌御よし〳〵

廿六日

御き嫌御よし〳〵御代香おもてより

廿七日廿八日

御き嫌御よし〳〵

廿九日

御き嫌御よし〳〵大分の大風雨なから少しの御そんしなし

八月一日

日そくとらの刻御神くう御ゐる七ッ一刻前御つくろひにて御神供御清め
常御所ニ成中將内侍ゟゐり参られ御乙もくろ御空う御志まひ何も日ゝれ
御通り参賀御對面なし夜に入御盃重られ御通り一日の御盃も同しあとの
一こんも有

二日

御き嫌御よし〳〵八朔参賀御たいめん有
祐宮ゟ御口祝御重さかなにて御盃まいる御くわしも出ル

三日

御き嫌御よし〳〵左府殿ゟ御参り御小座敷ニて御對面御志りそき祐宮ゟ
へ毛うへいぬたいこ進しの宮ゟ少々御時氣御藥らいきとう御當分御あ
せめしれ様そう安願御あせめしれ也

四日

御機嫌にてよし／＼座主宮様にて参りにて小座敷にて樂

五日六日

御き嫌にてよし／＼五日表にて庭にてふき六日夕方ゟ大すけ所労にて引十月七日ゟ出ル

十月七日

御き嫌よく敏宮様にて参りにて口祝なき物にてさらつきにてきん上にて庭にて拝見にて附人ゝも拝見聴雪にて間物にてみさ／＼亥半刻過にてあい出にて文こうちに嶋ちりめん色ゝにて拝領藤崎もしめにて品物下さる女中一とうにてすもしいたゝかれ也

八日

御き嫌よく敏宮様添りめて／＼花崎にて使にて礼仰入・候

九日

御き嫌によし／＼
十日
御き嫌によし／＼泉涌寺御代香中將内侍ゐに花に燒香まいる
十一日十二日
御き嫌によし／＼
十三日
御き嫌によし／＼兩寺御代香長はしゐに花に燒香
十四日
御き嫌によし／＼に正忌に清めに湯めさるゝ
十一月十四日
御き嫌よく新嘗祭に當日朝に三間まて白に衣上りにからむつか御服一通出し御冠に箱一ッ故御冠計出し常にふゑつゝしやうに出し置御しやく申出し有七ッ半比表ゟしおゝみのことう供し候伺有すくに供し候故に

兒ニて仰出るゝよ本との御間初夜比出御こくきん出ル御服高倉殿四ッ半過御中入よから半過御内々ろう下かあらつき出御

十一月廿二日

御機嫌よく仁和寺豊宮樣御紐直しニ付御ゐを御しゆちん新大典侍殿長もし殿大すけ三人へ戴桃色とんも御ゐをいよ殿大御ちの人駿河とのきぬと御まかもを一折つゝミか〳〵大すけ局かそれ〳〵口上ニてもたせ上ル別段大すけか御盃臺御盃とも二しゆ一荷上ル豊宮樣より御から三ゆひゐゝひ一箱御なる代金三百疋戴ル也

十二月一日

御かゝり床御神くう中將内侍殿参賀御對面あらせられ候宮樣御礼御口祝夜ニ入御盃御三こん御仮床故重ねられ常御不ニて御通り有

二日三日

御かり床

四日

御かり床香衣ゐん宣大すけ局香衣銀上ル

五日

御かり床弥御よろ敷御まし御ほつと被遊候

六日

御かり床御はらひ御代香宰相のすけ為大すけ久々参り申されに御花上ル御頼申候也

七日

御き嫌よく宰相為不勞ニて上候に御断

八日

御き嫌よく來春せん法こう行いま候事今日仰出させられ御小座敷ニて兩役めし傳奏烏丸中納言為奉行葉室頭辨為へ仰付候

九日

御き嫌御よし〳〵局一とうそうし御口切御ちそう御認メ拜領

十日

御き嫌よく和宮様明日御召もくろ染ニ付今日ゟ御参り御よせ肴御まん上

女中一とうへ御すもし

十一日

御機嫌よく和宮様御鉄將《マヽ》もしめニ付御祝し御ひらき御局御かまへ出來長

橋殿御もいをん大御ちの人御手なら御五十物御三こん肴たくへならをは

常御所ニて御こふ御包一こんまいる大すけ上ル下段ニて御通り小いたゝ

き一ふた御肴一折戴すくに其御まな上ル觀行院殿へ御まんも一反橋本家

へもそれ〳〵下され御物藤御ちへ地黑小袖是ハ御例よてなし

十二月十二日

御き嫌よくたか司大閤様たか君様此たひ加賀中將へ御ゑむくみニ付御い

とゝこひニ御参り御對めんあらき御間ニて御すゑ御はゝま御こふ御包ニ
て御盃御口祝肴御きん上物御花らん御花臺外ニ御かま二ッ上り敏宮様
和宮様へ御花生祐宮様へ御つゐ立一箱大すけ新大すけ長はし大御ち
の人五枚つゝ惣女中御兒日参まて

十三日

御き嫌よく御代香表より

十四日

御き嫌よく和宮様今日御いとゝきやうしもり御文こ御く乙物御あんさし
御香箱まいる

十五日

御き嫌よく和宮様へ御まわ昨日分今もんお湯神樂御神事入参役大すけ長
もし様へ仰出さるゝ

十六日

御き嫌御よし〳〵

十七日

御機嫌御よし〳〵御神楽御当日ニ付毎之通り内侍所へ進し候物御神供申刻前御供人揃両人参向御する〳〵済よ〳〵両人より参る酉刻前おもてめし御湯参役の人〻も湯済御前へ出す〳〵参る御すゝ毎之御通りニて御所佐の御座へ成御拝の御座御屏風もとのごとく致し置庭火榊ニて御所作御きん長はしを御うけ取御前ニ置るゝ　入御のさ川御まん御さき御和こん四ッ半比長はしをよ候湯すゝ参候大すけより神事其まゝ御内〻御てうもんきゝめゝ後それこは済入御成御めし御ゆの下上らせ候御こし

十八日

御き嫌よく神事とけ

十九日

御機嫌よく
廿日
御機嫌御よし〱節分ニてくれ過内侍所へ御参り御湯めさ候御直衣御拝の也　御すゝ済まいらせ候御口祝御とし取まいらせ候御すゝ御重肴ニて一こん参る大すけ長もしゐ御通りいさゝた御前へ上置ミな〱とし取御祝酒戴入御後御ゑしこしれ御盃一こん上段御まめはやし候ゐふう御ミうしろふ被遊まんしの御間御清間常御ホ中段長橋ゐまめはやし別殿参内殿長もしゐ御そうに御上
廿一日廿二日
御き嫌御よし〱
廿三日
御き嫌よく常御殿御そうし五ッまへ御かく門《さ、》ホへ成らせ候まんし宰相ゐ中將ゐ御夕御ゑんの節御通りさしゐりえもとゆひ

廿四日廿五日
御き嫌御よし〳〵
廿六日
御き嫌よく御代香御表御花寺門へまいる
廿七日
御き嫌御よし〳〵左府殿右府殿御参り

安政五年つちのえ午
正月元日より

心おほえ

六月伊勢へ公卿勅使立られハ
准后ゟ姫宮ゟ御降誕之
六月十二日

正月元日

御機嫌よく四方もんとふれ刻前にむる御さしにかて宰相ゟあきまけれに
神くうまてに用つとめハ也に湯の下上らを〱御ゆ別當のすけゟ御かく
渡しいつものに通り四方拝済ゆの〱に兒よてに忘らをあり大すけにすそ
に參る　御神供あをちのすけゟにする〱済ねり參り〱春の參りんゑさ
れ其内御吉書遊ハさゆの〱に祝花鳥に間口よならをられに目通りよて准
后ゟにもしめにそうもん朝に盃に通り有に膳にもいをん大すけに手から
長橋ゟ伊よゟ也に攝家方に礼參内ゟより常に所よてに對めんにもいをん
男らム御もらゑめ御下むき中御右御左二行ニ上にてうし出にくもへかし
のに三こん上にあとよりゑん〱ふすましハ也朝らまゐはまの御膳御打
もら海にむとへに引直衣にすそあせちれすけゟへに頼申ハ事參賀に對面
にする忍にはらま夜ニ入りはら川きうけ取こしくににをんに三こん天しや
く男らム二人うけ取御盃大すけ新大すけゟ長もしゟ伊よゟ大にちの人な

り

二日

御きげんよし〳〵御ひる六ッ半御祝何もきのふに同し大床子御膳出御成

参賀御對めん御すゑ御もち海御盃御とりそめ一こんまいる長もし為別段

御盃下さるうけとり御三こんきのふに同し男かた廿五人

三日

御きげんよし〳〵何も二日に同し御盃男かた四十一人

四日

御きげんよし〳〵

五日

御機嫌よし〳〵千秋萬歳参内殿うつらまひにて御盃毎之御通り濟〳〵

御湯殿もしめ御てうし大すけより上る一こん御盃御通り有其後兩役御き

ち御やきかちん御とし玉近習も下さる

六日

御きげん御よし〳〵御年越御盃一こん局下ゑまて御通り

七日

御機嫌御よし〳〵六ッ御なる何も毎之御空拔り御らゆ御祝あそれの〳〵花鳥御間口ニ成年賀御對めん御すゑ御はらま白馬節會出御なるすきふん忘ゆくおもり入御馬御覽清涼殿ろう下より御間上らせの〳〵御内ニ節會御覽ニ成御ふくら川き御夜食後御さらつき七草の一こんまいる南御向お包く御御をん御三こん男らた七人天しやくなり

八日

御きげん御よし〳〵空ふた様も御ふさん聖護院宮様御ち申口まて御祝戴御空し玉上の〳〵女中も御ゑもこ入いたゝきれ也

九日

御きげん御よし〳〵霊らんしの宮様御礼大すけ不勞まて引

十日

御き嫌はよし〳〵諸礼はないめん

十一日十二日十三日

御き嫌はよし〳〵

十四日

御き嫌はよし〳〵年こしは盃一こん蓮観院と信敬院と参られ御盃下さる長はしとはしやく観實院と長春院ともはないめんは盃下さる申口ニてはれもひ九もしは認は年玉はくわしも下さる准后御方へも参り〳〵ないめんなし

十五日

御き嫌はよし〳〵祐宮御方へ御口祝夜ニ入とんときいこなち小御所へ出御は直衣めさるゝはらゆ一こん御南は向こゑくははせんは三こん天しやく男ゐゝ廿一人

十六日

御きけんハよし／＼節會まんの内侍中將内侍ゟ之の内侍少將内侍ゟ一こんくすおいつて入御成すく／＼ハ内ニ出御よあり半過入御ふき野嶋

十七日

御き嫌ハよし／＼御年日ハ祝女中も宰相のすけゟ大ハちの人大すけふ々《マヽ》《マヽ》つ祝も一ふニ上の〳〵中將ゟ一人年日祝の人ニハゑもこ入ニハ目録拝領

十八日

御き嫌ハよし／＼御會始ニて小御所へ出御八ッ半比ハ引直衣ハゑとへハ打もら海ハゑあふき七ッ半過濟〳〵其ハまゝにて二こんのハはらつきまいる大すけ長はしゟハ通り戴れや

十九日

御き嫌ハよし／＼舞ハ覧鶴のまうてうおもて宮しハ引直衣めさるゝ二の樂ニて表ハ對めん按察使典侍ゟハすそうちき御きん中將内侍ゟ太平樂ニ

て御盃御目通りにて御通り七ッ半過濟せ候入御成御つくもいの御をん

廿日

御き嫌御よし〳〵法中御たいめん

廿一日

御き嫌御よし〳〵法中参内御對面

廿二日

御き嫌御よし〳〵准后殿御内々御着帯ニ付辰刻過御参り御こしの御間にて御下帯遊はし進し候すくふ御下りいし一とう伺さんも伺弥御人しん御治定申上山本高しな参り言上御祝申上る夕かた御上り大すけ長はし殿参るたいにおゐを御きう人よりの口上申参り大御ちの人うき給長はし殿へ申さるゝ口祝准后殿御はかまにて御参り御口祝御すい物御すゝ御重さかなにて御盃まいる大すけ新大すけ殿長橋殿伊豫殿大御乳人駿河との御祝ニ参り御すんをれ上ろう盃御くわし戴候也こなたへも御よせさかな

上ろう〳〵女中よりもする〳〵五まん准后様より御すゝりふた肴いたゝきれ也

廿三日

御機嫌よし〳〵座主宮様御参り御小座敷にて御たいめん成

廿四日　准后殿御出さゐの所ろう昨夜よりのよしにて御下り

御機嫌よし〳〵仁孝天皇様御十三聖忌に付観行院様もしめより御心さしあたゝかき品大すけ新すき様宰相典侍様長橋様伊よ様越後様能と様駿河様より金五百疋知定もしめへ三百疋是も観行院様へもたせ上御菓子料

廿五日

御機嫌よし〳〵仁孝天皇様御十三めくりにつき御代香按察侍典侍様大御乳人も参らるゝ両寺今年より和宮様よりも御法事上ろう〳〵敏宮様和宮様より御内に御機嫌うかゝひ参らせ候御くわし上ろう〳〵女中一とうへも敏宮様よりうとん御重之の物靈あんしの宮様よりおくへ竹のこ御花上

けれ〱女中へも御重之物戴候也御代香あそちの大御ちの人八ッ半比ゐられ候由御きげん伺なゝ参る

廿六日

御きげん御よし〱両宮様より御くわし昨日こなたへ御頼和宮様より今日御なゝ参る泉涌寺にて敏宮より御法事御上あそいし其御あとにて大すけ新大典侍の宰相典侍の長橋の伊よの越後の能との駿河とのより御法事上る七枚也長もしの御代香越後のも参らるゝ御花も上る妙勝定院宮様より御くわし一折御文にて上まいらされ〱蓮観院の梅仙院のよりあれなき御くわし御上

廿七日

御きげん御よし〱御清め御湯ゐらされ〱長橋の越後の上らるゝ

廿八日廿九日

御きげん御よし〱両日大すけ引

二月一日

御機嫌よし／＼御神供あなたへ附まいらせ常御所ニ成参賀御對面あらせられ御朝かせる別當典侍ゟ夕かた御盃もふけまいらせ　何せもはかまめしまいらせ候

明日より御せんほうこう行いせ

二日

御き嫌よく七ツ御なる御しまひ六ツ半おもてせし出御香ろう御ぬさ取置御せんの事御兒まて仰出されハ廣橋頭辨ゟ御せん御引直衣御なとへ紅御もあふきもしめ御樂御行道殘なくすミ御中入萩戸へ成御休そくまた／＼よるのおとゝへならせ候何もすミ入御四ツ半過御朝御をむ御夕御せん濟まいらせ候關白殿御小座敷へめし御對面御夕座出御濟まいらせ候入御八ツ半過觀行院ゟ今日孝順院ゟ敏宮殿ゟ御願まて参候てうもん靈かんしの宮殿瑞龍寺殿御参り御てうもん瑞龍寺殿御夕座御斷まて御早出

三日

御機嫌御よし〳〵何もきのふゟ同し御朝座すミ四ッ過入遊成朝の御せむ御夕御膳すミなる少し過御夕座出遊八ッ一刻前濟まし〳〵入遊妙染院殿参らるゝ

四日

御機嫌御よし〳〵御中日朝座六ッ半出遊御ぎん御ちこまて仰出さるゝけこ御はいきん右府殿廣もし頭辨殿御調子もんしき殘樂越天樂すミ御休そく御行道ニてまた〳〵元の御座へならせまし千秋樂濟けこ御て川し御ぎんもとのことし頭弁殿入遊四ッ半過御朝御せん御おらミ御夕御せむ御夕座なる過より出遊御中入あらせまし御八ッ過入遊中宮寺宮殿御てうもんニ御参りちよと御ないめん成御うは板三枚まいるあなたより御くわし一折御花上まし〳〵關白殿より御くもし御花上まし〳〵

五日

御機嫌よく御朝座六ッ半出遊御ぎん御兒にて仰出さるゝ御行道前御休そ

く上らせられ物すみよるれおとゝへ成らせられ御行道入御四ッ朝御せん御夕御ぜむ

六日

御機嫌よく御朝座六ッ半前出御五ッ半過入御なる座主宮ゟ御参り御たいめん關白ゟも御對面なる御夕御ぜん濟られ午刻出御殘樂すみ御中入御くこし上らせられ一つの御樂すみ御行道すみけこてつし何も濟られ入御七ッ過觀行院へ心淨院へ觀世院へ参られ御夕座てうもんニて御間物いたゝき御候とまみな〳〵湯致し候の今日まてもよろし心よさひ

七日

御機嫌よく御そうしんとけ所ゝより御まゐ上ル御夕御膳節御すい物御重さかな女中も戴候也

八日

御きげん御よし〳〵こう家關東使参内御對面常御不まて御ふく男かた傳奏

しゆ御口上御ぬくすミ申入らるゝ小御所御たいめん天盃給ふ知恩院方丈
参内九日と仰出され候へ共九日老中参内ニ付日きん十二日巳刻と仰出さ
る

九日

御き嫌御よし〱老中堀田備中(マヽ)守参内小御所にて御たいめん御かく男あ
た天もいたふ将軍家より御言傳金乃御香ろうおうを御加羅(マヽ)一本大方半(マヽ)金
五十枚進らん御臺様より廣りんす三十たん

十日

御き嫌御よし〱座主宮様御参り御小座敷にて御たいめん御夜食後きふ
うめし山口伺

十一日

御き嫌御よし〱中てん御かく門(マヽ)ふ上段聖そう御拝御引直衣めさるゝ其
後御する御はかまにて成

十二日

御き嫌によし〳〵知恩院大僧正年始に礼参内小に所まてに對面にふく男りたいこくにてそう〳〵よく心まてに祈禱卷數會所まて上おくへ上ル春日まつりに神事入按察使典侍の中將内侍の手なしまてさかるゝ

十三日

御き嫌によし〳〵別當のすけのよへゟ頭つうけ今朝下り春日まつりに丸火入に望し行水毎之に通り

十四日

御き嫌によし〳〵春日まつりに當日にかけ物せと物敏宮のに湯出來るの〳〵もににあき物にまん上なし和宮の祐宮のこなたまて遊いし進しめ〳〵

十五日

御き嫌によし〳〵御ふもん召表向にあけ物淮后のに所勞に宜に清め出來にあけ物上るの〳〵十帖に卷物中務卿宮様に父子法親王のあた霊かんしの十

帖中宮寺宮ゟ一もん御文こ表當もん計ふんこ色〻大すけ長はしゟ典侍大御ちの人より嶋しゆすおもし內侍御ちこ一もん文こ黑ぬり無地御下なち二もん御內々御うけ物御上御しるし鷄羊牛馬犬五つ御ましとり表向御三間中段にて御ましとりとおなゟのも御名代被遊は大すけもしめも戴御內ゝ御くしとりもならきめ〳〵大すけ藤いなた

十六日

御機嫌御よし〳〵准后ゟ御不勞御よろ敷御上り

十七日

御き嫌よく關白ゟ御參り御對面法中參內御ないらん御ふく男あゐ

十八日

御機嫌よく御拜御心願にて今日より一七ヶ日內侍所へ御參り何も每之御通り一寸御祝酒出る

十九日

御きげんよく御拝に参り去年の十月分御参り御らさゑ太閤殿近衛右府殿へ御尋御くたし候

廿日

御機嫌よく御拝に参り去年十一月御らさゑ

廿一日

御きげんよし／＼御拝に御心願の御参り入御成御表によろし次第小御所にて内侍所御法樂有十首

廿二日

御きげんよく御拝御参り御心願の今日迄て當月御参り御あさ祢水無瀬宮二十首御法樂關白殿太閤殿御参り御小座敷にて御たいめん御二度青蓮院宮殿も御参り御對面

廿三日

御きげんよく御拝御心願に参り神宮御法樂三十首近衛右府殿久々の御不労

春なにもしめてに参りに小座敷まてに對めん成

廿四日

御き嫌よく御拜に心願に参り今日に濟にまいる一折去年十二月分にかさま
にまいる一折に祝酒いたゝき十二月にミてに参りニ付さんもしめに祝儀い
たゝかせに空も大すけ長はしの楸丸の常丸の大にちの人んらの也今日少
將内侍の局西對屋へ引移り

廿五日

御機嫌よく聖廟に法樂五十首に湯あらせ候右府様より御機嫌御伺御鉢
植糸櫻海棠御まな上り候近江守伺よなか半過大分地震にて床に出候
公家しゆもに庭へまいらるゝ御き嫌伺いしも参る

廿六日

御き嫌よく方々より地震ニ付御き嫌伺あり右府様に参りに小座敷まてに
對めん成夕らゝ青門様に参りにたいめん

廿七日

御き嫌よくかも兩社御法樂有

廿八日

御き嫌によし〳〵大乘院に門せき大増《マヽ》上御礼参内に對めんにたく男らる

天盃に願まてなふ

廿九日

御き嫌よく左府殿に参りに對めんにひゐな出ルおくもに人形出る來月に

神くう大すけへ仰出さるゝ

三十日

にき嫌よく青門殿に参りにないめん

三月一日

御機嫌よく御拝あらせ候には清めに神くう大すけ日れに代参に初をに

目ろくゐり參り御口祝すぐニゑちこ為と二人春の參り御すゝ上ル御祝酒出ル參賀御對面御こち御はゝ御祐宮様御礼御口祝旨夕らさ左府様御參り御小座敷ニて御對めん御間物夜ニ入御盃御三こん二こんめ小らゝ望御三こん長もし為御しやく

二日

御き嫌よく青門様御參りのところ御斷御文參る

三日

御き嫌よく參賀御對面御すゑ御もら御近衛左府様御小座敷まて御對面よおとれ御間御夕御膳後また〱めしそうきんけいこ七ツ過ふ仰出されくれ〱ニ濟局みんな御覽ニ成夜ニ入御一覽まて入御今年和宮様御みゐなミてこなたか御さいこうれ五ツきぬ御望しあきと出來合の御ひゐなと二對進しか〱こなたへを御よセさゐ形一折毎もれ御重組も上か〱

四日

御機嫌よく關白殿の參りの小座敷の對めん

五日六日七日

御機嫌よく大引

八日

御權嫌よくの拜關白殿の參りの對めん少將內侍殿の包られ二付八寸重一箱上ル

九日

御機嫌のよし〳〵御拜御法樂あるも下上小の所關白殿の參りの小座敷二て對めん小將殿ゟ三種のまゐ到來

十日

御き嫌のよし〳〵

十一日

御き嫌のよし〳〵神宮の法樂の淸書濟有らせまし〳〵の淸めまて御ふくの常

の御きよめ小御所へ成らせましよミ上御くもんし御懐中遊はし成らせまし

御清き事済手なし出らるゝ関白殿御参り御對面

十二日

御き嫌御よし〳〵なから御ほう御はな少々時ま御頭痛御むつさり御かゝり

床

十三日

御かゝり床丹後伺御能水出まいらせ候昨日よりは御工合御よろ敷御事

十四日

御あり床いし伺御よろ敷由申入准后殿御参り紫もんちりめん御もやう御

好殿とほる御前ニて御戴准后殿御ひゐな出御もしめもすミまいらせ候にめて

度御覧あらせましに御よせさゐぬ上まいらせ候女中へも御重の内戴は也関白殿

も御参り夜ニ入御前へめす座主宮殿も御参り御間物おそく成せられは初

夜半過御夜食出る

十五日

御きげんよし〳〵なおらにかゝり床いし伺有近衛殿よりあ遊に上女中へも桂より上りはよし見事成ゑけ何をも戴は也座主宮殿に参りに前へめしは也一条殿明日に拝賀のところ實はこなた殿にむさ〳〵にそく痛にてに断廿一日に拝賀に伺廿二日に直衣もしめにうかゝひに拝之通り仰出さるゝにもいをんは下女ぬうと仰出さるゝ御別殿に枕におひまきに口祝上ルに兒鳥うたはるゝ

十六日

にかゝり床いし伺有弥によろ敷にをし被遊は關白殿に参りに小座敷ニてに對めん成

十七日

にかゝり床にさつとにみまひに對面事に小座敷ニてならをゑ〳〵あをちな所勞にて引

十八日
御かり床御はらひ關白殿御参り御小座敷
十九日
御き嫌御よし〳〵
廿日
御き嫌御よし〳〵堀田備中守御れと御参内
廿一日
御機嫌御よし〳〵一条殿内府御拜賀日御座御對めん御打もあま御直衣め
さるゝ
廿二日
御機嫌御よし〳〵一条内府殿御直衣始ニ付朝ゟ参る御對面後常御所ょて
二こんの御盃まいる二こんめ天しやく御もいきん御手なゟ御通り有
廿三日

御き嫌にてよし〳〵關白殿にて参りにてたいめん仁和寺宮殿廿七日親王宣下ニ付にて名字にて戴よしあき今日もにて三・公三条殿もにて参り

廿四日

御き嫌にてよし〳〵近衛殿よりいさみこまん酒上られ〳〵にて小座敷牡丹御覧にて間物

廿五日

御き嫌にてよし〳〵

廿六日

御き嫌にてよし〳〵少々雨にて代香大すけにて花にて燒香にてくましもまいる

廿七日

御き嫌にてよし〳〵仁和寺おかゝ《マ》の宮殿親王宣下ニ付こまくにて三種一荷上もの〳〵こまくにておさひ三百疋大すけ新大典侍な長はしなへ戴別段大すけおなひ一箱こまくにて白銀三枚いなゝき二種壹荷上ル

廿八日

御機嫌よく御拝候参り候延引石清水御法樂有うら松ゟ日こう参向ニ付候れと海候小座敷ニて御對面候すゑ候はハま上候間候ぬる候末廣御手つゝら下さる祐宮様候セ巳卿故候三間まて候對面候ハ御入下さる准后様候参り候人マヽしん中候かろま候はハま候前ニて進しられ候

廿九日

御き嫌よく御拝候法樂近衛様より御見事の御まな御むらあらかひ上られ候多みまいる

四月一日

御機嫌よく御拝候神供長もしゟ春の参り致され候くま進上能とゟも参らるゝ参賀候對面めん候こち候もハ海なり其後關白様めし候ゟいめん准后様候ふさん祐宮様候口祝まいる夕ハゝ候盃候三こん肴二こんめ小ハゝ里

に三こんめ長もし為にしやく男あふもめしれ也

二日

御き嫌よく石山為めしにぬんこに用

三日

御機嫌によし〳〵堀田備中守にれと海に對めん

四日五日

御き嫌によし〳〵

六日

御き嫌によし〳〵御代香長はし為

七日

御き嫌によし〳〵長橋為今日一日にれとまに願ニてに下り初雷去もしよてはるゝ

八日

御き嫌によし〳〵

九日

御き嫌よく左府殿に參りにたいめんなる

十日

にき嫌よくに拜に法樂に淸書あそはさる

十一日

御き嫌よく御拜神宮に法樂小に不錦臺まてに間物上らせれ〳〵

十二日

御き嫌によし〳〵御香具きり

十三日

御き嫌によし〳〵事成事なし

十四日

御き嫌によし〳〵右府殿に參りに對面

十五日

御き嫌はよし〳〵日吉らけはかけ物二つ四重いゐ為戴は茶文こ白ちりめん越後為いゑゝた月毛駒中將内侍為は戴

十六日

御き嫌よく葵まつりは當日はなる七ッ半は玄まひ朝のはセむ濟五ッ少し玄過出御直衣御ひとへは白は左木うすゝ小御所ニてめしぬま参らを候玄んもつは覽不へ成らせ候入御はおら乙又ゝ小は不へ成らセ候は夕はセんなさしニて何をもはなるのもれは祝いさゝたれは也御覽不へまさ〳〵成入御成當もんめしは望し下さる玄望そきは内義傍註はそゝめいら為はくしは聞物何をも戴七ッ半過はするする〳〵濟傳奏奉行は悦申入らるゝは神事とけ𛂁准后為局は神事とけふれ𛂁准后為は上り何らとおそく成御き嫌伺上らぬは使は参りあし

十七日

御きけん御よし〳〵准后様御成り關白様御成り御小座敷御對面左府様も御參り

十八日

御機嫌よくなる後御ふんこ御あいつき御香をきゝ春の成りすまし人々御すもしたいめん大御ちの人局へなれまし也

十九日

御機嫌よく御ふんこ御あいつき

廿日

御きけん御よし〳〵うしは日御ゆくくはり常は御所上段に成らせられ御すゑ御はあま次第に戴に參る御下なちなさしより御礼申上る

廿一日

御きけんよく御拝御法樂内侍所小御所にてならせられ御ふんこ御あいつき寛てんゐ成の靈あんしの宮様方いろ〳〵御さん工物御數々上られ〳〵祐

宮様へも御まめ小の御なんこに入まいる

廿二日

御き嫌よく御拝御参り敏宮様御袖留めニ付こ包く御御まな一折外に御よせさあなも上候大すけ長はし為大御ちの人尾張と代右京大夫も参るこなたより御打もら海大こし御はらま御地あら御まな一折まいる長橋為御口上申入れ〜大すけ敏宮様御玄ん御ゑれ上ル御かた計参りの人々より生作御まな上る藤崎もしめへ大手まん送り候敏宮様御小座敷ニ二しやうゑい御かまへ出來候大御すへらあし御元もと迄ひ御なん紅御打もあ海御間御ゆもし御あもセ御つ手帯御こにゐもよて一こん御盃長もし為御もいセん御あと御れたゝ花宮様御うちきのまゝにて甘露寺為御ゑいめんなり藤崎初へまん送る宮様御袖とめニ付大すけ御むあや御あくく新大すけ為御むまんも長もし為御地あら伊豫為むらさ花大御ちの人むしするかとの御あたむらあをちる為もしめ御袖下一ろさ〔マ〕手、づゝ三ゟしらは袖下藤崎もしめもはぬるはふく一ツつゝ御用にてゝまもは袖下微妙覺院宮もならせられはめミへ申入こなさるゝは文こ内ゝはさらしは筆すゝきは組物はまゐは言傳敏宮宮ゟはきぬ二疋こなさるゝあそハし旨微妙覺院宮もならせられはめミへ申入こなさるゝは文こ内ゝはさらしは筆すゝきはくみ物は言傳微妙覺院宮ゟはまゐ料上られ三人はれと海のきつゝはは花生三つ上られ三人へゑちりめんおもしろん限り二本つゝ微妙覺院宮よりはゑき物にてゝえ戴は也

廿三日廿四日

御機嫌はよしく

廿五日

はき嫌はよしく仁和寺豊宮宮親王宣下後は礼初めてはまいりはにて合は花生すゝ二つ外にからゟ手は花生もむ一折上られ女中一とう大すけ新大すけ為長はし為まんも一反つゝ按察侍典侍為もしめ一やう嶋しゆもお

もし御下たち紫白嶋しもに御ちこ両人小ふんこ日条富小路殿小ぬんこ御庭おもても御拝見常御所にて二こんの御盃まいる二こんめ天しやくにて御戴御もいせん御手から御通り有難波御間にて御口祝御すゝ御重さかなにて御盃まいる御いと海のさ川御くたし御机外に御花臺御花なん御さらし二疋御手川りらきやうしもり御文こ内に御つまふくろ御きれさん御硯御文ちん御ふる御末廣な御せたれなんにて大すけへ別てん嶋しもにおもし五種の御よせさかな戴大より御つゝ乙物御水入御きいさん御きんちやくぬひつめ菊のもやう御ゑんそ中御なりと罡御ゑと手戴合御もん三つつゝ出しゑてさせ上は御あれさつとして箱入御茶三しも御くたし千年すし紅白戴新大殿と二人より知おん院方丈ゟろう見舞につられし使青山

廿六日

御き嫌はよし〱〳〵御代香表方

廿七日

御機嫌御よし〳〵仁和寺豊宮様より御礼に御ち参る別殿御盃毎之御通り長橋殿局

廿八日

御き嫌御よし〳〵御拜御法樂らを下上小御不信海院殿八十賀祝に付御あちん一重まん上五百疋おなら三ゆひ御内々御文こ内ふ御もみ一疋もい〳〵人形一ッ袖入ちよく二ッぶら〳〵下さる大すけへもあちん一ゐさ多御まあ到來二もんの文こ内にさらし一反あての人形ぶら〳〵舟引ちよくこつふやき物なん一ッ御ま形料金二百疋越後殿局へ口上にて

廿九日

御き嫌御よし〳〵御拜近衛左府様御参り御對面

五月一日

御機嫌よく御拜御神くう長はし殿参賀御對めん祐宮様御礼御口祝關白殿

御参り御たい面万里小路大納言殿今日傳奏仰出され御礼有三人へも御吹てう祐宮様へ御乃ほり御たし肴大すけ新大すけ殿長もし殿大御ちの人々御かふと御長刀二本今年より新大殿四人故御かふと御長刀二本ニ成聴雪まて御間物御盃御三こん二こんめ小なゝ里御三こんめ長橋殿御しやく少々御時氣安藝守山口さつまうかゝひ

二日

御かり床あきれ守丹後伺その宮様より御庭の撫子御まな上られ こなたへ御庭れなてしこ御移りニまいる

三日

御かり床いし伺きのふみ同し近江守もめし伺親康伺三角伺の事仰出さるゝ

四日

御かり床いし伺准后様御着帯に付御乳附橋本殿おゐもん御まう人仰付られ今日初めて参られ こなたまても御祝酒御くわし下さる御いと海

五日

御かり床いし伺条賀御對面なし大すけ引

六日七日

御かり床

八日

御かり床うけの人々よりこ包く御御まな一折御てうし一枚上る常丸為も

同斷御尤うき御兒五百疋

九日

御かりせこ

十日

御床御はふひ

十一日

御き嫌よくなてしこ御覽御間物山水ニて何さも戴大すけ出うき入ニ付御

しうき千疋拝領

十二日

御機嫌よし〳〵座主宮様より御祈禱卷數御上あそハし御参内御小座敷にて御たいめんなる左府様より御一封上まいらせ候落手の御返事旨有栖川様より御法樂御詠草御伺御庭のしも上らせられハ御點濟返事進しまいらせ候

十三日

御機嫌よし〳〵御代香中將内侍ゐ雲龍院へも御席に参まいらせ候關白様御参り御對面近衞様たか司右府様一条内府様三条前内府様御参り御小座敷にて御たいめん普妙照院宮様御七めくりニ付御くわし准后様より上らまいらせ候親康三角拝しん十八日午刻ゆういん兩人の内申合と仰出さるゝ

十四日

御き嫌よく御拝御清書有左府様右府様御参り御小座敷へめす

十五日

御き嫌よく御拜御法樂石清水社五月御代參御湯立上下御靈駿河との參らるゝ一の御間まて御道具御あさつき表そうしもめし候也

十六日もれ

御機嫌よく准后樣御着帶に付こなさ樣へ御まな一折一とうより上ル准后樣へするゝ〱一折三さんつゝかしら〱な上ル按察使典侍局もしめより五さん一折御手ひら御文この内ろ惣をやう御くミ物御あむこ入あんさし三本御つま袋に金千五百疋御人參三本御きやら五切淺みとり御筆をん御文ちん花の付候の御ふれ御末廣老らいし准后樣上ろうおやを局口上よて小れさゝたこ一ふさつゝかしら〱へ戴あをち局はしめ御兒迄一ぬさ御夕御膳濟せられ午半刻過飛香舍へ出御御引直衣准后樣ろう下まて御出むあひすく〱飛香舍へ成らせられ大すけむとへ衣東の方なならせられ北なミてうへ成御帶つゝみとき中ゐならせられ御帶御つゝみ下へぬままさ〱長橋局へ御渡し申候也其後すくに入御成准后樣何も濟せられ御參り

常御所にて二こんの御盃肴二こんめ天しやくにて戴御もいさん御手なら御通り有一ノ御間にて御口祝小いさゝき御すゝ御重さかなにて御盃御くわしも出る御手つから御文こまいらせ候御まい出九條殿へ御立より關白殿へ御杉折御内〻おくの文こて肴御間物御一こん大御賑々大すけはしめ三らいりに御悦ふ氣り御口祝よいさゝき御祝酒御すゝ御重さかな御ちこもまいる

十七日

御き嫌御よし〳〵九條殿より五種御よせさかな上まいらせ候夕方雷鳴御かてうにて近江守伺

十八日

御き嫌よく新いし伺親康法眼三角攝津介伺ゆういむ近江守次のうか《マヽ》ゝひ

廿八日午刻仰出され大御ちの人准后殿へ御うふや御道具もち御便に氣らるゝ御着帶日參候もつかららの御おそく成今日進し候大御ちの人なり

参り〱よろ敷よし申入参り〱紅御つま帯戴

十九日

御機嫌御よし〱新清和院様御十三めくり御引上御法事御代香おもてより御備御くわし下汁まいる御備兩寺へ百疋つゝ三人ゟあせちの宰相のいよの越後の能とのより二百疋近衛左府殿より御くわし二色上参り〱御返事出る

廿日雨

御機嫌よく御代香長はしの兩寺越後のも参らるゝ御花御くわし御焼香女中ゟも御なしミの人々ゟ御花近衛殿へ御杉折御くわし三色敏宮殿よりも玉水上参り〱こなさより御くわし一折水やうかん花扇雨つよく橋引ゐちこの大すけやしきへ下り

廿一日

御機嫌御よし〱御拝御法樂うけの人〻祝上御よせ肴五種御ちこ日参も

けん上物人數にすゝし屏風片しあせちなもしめへにすいものにすもし硯
ふた肴もちさあれすのもれとあさかもさい工物到來人形らんさしきせる
盃ちよくいろ〳〵よく日くしに致候也

廿二日

御き嫌よく新大な大すきいよな八枚折屏風拝領常丸なかる田能となりけ
物地伊賀な地白

廿三日

御き嫌よくに拝に法樂かを兩社

廿四日

御き嫌よく御拝に參りに祝酒毎之通りに空も大典侍長はしなゑちこな伊
あなに兒兩人

廿五日

御き嫌よく觀實院なに法事何ら濟さかれ〳〵に札に參りに花進上

廿六日

御き嫌よく御代香大すけ御花御焼香御くわしも皆

廿七日廿八日

御き嫌御よし〳〵廿八日本田所司代御いとま大引

廿九日

御き嫌御よし〳〵中將内し為へ御神くう仰出さるゝ

三十日

御き嫌よし〳〵

六月一日

御き嫌よく御拝御神くう中將内侍為参賀御對面御こち御はあま祐宮様御礼御口祝准后様御下り中御礼に参らせ文ニて御礼申入夜ニ入御はらつき御三こんまいる二こんめ小かゝり御三こん長もし為御しやく准后様より

今日の御玄うき文ニて仰入まいらせ候

二日

御き嫌よく御拝准后様へ新大すきな長はしな伊賀な参り候御言傳御くし
の御品々そ染御なもこ入いろ〳〵御手さけ一箱あなたよりなひところ御花
生上まいらせ候

三日

御機嫌御よし〳〵御拝六月御参り

四日

御機嫌よくなる比より失火ニてあまり長々しく御機嫌うかゝひなん〳〵
いしも参る夜ニ入關白様も御参り東本願寺まる〳〵類焼なる前より初り
明まへまて之

五日

御機嫌よく西本願寺も近火故使上る水仙まき廿五准后様敏宮様和宮様よ

りも御機嫌伺なみ參る關白殿遠方なから長々敷出火故御き嫌伺かたかた役人衆も參らるゝいしも御き嫌伺申上ル東本願寺類燒ニ付御內〻御尋下され候事太閤殿へ御相たん御返事ヿ下され候へハさそ有かたかりの事仰入らるゝ御直〻御使にて下され候へハ一入有あたありと仰入らるゝ御例ハあらせられぬ事なからこなた御ゑん燒のせつ色〻献上物いたされ候故思しめし殿にて此度六枚折一そう御りやうしすゝり御はらし十疋ちまき三百把明後七日ニ使もん御使にて下され候御りやうしすゝり御ぬる故太閤殿より御內〻御つたへあそハし候様仰參る大すけもしめへも先達御ゑむしやうのせつ御門主より到來物もの御座候ニ付　尋としてすゝし屏風二枚折一そう一箱女中一とうお局の持使ニて進上の様にて下され候事御例無御事なから御所御ゑむしやうのせつ色々しん上御座候故此たひかく別の思召にて下さるゝ使はん御使例ハ無よし

六日

御き嫌御よし〳〵御日から夕方御黒戸へ成御手つから御花供しられ候例月御きやう計

七日

御き嫌御よし〳〵太閤様より御清き御詠草御覧ニ入まいらせ候御文参る有栖川准后様より御詠草伺まいらせ候則御點濟返し参る御詠草のをつ色〻御花上まいらせ候准后様より御機嫌伺御内〻文参る太田伊豆守不勞ニて引こもり追々心よく今日出仕致し候ニ付本の通り宿もん仰付まいらせ候中山攝津守十八日までふく故あせんは川原能登の守其まゝと仰出さるゝ十八日後免しまいらせ候事今日東本願寺へ類焼ニ付御尋としてかをゐあくし御屏風御あるゝ一そう一箱御さらし十疋御りやうし硯一もこ千また三百匁使もん御使ニて兩門主へ下さるゝ此度伊勢へ公卿勅使御神事ニ付いしよる〳〵ゆめうかゝひ寛政度のとめなとも無よしニて思召様伺有暑氣の時分の事宿もんニ今一人つゝ添入御まてつめ候様申ス　廿四日まて御さし日〻御機嫌伺候様申ス仙壽院僧躰

ゆへ附ゐ乙まて出候様申す表の御道具何ゟ新しやう察《マヽ》の御用にあらせらるゝ
よし也きおんの會御出まて御物いゝ上ル御こちへ上る

八日

御き嫌よく親康三角兩人表三度目拝しん午刻いし参り候事表ゟ表使まて
申入有装束致居候と言上すくニめしニ参り表使へ申スめして参り言上夫
ゟ御小座敷へ成御はらま御も衞之新大典侍為御前へ御参り駿河との也例
之御通り拝けん濟表使ニて御礼申入ゑい出申ス御内義拝けん御神事後廿
八日午刻と仰出さるゝ御うけ申上ル准后為ゟ御機嫌伺参らせ候御よせ
さゐ形御くわし上らるゝ座主宮為御参り御前へめす青羽御所ゟ御匂ひ袋
御まん上三頭へも二川つゝ按察使のすけ為初へ壹つゝ春日兩宮上下御靈
社へ此たひ公卿勅使ニ付御き嫌よく御する〳〵のやうふ御祈禱來十一日
ゟ一七ヶ日仰付らるゝ

九日雨　異國ニ付此度伊勢へ公卿勅使德大寺大納言為

御機嫌よく今夕より公卿勅使御神事入日時定なり御ゆめさ候御やしよくより御神事故手なしふく者下る准后ゟ御菓子進し候御神事入何れも惣かゝれ湯

十日

御き嫌よく日時定六ツ半御ひるおしまひ済まいらせ候五つ半過表くし言上御引直衣女ほうにて朝かれゐ出御御もふひとへきぬひの御さ出御成御する〳〵済候入御奉行様御悦申入らるゝ御夕御せむ御吸物御すゝ御重さかなにて御盃まいる女中も中ノ口御吸物御重さかなにて盃有

十一日雨

御き嫌よく御拝すみまいらせ候入御御表御よろ敷申入候小御所出御神宮御法樂御する〳〵済候て入御成らまいらせ候今日より一七ケ日御もゝ内侍ふへ上まいらせ候伊勢公卿勅使何の御滞なく御

するく／＼の様一七ヶ日に御すゝ宮准后さまに御機嫌伺まいらせ文参る太閤さまゟ日時定に御するく／＼御よろこび仰入まいらせ御法楽に御詠草に御覧ニ入まいらせ後刻返し参る

十二日雨

御きげんよく准后さまに御催し申参る程なく姫宮さまに御するく／＼に御降誕申参る大御乳人すくニ御まけしきぬに御守刀持参らるゝ帰り参らせ准后さまニも御對面成宮さまも見上に二方に御き嫌よき御事申入まいらせ土御門ゟめしに御湯殿始に御あもん仰付まいらせ上りハ表ゟ御まんの御使殿上人夫よりに御さんゑニ成ハ事大允参り宮さまに御き嫌の事申上ル伊豆守参り御らみこゝに御ちゝもよく御つうしれ事申入

十三日

御機嫌よく准后さま姫宮さまも御き嫌よく御ゐさちあそばしハ事いし参り申上ル

十四日雨夕方晴

御き嫌よく御誕生日放生鳥御庭へはなさる八ッ比御かゝ召めされせん命御内〻遊ハされ候御たん生日ニ付常御所にて御盃一こん参る大御ちの人別段御盃たふ御もいをん御手なかもゝしうちはかま跡ハすゝしうらなけもなきなり

十五日

御き嫌よく准后様姫宮様御き嫌よく何の御申分ならせられぬよしいし申参る関白様御参り八ッ半比神宝御覧ニて御引直衣御もかま御すへかも参り之関白様きふう乗にて御小座敷より出御関白様御初男あゝ御ゑりそき御見にて女おう拝見御ゑらセ戴大すけ初もかな〻て拝見小御ふ上段ニ成とな〳〵拝見済入御大典侍按察侍典侍な長橋な少将内しな神事入白の御ふく上り御かふむり常御ふ上段へ出置候るないも御箱御高つき申出し有駿河とのにて出し候也今もんより御丸火入御まし行水御前の御道具かも

る御しとまもらせる此度の御神事御例ないの御通りあらら又新しやう祭の御ふくも御用ひ

十六日

御機嫌よく御拜御代官之昨もんより御丸火入常の御神事とい御念入候の之御しまひの御道具もかはり候御品も有御膳のものも少〻あもり候御品も有惣して例ないけとの御丸火之十七日はつきんの日お八日ら間かせらふまのあまつらもいし乘も借てんいつまら乙新しやうの御通りとりの刻お宿はんの外ニ一人つゝ出御の内つめ候様仰付まいらせ候今日の御かつら御きつさゐ中故男方おもて御内裏い毎之御通り水仙御祝あそはされ候一こん旨女中御目通りまてんつもれ通り敏宮様和宮様祐宮様御きん上のまん御祝あそはされ候大すけ新大すけ為大御乳人よりまん上のまん御祝被遊候申の口まて女中一とう水仙戴候也姫宮様御七夜こあさ御きつさい中故めて度のもされ御名も進しられに來廿八日御七夜御祝ひらせまいらせ候

十七日

御き嫌よくとらの刻故八ッ半御なる御ちうなし御去まひ済まいらせ候　關白為御参りなくよ本との御間七ッ半過御参り御湯めされハ女本うよて遊ふく御打もゐま遊きぬ白御なとへ御引直衣めされ朝ゐまゐ出遊成大すけ白木御机持参る御清書あそハされハ御ゑん之済まいらせ候　石もいゑん御拝御しやく毎之御通り内侍なとへきぬ之遊拝済入遊成遊ちうへ成らまいらせ候五ッと申比表くし言上御ゐゝまめさまいらせ候又御引直衣御打もゐ御きぬ御なとへ御も遊御あさら敷の御すそ新大すけ為なとへきぬ長もし為なとへきぬなりなの遊座御まん有女中よて朝ゐまゐへ出遊なる織（マヽ）事長橋為へ言上有申入まいらせ候　日の御座へ出遊御すそ新大すけ為神本う御覧しまいらせ候　關白為もならセまいらせ候御去ん座南向ニもうけ有御すそ御てうの御横ニ居ハ織（マヽ）事申入まいらせ候　去りそかれ入遊朝ゐまゐニ成神賓てつし済織事長橋為へ言上申入まいらせ候御ミすおろされ御よろ敷よしニて馬御覧日の御座へ成御去ん

さもふけ有其御上へ成馬引渡さる三疋之すミ候て入御成朝らせゐまてそ
うもん有濟候て御直衣めしぬきまいらせ是よりかう御染御ふく御下もあ
海汁めさるゝ御兒まて男らこめす御ふくゐい之此度ハ御拜見あらせまいらせ
に故御しやく入も御ふく濟日御座へ出御徳大寺大納言為勅使御前へ参ら
れせん命御直ニ渡させ候て去りそき申され候大すけ御すそニ参る　入御
成又去もらく御間有白の御ふく渡され候様表ゟ申参る常御所下段まて内
侍御多く渡さるゝ御むもひあと上らセまいらせ其内表くし御兒ミて言上有白
の御下もら海汁まて朝あせゐへ出御御むあふき御しやくも例ゐいの之御
も御今朝めされ候の之御ふく男あこ濟まいらせ紫宸殿へなる御拜例ゐいの
御通りもれの出御之日の御座の御ぜん有御ふくの内むれ御座へ出しおあ
まゝ
出御する〳〵濟まいらせ公卿勅使もつきん御する〳〵濟まいらせ奉行御歡申
入らるゝ女中出御のとりハ何せもはらまて参る夜ニ入表くし言上御御

ふさか里付候〳〵御ふく渡さるゝ御せめし〔傍註〕御下もり御計ニて朝り迄ゐへ出
御此度ゐかうろ染御そくゐい男而之御ぬく済候〳〵東庭の御拝済候〳〵
すくに内侍所へ出御大すけ長橋ゟ御さきへ内侍所へ參る東庭御拝の内女
中清涼殿西の御庭へ下りもい致しハ何迄もはかまなり
内侍所御拝御すゝ済候〳〵入御何も御神樂の御通り役の兩人御祝酒戴ゐ
り參る御もつを御神樂之通り上ル御すゝきとへ衣之おほしめしニて御く
しと里大すけもしめ御りき物上ル准后ゟ姫宮ゟ御申分あらせ候ハ故御
七夜済してつめ乃いし兆しられハ宿もめんせ候〳〵時伺ニ成ハ事筆頭ゟ伺
姫宮ゟ宿つめとも御んミ明までの所小人方三人よりなく御無人故こな
之宿もんいゐし申さぬ人兩人へ仰付候〳〵也伺誰までも仰出されハ姫宮
ゟ御六日之れまて御參之れ進し候〳〵八つ比宮ゟ御之れ御する〳〵済何の
御中分あらせ候ぬよし川原のと守言上ニ參る

十八日

御機嫌よく御拜御代官酉刻御表御よろ敷言上御なく内侍渡さるゝ御湯めされは御下もら海ニて朝あ出ゐ成大すけ少將内侍ゐ御さたへ内侍ふへ参る御すそ新大典侍参らとへきぬ日御座御まん長はしゐらとへ衣ゝてらの御座へ出しおらるゝ朝ら出ゐ御なく男らゐ御なく御手水すませめゝ御兒衣らされ新大すけゐ御すそ關白ゐ御不参ニて廣橋頭弁ゐかへ白まて東庭御拜女中もすゝに清凉殿ふしの御庭へ下り拜致しは之内侍ふ御拜御すゝ濟〳〵入御兩人もゆり參り中ノ口まて口祝いさゝたは也

十九日

御き嫌よく御拜御代官左府ゐ内侍所御法樂御詠草御伺程なく御點濟をられ返し参る酉刻表くし言上御ふさかり付御ふく渡さるゝ参役按察使典侍ゐ少將内しゐきのふ同し

廿日

御き嫌よく御拜御丸火中故此程十七日御清書のをゆめされは御引直し御

ゟうゐつの新敷せいこハもゟまハも衛ハゟくらにハ用ひハ組帯ハゐ本り
ハ清間ハ多形の下ニあらせられハ丸火ハ手水あそハさ也ぬ時の物入なら
せられハふく箱ニ入置公卿勅使ハ丸火中ハ湯あそハされハの之也ん夜め
されハ例るいのハふくよ本とハあせニ成らるゝ大分ハそこ多ニ成仰付
られ故申出ス一しきと仰出さるゝ其内ハ組帯
ハ石帯是も大分ハそこ多ならせられ故ハ玄ふくニなり夜ニ入ハ表ハよろ
しくハぬさあり付られ常ハ所下段よてハふく内侍渡さるゝハゆめされ役
の両人大すけ長はし為朝ゐ也るへならせられ後参るハ下もゟま計よてあ
らるゝハふくハ手水男ゟさハすそ新大すけ為ゐとへ衣日のハ座ハきん
有候あくの内出し置る候す於廣橋頭弁為女中清涼殿ゐし乃ハ庭へ下り居
拝いゐしハ東庭ハ拝済すくみ内侍所へ出候男ゐさハ拝ハすく済入候ハす
於新大典侍為ハするゝ役の両人ぬり参る

廿一日雨

御機嫌よく御拜ニ成昨日の通り之内侍所御法樂七ツ半過表くし言上御らゝしめされ御ふさかり出來下段まて内侍御ふく渡さるゝ朝かれゐ出御成御ふく男らん御手水何も濟候御兒えらされ大すけ御もそニ參りなとへ衣女中も西の御庭へ下り拜致し候也昨もんふ同し御うへにおからせ候御音伺ろう下へ參る

内侍所へ出御御拜御すゝ濟候入御成按察使典侍ゐ小將内侍ゐなり參候中の口まて口祝

廿二日晴

御き嫌よく御拜御代官別段御拜ニ成御らゝしめさる御なとへ御引直衣之今日伊勢御奉納ニ付御内々内侍所へ御參り御初を白らも壹枚御すゝ御くま旨御口祝上ル御供の女中衆へも口祝戴候也御夕御膳節御すゝ御重さかおまて御盃旨七ツ半過表しし言上御ゆめされ候朝かれゐ出御後役の兩人大すけ長はしゐ御さきへ參る何も日々みせ御通り御ふく御手水男かん御す

そ新大すけ為關白殿へ渡し申さる東庭御拝女中御庭へおり拝致しハ済
まいらせ候御様子にてろう下へ参る内侍所へ出御すゝ御拝済まいらせ候入御役
兩人大すけ長はし為御祝酒出ル
關白殿今日御まな一折御拝領御礼仰入まいらせ候廿二日水無瀬宮二六月御そう
しんなぐら今日伊勢御奉納日にあたりハ故御ぞやうしん朝もかりニてよ
き無御丸火中にて御直ニ御おらゝも出來まいらせ候上ハ御名代ニ新大すけ為と
く〳〵ゐけ申入御さうぞん無御斷申入御おらみ之
内侍所より御まかり参ることなたよりも御まな首

廿三日雨

御き嫌よく御拝あらせ候今日も賀茂兩社へ御付おこなひニて勅使正親
町三条為之御すゝる〳〵ねり参候御小座敷ニて御對面成まいらせ候八ゐたへ
も同斷ニ付中山大納言為御使ニ参らるゝ七ツ半過おもてよし言上有御所
さかり付候下段にて内侍御多く渡さるゝ御湯めさ候御下はか海計ニ

て朝かれゐへ出御御ふく御手水男か〻濟候て御兒ゑらされ大すけ御すそに參る關白殿御不參廣橋頭弁殿之女中昨日の通り西御庭へ下り拜致し候也同御座御きんきのふみ同し雨まてゆき殿ニて御拜御兒ゑらさるゝ内侍所へ參役あきちのすけ殿少將内し殿御するゝ御もゝ御拜濟られ入御後役兩人もねり參らるゝ

廿四日雨

御き嫌よく昨もんの御通り七ッ半過表くし言上御ゆめさられ御下はか海まて朝かれゐへ成御ふく渡しも日〻の御通り御すそ新大典侍殿むとへ衣内侍日れ御座御きん御ふくの内ニ出し置るゝ御あく御手水男ゟ〻濟させられ御兒ゑらされ新大すけ殿御すそ廣橋頭弁殿ニ御渡し申さるゝ東庭御拜雨裝ニてゆきとの御拜濟られ御兒ゑらされおろう下へ參る御拜すミすくま内侍所へもれの出御昨もんに同し役の兩人大すけ長はし殿朝かれゐへ成らせられ御跡ゟ内侍所へ參る御

すゝは拝済をまし入御役勤は四人よりはすゝ上ル中山大納言ゟ四ツ比八
もなより ゐ京にては小さしまは對めん入御後ゐり参りする〳〵神事とま
は也

廿五日

御機嫌よく御拝は参り公卿勅使はする〳〵済せまし は礼は参り御初を白
あゑ壹枚はまゐ一折まいる
御すゝ済は口祝上ル御供の人〻口祝有は祝酒出ル大すけはらまにてはす
そ長もしゟ能をゟは兒両人参る雨にて川つらえ有は様子まて徳大寺ゟ帰
京志れあさく表ゟ大津まて様子みせまし ゐ公卿勅使川つらへにてゐ京お
そく成四ツ比ゐ京のよし表ゟ言上有四ツ半出門と申事よてはかゝ里めさ
れは引直衣はなとへは打もらまはなあふまはなとう女中にてめされはは
すそ大すけなとへ衣日のは座はまん長はしゟなとへきぬ徳大寺ゟは對面
志りそられ此度いゐ京おそく成は故もくにいしもいなん御拝あそいさる

是ハ覺しめしニて御礼入候まて候あゝ乙御拝有候直衣何もめしぬまいらせ候
御丸火とけまいらせ候御神事中ニ成明朝御神事とけまいらせ候それより御らく文所まて
徳大寺大納言ゟ奉行廣橋頭弁ゟ藤波ゟ御對面成御するゑ御はあま濟まいらせ候
御小座敷へ徳大寺ゟ召し御對めん此たひハ徳大寺ゟ儀奏故別段御小座敷
へめされハ之候衣表まて大御ちの人持出られ御かく門《マヽ》所菊の御間ニて大
御ちの人より多ゝかを申されハ御礼申入らるゝ
徳大寺ゟ忝りそかれ何もする〱濟まいらせ候めて度御こし八ツ過之公卿勅
使御するゑ〱濟ハニ付内侍ふさん初へ御忝う凌細染あさむら下さるゝ尾
張も蓮《マヽ》夜御用勤ハニ付白あ多五枚下さるゝ御手水ニ出ハ末のもれへも御
祝凌もつへも御忝う凌下さるゝ大すけ按察使典侍ゟ長橋ゟ少將内侍ゟ役
勤ハ四人へ白銀五枚つゝ戴ハ也表役人衆奉行廣橋頭弁ゟ六位そ生〱御
祝凌下さるゝ御神事御する〱とけまいらせ候御歡諸家より御まな上ル女中一
とうよ里もする〱一折上ル

廿六日

御き嫌よく御神事とけ准后御局一とう申参るきれふまて御神事故今日は

御代香御内きもちろん表へも申出されゐさく今日御あらせられ候之

右府御より御法楽御詠草御内〻御月次御うかゝひ其後御點濟せられ返し

参る

廿七日

御き嫌よく座主宮御左府御右府御一条内府御三条前内府御参り御小座

敷へめス異國舟ニ付御参しゆれ御様子ちもつの衆へ御さらし一疋つゝ下

さるゝ御礼申入らるゝ御神事とけ御歡も申入らるゝ

靈らんしの宮御神事とけ御機嫌御伺聖門御御内〻御き嫌御伺暑中も伺

ゆの〳〵　水仙まき上ゆの〳〵

廿八日

原本關白殿ノ下太閤殿ノ三字アリ蓋シ衍ナルベシ　校訂者識

御き嫌よく准后殿姫宮殿は七夜はみな〳〵關白殿・は初は歡仰入らるゝはまいは御まん上女中よりもはまゐ一折太閤殿よりもはまいる關白殿左府殿右府殿より二種壹荷は太刀馬代は御まん上大すきもしめ典侍一とう長橋局まてはかちん五百上るは箱さかな上る少將内し局衞門内し局よりはかちん三百は箱さかな大はちの人より二種一荷はりんを上まいる　駿河との二しゆ一荷はさらし一疋上まいる

姫宮殿は名富貴宮殿と仰出されはかんらむ之儀〔マヽ〕奏衆はかんこふさに入大は乳人もち出らるゝ拜見濟返上大すけ書うつしはの三仲間へ拜乙させまいる口向一とう申渡スは歡申入御膳にはそうには吸物はすゝは重さかなまては盃旨はもいきんは手かるは通り長橋局は七夜に付は里は殿へは使に参らるゝ宮殿は名字かんらむまて進しまいるはうふき五重二種一荷白銀十枚宮殿へ進しまいる准后殿へ白らき三十枚三種一荷進しまいる關白殿は参りは歡仰入まいる關白殿へ此度公卿勅使はする

〳〵済候ニ付大金一枚候さらし三疋進しらる候すい物候重さかなにて候
盃大すけ候もいとんはあまなり關白殿候もいとんもあまなし候くもしも
まいる其後すくに關白殿左府殿右府殿三条前内府殿御前へめし異國事ニ
付ての候事之候七夜ニつき内侍所へ候まいる大すけ候神くう仰出され
候今もんより神事入

廿九日

御機嫌よく御拜賀茂下上候法樂中宮寺宮殿ゟ暑中候き嫌伺らる〳〵ちうめ
ん一箱上らる〳〵聖門殿へ候さらし二疋候あもかり進しらる〳〵文ニて出る夕
ら〻清もらひ内侍まいられその内まけの人〻中ノ口表〻〻居清はらひす
〻上へ参る候乙もく活なそいされ候候湯殿へ成候皇し行水典侍兩人ゆす
りのきぬ着大偖もこりと候同様何も済をらる女中揃候て朝あ出ゐまて候
輪よめしらる〳〵候すそ新大すき殿候まん少將内し殿みとへ衣候輪候もい
とんらけ滞よて候輪上ル済らる〳〵入御候三間上段ニ成大すき出下段ニて

輪ニ入ゐとへ衣清き人〻次第ニ輪ニ入例之通り之
今年ハおほしめしあらせられ男ゟさめし申され御盃二こんまいる済されし
女中中ノ口ニて御献戴ル

七月一日

御き嫌よく御拝御神くう大すき参賀御對面あらせられ候朝ゟ迄ゐ大すけ
少將内侍為大御ちの人之
祐宮御御礼御口祝まいる夕ゟさ御盃御三こんまいる男ゟさめし申され御
三こんめ長もし為御しやく

二日

御き嫌よく御拝御参り御用ニて儀奏《マヽ》しもめす

三日

御き嫌よく右府御御参り御ゑいめん御小座敷御水向百疋泉涌寺へ上ル新

待賢門院様御三年ニ付もんしゆ院へ大すけ新大すけ殿長はし殿大御ちの人四人ゟ二百疋上ルあをちのすけ殿はしめより三百疋泉涌寺へも同断上る

四日

御き嫌よくかうゑらん定新大殿局ゟ上らるゝ

五日

御機嫌よく新待賢門院様御三年ニ付もんしゆ院江代香宰相のすけ殿泉涌寺長もし殿御花御焼香も雨にて御水向御延引に成

六日

御機嫌よくもんしゆ院御代香按察使典侍殿せんゆう寺長はし殿御水向も御ほとめ太閤様より御き嫌御伺御水菓子近衛左府様ゟ御くわし一箱座主宮様ゟくもし敏宮様和宮様より御組合御くもし上まいらせ候

七日

はき嫌はよし〱は正忌は清めはゆめされは参賀ゑん後とゝめられ左府御は参りは小座敷にては対いめん祐宮御は礼は口祝はすゝは重さかなニてはは盃まいるは三間上段ニて御梶被遊はもいきん大すけかけ帯内侍ゟとへ衣一首にては硯はかちらへ上る衛門内侍為之夜ニ入は盃は三こんは三こんめ長はし為はなやくは小らはらけも有男かさめし申さはて七夕まはり明まてまちは也

八日

はき嫌はよし〱座主宮御はまいりは小さしきニてはたいめん太閤御關白御へ江戸より進まん乃氷さとう文ニてまいる

九日

御機嫌はよし〱大はちの人めて度事ニ付ははちらつき一こん別さん大は乳の人へは盃下さるこひきりむまゐん上女中一とうも申口にてこひきりむま

十日

御き嫌はよし〳〵御拝有近衛殿へは詠草返し候

十一日

御き嫌よくは拝神宮は法樂今日はめて度事ニ付祐宮殿は三間にて二こんのは盃はなをしめさる丶七こんのは盃三こんに重られは三こんめ長はし為はしやくにて三こん戴は也初夜過濟なり〳〵男らさめし申されは何とも
うに地いな丶たは盃のをつ仰出る

十二日

はき嫌よくは拝中元は祝参いし三仲間は表は内きも毎之通り戴は也

十三日　十四日少ゝ風明きりこ上段ニて

十五日

はき嫌はよし〳〵

はき嫌はよし〳〵石清水は法樂朝は盃候参賀は對めんなしはとうろうも

まん上なし准后御もにて下り故にて礼ニ参らせ局きりこれ有准后御よもすの
にてをんにて添さらな長橋ゐよもすのにてせんさもし口上まて大にてちの人より
も同断まん上にてはも丼被遊にて盃一こん別さんに下さる夜ニ入にて盃にて三こ
ん御にて三こんめ長もしゐにて玄やく

十六日

にてき嫌にてよし／＼月そくまてにてちやうちんとをされも局きりこもともさ
にて初夜半よりにて殿つゝ乙藏人参る　近江守伺後にてこし

十七日

にてき嫌にてよし／＼大文字にて覧左府御にて参り袖あんとう

十八日

にてき嫌にてよし／＼近衛御へにて使出る

十九日

にてき嫌にてよし／＼廿日准后御宮御九條御へにて方あるへニ付にて障りのあら

せられぬやう御霊社へ御代参立らるゝ御礼御二方へまいる

廿日

御き嫌よく御拝九条殿へ御早く五ツ少し過御二方成にられ〳〵こなたより御よせさかな御名酒御内々文にてまいる

廿一日

御き嫌よく御拝内侍所御法樂有准后殿九條殿へ御方違廿日ゟ御とう留今日御参内始ニ付大すけ御乗添ニ参り富貴宮殿すく〳〵御對面准后殿も御たいめん御口上申入関白殿もならせられ〳〵大納言殿左衛門督殿も成らせられ〳〵関白殿へおいところなま御花生一箱青籠御よせさられ御言傳にまいるあなたよりも青籠御よせ肴すゝし御屏風ゟさし上られ〳〵准后殿御對めん御直に御口祝戴申ル口代にて御祝酒九條殿ゟ御ルも井こ包く御御祝酒御認メさんほう御中酒出ル御く包し御引茶御庭へも参り御茶やふニ拝見御にらひにて御く包し出准后殿もならせられ〳〵御人とめ仰出

されうちきとおらへ御しんてむより出られ御内〻宮様准后様御一ふ大すけ御乗添の為い暮〻准后様御こしよせ成らせられすくに出られしもらく御休そくにて御参り准后様二こんの御盃まいる天しやくにて御戴御通り有一ノ御間にて御口祝御すいもれ御すゝ御重さかなにて御盃旨一とう准后様へ御歡に参り御祝酒大すけ御したゝめ御くもしも戴は也宮様にても御口祝こなたにて上ろう三人御口祝御祝酒御くもし九條様へ五種の御よせさかな大すけゟ上老女もしめへ井籠ぬたつ御乗添御引十帖御巻物白ちりめん准后様ゟ戴はや

廿二日

御きげん御よし〳〵准后様御参り

廿三日

御きげん御よし〳〵ながらら少〻御暑邪夕方ゟ御かり床御藥大允上る

廿四日廿五日

御かり床大允小允伺
廿六日
御かり床御代香おもてより
廿七日
御かり床御はらひ關白殿御參り御對面
廿八日
御き嫌御よし〳〵太閤殿内覽御拜見遊し候て御礼右府殿御參り仰おられ
ずいしんふやう定もとのことし宰相殿殘りより引
廿九日
御き嫌御よし〳〵事成事なし
八月一日
御き嫌よく御拜御代官御神くう少將内侍為初めて御神供勤候て朝御盃參

賀宮後御たいめんあらせられ左府様御參御小座敷にて御對めん朝かれゐ大すけ少將内侍殿伊賀殿なり夜に入御盃御三こん肴二こんめ小あゝ宮御三こんめ長はし殿御たやく跡のも有八さく御祝儀御返し三枚御兒黒ぬり一もい御文こ上られこなた二ゆひつゝ御ちこ兩人拜領關東より馬御まん上參内殿へ引さるゝ　御はかま御する事なり

二日

御機嫌よく准后様御いとこ實相院様せい去にて三日御下り

三日

御き嫌御よし〱　事成事なし

四日

御き嫌よく中元御礼觀行院様妙染院様參られ御對めん御すゝ御重肴にて御盃下さる中ノ口にて御すい物御認メくもし御く色し御いとま御たいめん御人形下さる准后様御下り中故御礼はなし

ぬきの宮様乙上ニ御参り

五日

御機嫌御よし〳〵關白様御参り御對面成上てはニて御かく門《マヽ》所聖そう御拝御直衣めさるゝ御すそはかま

六日

御機嫌御よし〳〵御代香おもてより

七日

御き嫌御よし〳〵兩日大引

八日

御き嫌御よし〳〵富貴宮様九條様へ御とう留ニ成らせられにつき宮様へ御きぬ三疋御手遊ひ物皆出御成御對面御乗添お八尾御とう人新大典侍為御みおくり大御ちの人も参らるゝ九條様へ白かね三十枚御はゐ立もちもり一箱大納言様左衛門督様へ御さらし二疋つゝ君様かた御二かた様へ御

人形一もこつゝ進しられゐり参りおそくよる八ッ比

九日

御き嫌はよし〱關白殿ゟあこは花ひんは花臺三種はまな上られは参り

は小座敷ニてはたいけん成左府殿は参りはたいめん

十日

御き嫌よく御拜は法樂御清書遊はさる

十一日

はき嫌はよし〱は拜神宮は法樂あり

十二日

はき嫌はよし〱は靈はたひ中御湯立は代参右京大夫は撫物はあもせ

十三日

御き嫌よく放生會は神事入手なしふくしや下らるゝは代香中將內侍なは

花は燒香ニ旨

十四日

御機嫌よく御丸火入御まし行水毎之御通り

十五日

御き嫌よく當日七ツ半御なる御しまひ朝の御膳御おゐ乙石清水御法樂小御所御くもんし御丸火中故御多く公卿勅使のをつめされ候御直衣御はゐま御すゑめし候也濟せまいらせ御とう放生會もなし鳥表の御庭大橋らもなされ候一ゑん御庭へ成祐宮殿も御とを八もら御かけ物あらをまいらせ夜ニ入月御覽清涼殿雨ニて月乙えす一こん御盃なす御のきあそいされ候

十六日

御機嫌よく御神事とけ關白殿御參り御對めん八月八日巳下刻大樹御養生叶まいらせぬ事言上ありもいてう五ケ日三ケ日御ゑんらされまいらせ御日くう御そうしん仰され候物音とゝめまいらせ

十七日

御機嫌御よし〳〵准后様御よろ敷御参り

十八日

御機嫌御よし〳〵大正忌に付引

十九日

御き嫌御よし〳〵左府様御参り御對面

廿日

御き嫌御よし〳〵右府様へ御一箱参る御返書まいる

廿一日

御き嫌御よし〳〵はいてうも昨日きり御法樂ハあらせられ候ハはい朝濟ハ也

廿二日

御き嫌よく大樹せい去に付贈經使廣はし大納言ゟ准后様御使久世三位ゟ

御使御んとま御き嫌伺ニ参る御小座敷御たいめん成御する御はつの海也

廿三日

御機嫌御よし〳〵和宮様御歌道御点御願明日表向御願也

廿四日

御機嫌御よし〳〵大正忌にて引不勞湯出來り候九月十二日迄引

九月一日

御き嫌よく御神くう長橋殿へ仰出され候へ共不勞にて免し候あちさへ附候参賀御對面なふせ候夜ニ入御盃御三こんまいる男らさめされ候

二日

御き嫌御よし〳〵

三日

御き嫌候よし／＼長橋殿不勞むつらしく勾當内侍ちし申さるゝ事橋本宰相中將殿より出癸こしめされは候ゐろう濟ら艶《マヽ》し申為ん／＼勤勞ニ付典侍ニふせれ／＼小宰相典侍從四位下をん下成三十枚も下さる候礼有

四日

御き嫌よく別殿長橋殿からふ右之次第にて候吉方大すけ局と仰出されは大すけ不ろう引居中將内し殿局へ候出伺候請申上ル也との事盃鹿豐後守へ頼は也右京大夫をもつて頼は也局上段二之間三之間清めかへ計ぬりらへ此度はをん幸より候間無は故也

五日六日七日八日九日十日十一日大引

十二日

御機嫌よく別殿候初故三種候ま形上ルつゐ手候かまへ出來人出もらひ申参り内侍殿へ申候不うしに候出夜ニ入候盃御口祝候三こんまゐる内侍候

しやく男あゝめし烏うたいるゝ公家しゆ御先へまいりそよ　入御成

十三日十四日十五日

御機嫌御よし〳〵

十六日

御きげん御よし〳〵左府さま御参り夕方より少〻御時まよて御かり床御薬ら

いきとう典薬大允少允伺

十七日

御かり床いし伺有

十八日

御かり床安藝守伺仁和寺豊宮さま御もらいおしゝ御参内之ところこなた御

むさ〳〵二つよ御参内あらせられ御きん上物御鉢あひよて御まな一折

もん奉書一箱御目ろく添そう者ところより上り大すけゐろう御ち刑部卿

御使ニて大すけ新大典侍殿へ御ぬく料銀三枚昆布五十本伊よ殿大御ちの

人へ御ふく料二枚こんふ五十本駿河とのへ御かゐなら料壹枚こんふ三十本戴何も上物ニ及ハ御

十九日

御かり床

廿日

御かり床左府様御参り御たいめん成八幡社御ら里殿せんくう御神事人手なしふく者下らる

廿一日

御あり床せんくう御当日御膳計御そうしん也御夜通しとられ半刻過御するゝ〳〵の表ゟ言上有酉御吉刻こなさ様むさ〳〵中故大すき御名代常御ふ御庭大典侍もりまいて御代もいなつし中の方おりみハ也今もん夜ふけかの〳〵ニ付敏宮様和宮様へ御すゝ里まいる祐宮様御附人〻御無人ニ付参内殿へならをの〳〵夜ふけ御すもし進しの〳〵御すこ六まて賑〻一とう御里

しも戴

廿二日

御かり床なから弥御よろしく左府殿御まいり御小座敷ニて御たいめん祐宮殿御誕生日ニ付御すゝ御重さかなにて御盃まいる御くわしなし園池殿ひもし大すけ局まてよひ申口へも参り御くわし御らみ入かんさし御包物下さる宰相のすけ殿こさゐの不労今日心よく清め出來御機嫌伺文参り上り候様返事出すく〳〵上り口祝

廿三日

御機嫌よく御かり床はらひ左府殿御参り御小座敷御たいめん衛門内侍殿ひろめニ付こ包く御御まなし一折進上楸丸殿もひろめニ付同断上り衛門内侍殿ゟ大すけへこ包く御一重ふんこ一もん御もらひ申大すけゟ一もんふんこ嶋しゆをおもし入上ル楸丸殿ゟこ包く御一重到來嶋しゆすたをしつゝみ上ル

廿四日

御機嫌御よし〳〵左府樣御參り御小座敷御對面御覽所へ出來御內ゝ御覽ニ成菊の御花さん御出來あきまん戴れ也聖門樣ゟへ機嫌御伺ゐもんの督御口上ニて上候

廿五日

御機嫌御よし〳〵仁和寺豊宮樣御入寺御得度ニ付こなたより殿上人御使梅溪爲御さかなや十卷折うば五合御たる五荷御たち一こし御馬代黄金一枚旨五ッ少し過御參りほと無御對面御口祝御すゝ御重肴まて御盃參ることく御一ふた御まん上御硯箱一もこ御とらはおしゝ御參內あらせ候に今日進し候物御きぬ二疋御よく香ばこ御手つゝら御かみ入二川へなる御末廣一本巳刻過御なりゐふめし候御內ゝにて上段より御覽御よろ敷よし申

右京大夫新大夫御しやうしなるき非藏人御なりゐるき出ル御得度ニ付大

すけ新大すき殿よりこんふ一箱御なる代金三百疋ツヽ大すけ別段本しをらひ一箱昆布一もこ御なる一荷中なら一そくこんふ五十本局持まて御本坊へ上ル伊よ殿大御ちの人ゟ延紙五そく昆布するかとの同斷宰相典侍殿始ゟゑんし十五そく昆布百本延紙廿そくなから此度ハ人數すく無故十五そく

廿六日

御き嫌御よし〳〵御代香宰相典侍殿御花御焼香まいる

廿七日

御き嫌よく左府様御参り御對面一條内府様三條前内府様御参り御小座敷へめす

廿八日

御き嫌御よし〳〵御小座敷事・（成脱カ）ならせゐには

廿九日

御き嫌よく左府殿御参り御たいめん楸丸殿御参ニて御まな献上一とうへも硯ふた肴御里ゟ到來

三十日

御機嫌御よし／＼

十月

御機嫌よく御拝（マヽ）御代官御神くう少將内侍殿参賀御對面御こぢ御はら海酤宮殿御礼御口祝まいる夜ニ入御盃御三こん旨中將内侍殿御しやく男ゐるめしれ也

二日

御機嫌よく御園丹波守大町　御内儀伺ゆうれむ山本大允

三日四日五日

御き嫌よく

六日

御機嫌よし〳〵御代香表ゟ
七日
御機嫌よし〳〵なから少し〳〵御風心地
八日
御機嫌よし〳〵仁門様御得度後御礼御参内なり参内殿より御参りぎそ
うしゆ御セわ卿廣橋前大納言ゟ御まいりきりぶくしまてなからせめ〳〵申次
中将内侍ゟ常御所にて御たい面二こんの御盃肴二こんめ天しやくにて戴
御もいせん御手なから御通り御まん上物御きぬ五疋御太刀馬代黄金一枚あ
むき御間にて御たいめん御口祝御手つから御小あんこうちふ御水入御き
んちやく御まいさん入まいる御くわしも出ル新大典侍ゟ大すきへこんぬ
一折御たる代金三百疋ツヽ別段大すけへこんふ一箱まんも一反御たる代
金三百疋昆布一箱干わらひ一もこ御樽代金三百疋外に三百疋こんふ一折
五拾本御樽代金五百疋御セわ邊に付御返し何もすミかの〳〵まさ〳〵きそうし

ゆ御せ己卿まて条内殿へならせられ御ねい出御當分の御事なあふ御あり床

九日

御かり床いし伺

十日

御かり床御内〻御そうしん

十一日

御あり床輪門様御附弟此度梶井海宮様御治定今日御礼御獻上物大門様ゟ三種一荷候所へ御献上准后様へ二種一荷昆布一箱水蒟蒻一箱候樽代金五百疋敏宮様和宮様祐宮様富貴宮様へ同斷候附弟御願通仰出され候附弟宮御方より昆布一もこ干鯛一箱御さる一荷昆布一箱干鯛一箱御樽代金五百疋こんふなさひ御樽代金三百疋敏宮様和宮様祐宮様富貴宮様へ同斷旨大典侍新大典侍殿中將内侍殿大御乳人へ金三百疋つゝ同二百疋延紙五そく駿河との御附弟宮ゟ大すけ新大すき殿中將内侍殿大御ちの人二百疋つゝ

延紙貳拾そく駿河とのへ〻母儀辺〻セ〻ニ付別段大すけへこんふ一折五
十本〻樽代金三百疋大門〻〻干たい一箱〻樽代金五百疋〻附弟宮〻方〻
大典侍家來年より富嶋侍山岡雅樂へ金百疋延紙五そくッ〻女中四人へ金
百〻きッ〻下女二人下男一人へ鳥目五十疋ッ〻〻らけ物地〻楸丸〻社〻
節上〻の今日〻ん上

十二日

〻〻り床輪門〻へ進し〻物大典侍より別〻ん大門〻へ昆布一箱〻附弟
宮〻へこん〻一箱干鯛一箱〻樽一荷上ル

十三日

〻かり床准后〻〻〻機嫌伺〻〻〻菓子上〻〻両寺〻代香宰相のすけ
〻〻花〻燒香〻く〻しも〻伊賀〻も願よて〻らる〻

十四日

〻かり床〻痔〻工合あしく〻ふを〻今日〻一七ケ日内侍〻へ〻きとう

仰付られ御すゝ御くま上ル

十五日

御あり床御くし御さつと被遊候豊岡三位殿ゟもし御目みへニ参られ御く
包し御包物下さる内侍御為とひふめし出され候事表へ大御ちの人ニて申
出る三位殿めし表ゟ申渡候御うけ有御礼申入らるゝ日けんい御跡より

十六日

御かり床中務卿宮様御参り越後殿出られ御口上ニて仁門様御得度輪門様
御附弟何あれ御礼仰入らるゝ
青門様時りふ御機嫌伺はれ御くわし善浄御使ニて上られ

十七日

御かり床へ御用ニて傳奏《さゝ》儀そうめし候也

十八日

御機嫌よく弥御よろ敷御床はらひ御つほの御口切來廿七日と仰出され候

おもてへも申出る中將内侍ゟへ勾當内侍は内意仰出されハ御前にて大すけ申渡しハ也
はうけは礼申上候此よしは表口向へも申出る

十九日

御きげんよし〳〵光格天皇様は引上ケ御法事は代香宰相のすけゟは花は燒香まいる

廿日

御きげんよし〳〵衛門内侍ゟ内〻着帶にては下帶下さるまゐ上らる大すけもしめより五種のはまゐ

廿一日

御きげんよし〳〵は猪子毎之は通りは玄猪出さるゝ殿上人四ゐんの人から五位の人白本願寺黒紅もさめ田中坊紅白もさめに下されハ事十一月は神事典侍は無人に付四辻ゟゐもしお梁《ヤナ》はきう人はゐとひ今日仰付候申

口ニて大すけ申渡し口祝御ゑいめん成准后様祐宮様へも御礼ニ参られ夜ニ入御盃御玄猪南御向御ほく〳〵御直衣の御袖おふひ御もいせん御手なららけ帯御三こんめ中將内侍為御しやく御もちき男らさもめし候也

廿二日

御機嫌よく一條大納言様御拜賀ニ付朝ゟ参るまて御對めん今城中將為拜賀御三間御對めん天もい給ふ

廿三日

御き嫌御よし〳〵

廿四日

御き嫌御よし〳〵お梁《ヤナ》御まう人今日御奉公人ミ仰付られ名今参と戴申されれ御宮参りゟミ上五ツ衣常御所まて御對面天盃さふ關東使由良信濃守参内贈官そう位御礼白ら金五百枚まなへ下総守参内とんも五十巻御なら二百も御内ゝまて御屛風一そうつなき馬御花生御言傳兩人共御對面なし

廿五日

御機嫌御よし〳〵一條大納言殿御直衣もしめ常御所御對面二こんの御盃まいる二こんめ天しやく今日豐岡三位爲ゐもし内侍御所とひニ上られ口祝御ゑいめん御まな一折上らるゝ　白地とんす下さる昨夕關東より上りれとんす三卷白黃こん准后殿へまいる紅一卷ツヽ敏宮殿和宮殿へ旨

安政五年十一月十二月

十一月一日

御拜なら七ツ半に御神くうあなたへ附らるゝ御無人故也參賀御對面御こち御はりま御無人にて准后様大すけ御殘り別當典侍ハさからるゝ祐宮様准后様へ御口祝まいる夜に入御あか物出御朝かれゐ御ゆとへ御打もちま御引直衣御こゆねり御ゑとう大すけ五ツきぬ少將内しハ大御ちらみあけ五ツ衣御さら川ま御三こん肴御三こんめ天しやく人をつの御盃男かへ大すけいるゝ紀れ御盃御無人にて二こんめらうあし跡のさらつき御さらな少將内しハより大すけへ藏御ゑらひみいるゝきれ

二日

御き嫌御よし〳〵御園伺

三日四日

御き嫌御よし〳〵准后様御早くな御參り

五日六日

御きけん御よし〳〵

七日

御きけん御よし〳〵別當典侍ゟよあら上り

八日

御きけん御よし〳〵別當ゟ上まいらせ候御花しん上

九日

御きけん御よし〳〵太閤殿近衛左府殿御法樂御詠草御伺御返事出ル近衛大納言殿近〻關東へ御下向ニ付御ゑもこほん黒ぬりまきゑ五種御よせさらあ旨

十日

御機嫌御よし〳〵准后殿御つゝうきにて御下りお辰御ちう人御無人御奉公人ニ仰付まいらせ候くせん拝領御宮參りも濟五ッきぬのまゝニて常御ふ御對面御盃さふゐとひ准后殿御着帶あつま仙臺中將より御きぬ五疋八代姫よ

りはきぬ三疋しん上ニて近衛殿よりは傳しん二重は杉折は茶はくこし近
衛殿へ大すけ始より上ルはまゐ三種添

十一日

御機嫌はよし〳〵神宮御法樂小御所ニてよ乙上十一月は延引の九月分兩
度はつゝき也准后殿より御機嫌伺まいらせ候文參る
近衛大納言殿明日は出立ニ付御機嫌伺まいらせ候は拝領物は礼仰入まいらせ候徳大
寺前内府殿は不勞ゑん〳〵むつかしきよし今參ゐ下りニ成典侍ニふさまいらせ候
のめんせまいらせ候表へも右のよし駿河とのニて申

十二日

御き嫌よく准后殿ゟ御機嫌伺まいらせ候は文參る紀州ゟ人とう酒乙ゐん上ル
中務卿宮殿より御法樂は詠草伺まいらせ候三種はよせさゐ取上參らせまいらせ候は
點濟返しまいる近衛殿よりも同は詠草伺まいらせ候

十三日

御き嫌御よし／＼准后様より御機嫌伺候御文参る御園伺有

十四日

御機嫌御よし／＼かも両社御法楽小御所へ成御引直衣めさるゝ下鴨濟候おさし迄ならせられ又すくニ上段へ成よみ上濟候入御朝御膳御夕御をむ後九月御延引のりを両社御法楽御なをしめさ候常御不上段ニ成

十五日

御き嫌よく石清水御法楽御引直衣めされ常御所上段ニ成御夕御せむ後九月御延引の石清水御法楽御つねの御直衣御清めニてめさるゝ　高倉侍從様此度關東へ下向ニ付願ニよ里是まて御ふくの御しやうニ給はり御礼有

准后様へ御下り中御乙まひ御まな御くゐし進し候

十六日

御機嫌よく准后様へ御機嫌伺女中一とうより御ようめん上ル

十七日

御機嫌御よし〳〵准后方御上り御無人ニて誰も参られ御花御よせさしあ上るゝ女中一とうへも御重のうちうとん戴候也

十八日

御機嫌御よし〳〵新しやう《嘗》祭御丸火入被遊し行水いつもの通り少將内侍は別當典侍はまんしの内侍仰出さるゝ大御ちの人うねめ御もいきん越後はえんとり能せとの因幡はくぬ仰出さるゝ大すけ申渡候

十九日

御き嫌よく御内まんもしめ公家ニて成らせるゝ御跡より女ほう参り別當典侍はきぬニてきいた新内侍はニもきいたきぬ也よほとの御間御暮過入被成

廿日

御き嫌よく新嘗祭御當日准后方も色〻御遊しきんほう表も上られ候日

れうちに㕝くしすミハくれ過おもてくし㕝湯被遊出御こく季ん出ル典侍㕝無人ニて准后方㕝ゆ上め〳〵㕝ぬくめさせ置すく〳〵大すけ衣よてきんしの㕝間へ参り㕝ふま富小路左馬権頭為もつし申されハ大すけこくきんニ参りすく〳〵季んの内侍之れ内侍別当典侍為へ御渡し申ハ也よるのおとゝよて㕝乙す上ハ人なく富小路左馬権頭為也㕝ぬく済もや㕝すそ大すけ㕝すそ中㕝門頭辨為へ㕝渡し申ハ也行幸おゟ乙なり初夜半一刻前供奉の㕝下二人共なられ能を為因幡為四ッ半過㕝中入㕝セむ㕝一こん㕝もいをん准后方㕝ゆハ別当典侍為㕝上あゟ川き之んをむすミ入御㕝丸火ときめ〳〵ホと無げさいくし

出御㕝あをし㕝打もゟま㕝むとへめさるゝ㕝すそ別当典侍為へ㕝願申大すけ五ッきぬ之やし有㕝先へまいる大しやうぢ朝ゟ坐ゐよて㕝まちあそいめ〳〵㕝ゟさり㕝右ニ㕝みゟひたあ南比〔北カ〕ニなをし㕝水㕝川ホ御右㕝左ふ㕝たらひ上置㕝ぬゟ㕝三度あ季㕝水㕝三度㕝こホりよ御手のこひ有㕝手

水濟なつみれりゝへハ三度ハあゆみ少將內侍ゟハみやうぶを上ケ候なつ
みれりゝへハみあしハあもみ遊いさる入御ニてハ神事とけハこしハこや
うあし

廿一日

御き嫌ハよし〳〵豊明節會　出御公卿當しやうニて入御成きんの內侍少
將內侍ゟこ別當典侍ゟ供奉ハ下能とゟ因幡ゟ

廿二日

ハき嫌ハよし〳〵

廿三日

御機嫌ハよし〳〵關白ゟハ參りハ小座敷ニて大典侍中將ゟめし關白ゟ右
此度勾當內侍きつニつき役仰付候今日輪王寺宮ゟハ入寺ハ得度ニ付ハ
ひらいおしみハりま合ニてハ參り常ハ所ニてハ對面二こんのハはり川
きまいる二こんめ天しやくニてハ戴ハもいきんハ手ありハ通り有申ノ口

まて御せん御はさゝき御ち盃あり長はしの大御乳人うちき也
なふたまて御ないめん御すし御重さらなにて御盃まへ御口祝あり御重さ
ら耶御拜領もれ供奉人〻揃御ぬく所へ御内〻ならをの〱御覽す〻御内〻
御覽所へ成

廿四日

御き嫌御よし〱

廿五日

御き嫌御よし〱

廿六日

御き嫌御よし〱てんしさまに付御神事入なり御くま上ルあをちのすけ
の宰相典侍のはらのふく者にて下りあせちの代香泉ゆう寺七ッ比なら
れは由にて御機嫌伺文まいる今もんよりてんしさまの神事入常丸のもさ
ま所労にて下りおもて内乙ろう下より御内〻のらん

廿七日

御き嫌御よし〳〵御丸火入毎之御通り

廿八日

御き嫌よく御當日御むる七ッ半御無人にて准后ゟ御殘り五ッ過出成庭座舞すみ入成八ッ半過玄んもつ伺あり關白ゟ御参り帰り立出成御打もら海御むとへ成引直衣御すそ大すけむとへ衣長もしなも同斷

廿九日

成き嫌御よし〳〵輪王寺新宮ゟ御得度後御礼に御参り常御所にて二こんの御盃まゐるあひき御間にて御すいめん御口祝御すゝ御重さらあにて御盃まいる中ノ口にて御きん出る御ち兵衛督盃有長はしな大御ちの人うちき

三十日

御き嫌御よし〳〵

十二月一日

御機嫌御よし〳〵御拝有御無人准后様御残り御拝後御清御ゑんさく御題あそはさるゝ参賀御對面有准后様御ふさん夜ニ入御盃御三こん旨二こんめ小りゝ里御三こん長もしゐ御しやく

二日

御き嫌御よし〳〵

三日

御き嫌御よし〳〵別殿御濟大すけ局へ出御准后様も成らせまいらせ候御口祝御三こんまいる天しやく也男らゝ鳥うたいるゝ入御成御そうに御すい物ももりニて御すゝ御さらつき准后様へも進しまいらせ候御もいをん御手あら御通り

四日五日

御き嫌御よし〳〵五日まんしの御間御そうし

六日

御き嫌およし〳〵お歳暮もおゝき合御香あをちなお花お焼香まいる

七日

御き嫌およし〳〵お法樂お詠草近衛左府様有栖川様公家しうも伺有お法樂御清書よてお清お湯めさるゝ別殿お濟ニ付御盃上お礼申入れ十一日と仰出さるゝおもてへも吹てう申れの也

八日

おき嫌およし〳〵かを下上お法樂小御所例刻關白様お参りおたいめん中山侍従兒おしゝ参りおくニておてつゝらかみ入水入お文ちんお包物拜領お末廣

九日十日ゐとひ准后様お着帯ニ付仙臺中將よりおきぬ五疋八・姫（代脱カ）よりおきぬ三疋まん上近衛様よりお傳獻

御機嫌およし〳〵

十一日

御機嫌よく神宮御延引御法樂小御所別殿御濟御礼申上御夕御膳節御盃大すけはらまニて戴ハ也御上へ御膳御盃臺御まな一折後ゑん御一こん御水物新大典侍殿御もしめより御よせさらなれこん到來梅仙院殿よりこれミれ人形御上こなたよりはい〳〵人形毛うへ袖入下さる

十二日

御き嫌よく例をい御神事入手なしさからるゝ

十三日

御機嫌御よし〳〵

十四日

御き嫌よく例をい御當日御なるうしれ半刻表くし五ツ半過出御御ゆめさねハこくきん出る御あく朝らせる男方出御御すそ廣橋頭弁殿もや御す

そ大すけ　入御成御内〻内侍所御参り御初を白ら多壹枚御まね一折御す
ゝ済御祝酒出ル入御なる半過准后方御たん生日御まな小いさゝき上けの〳〵
神宮御法樂小御所

十五日

御き嫌よく石清水御法樂御二度小御所豊岡殿元服ニ付こ包く御一ふさ上
らるゝ今日も御神事殘りは也元なくニ付かしら〳〵へこ包く御一重つゝ
御まな進上す

十六日

御き嫌御よし〳〵御神事とけ手なし上らるゝ御花しん上

十七日

御き嫌御よし〳〵

十八日

御き嫌よく御拜御参り九月十月分御海れり御あとよて御祝酒出ル大すけ

少將内侍樣大御乳人御ちこおしゑん王寺新宮樣御せう出すゝ參らせ候

御くわし一箱上る〳〵大すけもまき五十わ戴候也

十九日

御き嫌御よし〳〵官位御はゐ

廿日

御き嫌御よし〳〵

廿一日

御機嫌よく御法樂内侍所御きれ宮樣御降誕ニ付關東より進まんのくもり

暮の御しうきれし一とうも毎之通り女中大すけもしめ三仲間御神樂ニ付

御神事入參役あそちの典侍樣少將内侍樣へ仰出さるゝ

廿二日

御き嫌よく御丸火入御くし行水御つもれ御通り初夜比より出火ニて泉涌

寺

廿三日

御き嫌よく關白殿にはやくに参りの様仰参り御神樂に神事とけられに延引仰さるゝ

に深そきもに延引成幸德井めし御くしあき廿七日とに治定泉涌寺出火ニ付三ヶ日につゝし乙今日より三ヶ日

廿四日

御き嫌よく

廿五日

御機嫌によし〳〵

廿六日

御機嫌によし〳〵おもてにとり置

廿七日

にき嫌よくにすゝに神事入故にはやくと仰出され六ッ過おもてへ成らせ

まいらせ候御盃何も例之御通り御神樂御神事入候役大すけ長はし爲へ仰出さるゝ

廿八日

御き嫌御よし〳〵御まる火入

廿九日

御機嫌よく御神樂御當日　出御あらせまいらせ候大すけ御神くうまて神事其まゝ局へ引

三十日

御き嫌よく例年之御通りめてさし〳〵〳〵

安政六年己未正月元日より

心おほへ

績子

正月元日

御機嫌よく四方はいとられ半刻になるにつくろひおもてくしに湯めされ
朝かれゐ　出御になく男かたにそくたい　入御成にしまひにゆつき御神
くう大すけ参向なり参り春の参り乃うち御吉書被遊れにそうもん朝に盃
にとをり有に攝家御方に参り参内ゐより常にふして にたいめん二こんの
にはかつきにもいをんに手なか男かたやくそ六位蔵人なりにもかため朝
かれゐ　出御成に打もかまになとへに直衣に小なほり大すけ長もしゐ大
にちの人五つきぬにすゝしにきぬに下なし中に右に左二行ニ上ルにてう
しに三こん上ル朝かれゐもれのにをん　参賀にたいめんにするにもかま
をつふんして　内侍所に参りに湯めされいつもれに通り御すゝすゝせん
ににロ祝上ル准后御もにをもに口祝上何ともいたゝしに重さかなにて盃
准后御もに戴あそつし大すけ長もしゐいたゝまれ也何ともとしとりに祝
酒いつる

入御成御さしこしれ御盃一こんまいる上段御まめはやしめの〳〵別殿小御所内侍まめもやし御盃うけ取中段ニおらせの〳〵大典侍新大すけ殿長もし殿いよ殿大御ちの人別段御盃ムふ男らム四人

二日

御き嫌よく御祝きのふ同し祐宮殿御礼常御座にて二こんの御盃まいる難波御間にて御口祝御ゐも井御くもし御上へも出ル夜ニ入御盃御さり初一こん御別段長もし殿へ御盃下さるうけ取こもく御御三こん男らム四十四人

三日

御機嫌御よし〳〵御祝きれふ同し親王殿らム御礼常御座にて御對めん御盃男らム夜ニ入御盃きのふおなし

四日

御機嫌御よし〳〵御詠草伺もしめ外様公卿殿上人御たいめん御ぬく男ら

た

五日

御機嫌御よし〳〵千秋萬歳參内殿うつら舞にて御盃一こん御やきかちん
もゝり出ル御通りいなゝ紀御目通りにて御やきかちん戴ル也　御ゆとの
もしめにて一こん大典侍ゟ御てうし上ル長もしなへ口上にて上ル

六日

御機嫌御よし〳〵

七日

御機嫌御よし〳〵白馬節會午刻過おもてより出御こくきん出る長橋な少
將内侍ないかもな伊賀な七ッ半過一こんにて　入御成馬御覽後御内〻南
なへ成夜に入御盃七草一こん南御向こ包く御御せん御三こん御盃まいる
男かた十八

八日

少ゝ御風心にて御かり床仁門様御參りなあら御對めんなし

九日

御かり床里ん門新宮様御參内年始參内殿御對面あらせ候に關東へ下向御れんと海おもてゟ御參り御かり床のまゝ御對面御口祝御小座敷にて御里やう里御膳御一ふのおゟら御かり床故御そつ〱御庭内外とも御拜見其後ごさん御里やう刈御戴あそいし御拜領物御まんさい一箱御手つゟら御文こ内ゐ御水入御きれさん御なもこ入御きせる御さあつに大門様へ御言傳御花生一箱まいる申口にて新大典侍なゟ御手あふり一箱長もしなゟ御花生一箱大御ちの人ゟ御文こなもこ駿河なゟ御文こ御盃あせちのすけなはしめゟ一二御をんつに御文こにてん中なもこ入大すまゟ御そもさ那一箱御下向に付上ル御むさ〱にて十二日出御もしめ御延引仰出され〻

十日

にかり床諸礼にないめんあらせ候には

十一日

にかり床神宮そうし始内侍少将内侍なまいらるゝそうし始にする〳〵済

神くうてん奏天もれさふ

に夕にせん後神宮に法楽にくわんし小御所にてよ乙上有すミ候〳〵に清

事すミ候〳〵有栖川宮御よりに法楽に詠草に伺に出し玉上候あしら〳〵

になもこいさゝき小なんこふに盃入進上

十二日

にかり床かをそうし始五ツ半おもて出し巳刻過　内侍まいりてそうし

目録に清手水あそいされ御覧返しなふ四ツ半過済ま候〳〵

准后御局へも申手なし出らるゝ二條御へよをきら嶋白黄青三色と三種に

まなおものゝきへ文頼上には也　関東より上京色ゝ上候〳〵

女中一とうへも三川ゝさまやま物にちよく箱入あさくさのりいさゝれに

あマヽしゐ上候也

十三日

御かり床關白殿御參り御床まゝ御對めん成女中らいり〳〵とうしやうへ參る

十四日

御かり床常丸爲子細不勞ニて下らるゝかを下上御法樂有

十五日

御かり床御祝御床のまゝ七種御らゆも御祝あらせられ月そくまでもれ候て御はらい川ま十四日十五日大すけ引

十六日

御かり床節會　出御あらせられ候

十七日

御き嫌よく御床御はらひ十五日月そくにて御吉書三毬打今日暮過まし
出御御引直衣めさるゝ　入御成常御所にて一こんの御盃　准后さ御もし
め御とをり有

十八日

御機嫌よく三毬打にて小御所へ出御御引直衣めさるゝ入御成常御所にて
一こんの御盃まゐる准后さ御もしめ御通り有

十九日

御機嫌よく舞御覧御なる六ツ巳刻過おもてまし鶴ほうてう小御所へ出御
成御ちこ出御御はぢまり南殿御よろしく言上有出御舞樂二ツめにておも
もて御あいめんありふりく七ツらひ太平樂にて御盃准后さ祐宮さ御通り
御いふゝたゐ大すけもしめいふゝき暮に濟り〳〵　入御成御間物御つくも
いの御せむ御もいをんあをちな

廿日

御き嫌よく御ゐさ〳〵にて一こんの御盃まいる法中衆内御たいめん御ふく男らさ

廿一日

御き嫌御よし〳〵内侍所御法樂小御ふへ出御法中御たいめん御ふく男らさ

廿二日

御き嫌御よし〳〵事成事なし

廿三日

御き嫌御よし〳〵

廿四日

御き嫌御よし〳〵御會はしめ七ツ半　入御其御まゝまて常御所二こんの御盃まいる御もいをん御手なら御通り御ゐんとう始御くし初

廿五日

御き嫌によし〳〵將軍宣下にする〳〵濟關東使に對面御なく男かた酒井うたのかみこうけ宮原攝津守大すけへも白かね五枚返しにまな一折きん上物何か長橋なにとめに委し

廿六日

御き嫌によし〳〵御代香宰相典侍な兩寺に花にくこしに燒香准后様方御機嫌伺候〳〵に菓子上參らせ候〳〵敏宮様和宮様方も上參らせ候こなたよりもに菓子旨

廿七日　今日より大すけ引

御機嫌によし〳〵

廿八日

御き嫌によし〳〵關東使にちそう舞樂拜見ちこ出す

廿九日晦日

御き嫌によし〳〵

二月一日

御き嫌よく〳〵神くう長もしに参賀御たいめん御盃御三こんめ長橋に御しやく

二日三日四日

御き嫌御よし〳〵

五日

御き嫌御よし〳〵御代香両寺あせちれすけに

六日

御き嫌御よし〳〵御代香長もしに

七日

御き嫌よく〳〵御清め御湯めされ候

八日九日

御き嫌御よし〳〵

十日

御き嫌よく衛門内侍な着帯ニ付小ねさゝ祝ハてうしハまゐ進上あしら〳〵小いなゝき二十する〳〵二ぜん進上す八ッ半常ハ所ニて一こんのハ盃天しやくニて三こん戴申されハハ盃濟常ハ所よりハこしのハ間へハ引直衣のハまゝニて成らせめ〳〵ハかち渡しハ座ハ帯立ニ四ッ折ニいなし上ル遊れし下さる一のハ間ニてハ對面ハ手つからハぬるハ末廣一本ハぬんこニつま帯是れ例ニてハあし願故下さるさね工千疋先例あみ入五ッなか袖十かさりかんさし一本男なもこ入ぬひとり三ッ申口ニて三十枚ハ巻物ハあか例之通り下さる石清水正せんくう藤もり正セんくう日時定ニ付ハセんのハ火かれる

十一日

御き嫌よく御拜神くうハ法樂有小御所日時定ニ付そうもん二度内侍まいらるゝ

十二日
御き嫌ハよし〳〵御拝
十三日
御き嫌ハよし〳〵ハ代香おもてより
十四日
御き嫌ハよし〳〵ゑもん會まてハ内々ハあけ物關白様よりハ文ニて上
られし　聖門様方も御寂靜院様方も上らるゝ
十五日
御き嫌ハよし〳〵御拝ハ法樂石清水小ハ不ゑもん會まて表向ハあけ物准
后様より杉原十帖ハ巻物今年より祐宮様ハ八ッニ成られし故表向杉原十
帖水引白黒大すけもしめ典侍嶋しゆすおもし内侍ハちこ一もん黒ぬり文
こ表當もん一とう尾張米のしゆさけ中務卿宮様ハ父子法親王様靈あんし
様十帖中宮寺宮様ゑんし一もんハ内々ハらけ物五ッハ志るし竹山吹紅葉

櫻黒髪關白殿に志るし藤丸に三間まてに拜節にすゑにもらま

十六日

御き嫌よく御拜に内〻に皇しにらけ物文ニて出る

十七日

御き嫌よく御拜正月二月分に參りに空を大すけ長もしの富小路のあ祢丸のゑちこの能とのあかり春日まつりに神事入常丸の内〻ふくしやニて下らるゝ

十八日

御き嫌よく

十九日

御き嫌よく天氣よくに庭聽雪まてに夕にせん後表に庭

廿日

御き嫌よく御拜かを兩社に法樂にはれ濟〳〵にあゝみもすゝ〳〵小

御所御ぬく御拝の御まゝ敏宮為より藤崎御使ニ参る

廿一日

御き嫌御よし〱御拝去年十一月御参り

廿二日

御き嫌よく水無宮御法楽

廿三日

御機嫌よく長はし為御ひろめニ付こわく御一ふた御まな一折御てうし御夜食御せん五種御まいる上申御一こん大すけはしめなひらゐはこほん一對御まな一折九こん進上大すけはしめ二らもり長はし為御局へ参り口祝人數へこわく御御すい物盃ひとり〱御ひらひ申也〔れ脱カ〕したゝめもさんほう中酒引何もすゝ御くわしこひ茶なくさそう九こんぬり木盃ちよくニて右京大夫へも盃遣いし御つもり御水物も出ル御里な折うつ御さらな御くわしうす茶出御礼申跡のあとち為

廿四日
御機嫌よくの學門《マヽ》所の當座のある六ッ御座節のすゑ御もら海ありのせん
大すけはらま計
廿五日
御き嫌よく聖廟の法樂にてのある六ッ
天神らけならをの〳〵御上の忘るし光四重ゑさけ五百疋ならら袖十の盃五枚
袖入二ッ小らんさし二本色の印もみ一疋男ゑもこ入三ッかさりらんはし
二本香の印ゑんあうおもて角やうしさし十五
廿六日
のき嫌よくの代香おもてなのもあの燒香
廿七日
のき嫌のよし〳〵
廿八日

御き嫌御よし〳〵藤のもり正せん宮御清き御事ふくしやはゝかり日下り

廿九日

御き嫌よく藤のもり正せんくうとりの刻常御殿御庭ニて御拜御常の御もり海御引直衣今もんな石清水正せんくうニ付御神事入手なし長橋局さからるゝ

三月一日

御き嫌よく御拜御神供御無人にてあなたへ附め〳〵参賀御たいめん准后様御参り御口祝宰相典侍局手なしニて下らるゝ夜ニ入御盃御三こんまいる御三こんめ少將内侍局御しやくそれより御丸火入御くし行水いつもの御通り

二日

御機嫌よく石清水正せんくうニ付夜ふけ参らせめ〳〵ふつき准后様より御

くしれハ品ハさなや二巻外ゑハつゝ乙のハ品〻まいる酉の半刻比おもて
坐しハ湯朝ゟをゐハふくいつもれハ通り今もんふけなれ〱ニ付敏宮殿和
宮殿へハふうめんまいるうしの半刻ハする〱濟レ言上廣橋前大納言ゟ
参らるゝ

三日

御機嫌よく朝ハ盃参る参賀ハ對めん有ハすゐハはらま不勞まて大すけ引

十七日

御機嫌よく敏宮殿ハ久〻まてハ参り御袖留後ハもしめて故大ハすゐらゝ
し常ハ不二てハ盃常のハ間二てハ口祝まいるハまん上物ハ夛もこなん一
箱聽雪まてハ一こん女中へもおすもし戴レ也ハ夛い出よなら過

十八日

御き嫌よく参内殿ハ花乙ハ上ハあや一反ハ手つゝらハくみ物ハまな上〱
うつらハ香ろう下さる大引不勞

〻包い中もれ出も不及いに
十九日廿日
御き嫌よく大引不勞
廿一日
御き嫌よく内侍所御法樂小御不御清書なそれしならさゆ御清め
廿二日
御機嫌よく〻まんちさん御神事のところ少〻御風心にて御神事御延引仰出
さゆ御かり床衛門内侍あ亥刻姫宮方御降誕にて大御ちの人参らるゝ
廿三日廿四日
御かり床御當分
廿五日
御かり床御はらひ御黑戸大すけ御代拜
廿六日

御き嫌のよし〳〵長橋ゟ泉ゆう寺御代香の花の焼香今もん東照くんの神事入ふく者常丸ゟ下り

廿七日

御き嫌よくゐを両社の法楽

廿八日

御き嫌のよし〳〵姫宮様の七夜ニ付御名字の初箸三ゐさ祢のまな一折駿河ゟの使にて進しまいらせ候衛門内侍ゟへのさらし五疋下さることなたへ大すけもしめなのまな一折きん上宮様へものまな一おりなみにて山岡雅楽使ニ上ル

廿九日

御き嫌よく祐宮様の手本有栖川中務卿宮様への頼文出ル明日の参りニての請仰入まいらせ候の返事まいる

三十日

御機嫌よく一條左府様二条内府様御直衣もしめ朝かれゐ御たいめん御引直衣御ゆとへなし常御所まて御たいめん二こんの御盃まいる御はいせん御手なから御通り

四月一日

御きげんよく御拝あらせ候に御神供少將内侍に春のまいりもいさゝる准后様祐宮様御礼御口祝并参賀御たいめん御こち御もらま關白様御参り御小座數脫カ御對面朝かれゐ大すけ少將内侍に伊賀に夜ニ入御盃御三こんまいる長もしに御みやく

二日三日

御きげん御よし〳〵三日有栖川中務卿宮様より御手本上まいらせ候ニ付御まな一折添上まいらせ候祐宮様よりも御まな一おり進しまいらせ候おくの御なみまて出る

四日

御機嫌御よし〳〵祐宮様正月下旬より御むさ〳〵ニて御よろ敷成らせられ

御心祝あらせられ督典侍殿へ御ゑさはや金三百疋中山大納言殿へ三百疋

お愛御まう人へ二百疋おやか殿へ御はらし一疋二百疋お千靏初へ御さら

し一反百疋ツヽ御用かゝり澤村へ三百疋下さる祐宮様ゟ大すけ初へ

五日六日

御き嫌よく御くろ戸へ成六日御代香御もてより

七日

御機嫌よく中務卿宮様御手ならひニ御参りのふ祐宮様少々御風ニて御参

りあらせられぬ趣仰参る

八日

御き嫌御よし〳〵有栖川宮様より祐宮様へ御見舞御くわし進しられ御初

を上めてたく　まんしさゐ御神事入

九日

御機嫌よく御丸火入御ましし行水毎之御通り

十日

御機嫌御よし〳〵まんしさゐ御當日御ゐる六ッ前御しまひ朝の御せむも

済めてたく五つの一刻前出御御きいすミめてたく入御成庭座ニて　出御なり

すミめてたく入御舞御覧すミめてたく入御四ッ半過

十一日

御機嫌御よし〳〵神宮御法樂

十二日

御き嫌御よし〳〵

十三日

御き嫌御よし〳〵御神事中ことなる事なし

十四日
御き嫌よく御拝あり別當方手なしにて局引
十五日
御機嫌よく御拝石清水御法楽御覧所へ成
十六日
御機嫌よく御拝去年十二月分御参り有栖川中務卿宮方祐宮方　御手習に
御参り御三間にてあそはし候
十七日十八日
御き嫌よく十八日御覧所へ成祐宮方も御跡よりならせまいらせ候長橋方御とも
俄よ不勞まて局へゐまいらせ候大御ちの人能と方御せわ申さる近江守大すけ局
に居さすり岡本肥後守もめす
十九日
御機嫌よく中務卿宮方御手ならひに御参り御三間にて遊し候

廿日

御機嫌御よし／＼

廿一日

御きげんよく葵まつり御當日御なる六ツ三刻前何も例之御通り御夕御ぜん

小御不何をも御なるのもは戴御間はもの御かく門〔問カ〕不男らさめし御くし下

さる御内義も御くしほそ染能を為さるは半刻過すゝまいらせ候御丸火とけまいらせ候

廿二日

御機嫌御よし／＼新大典侍為薄清く参らせ候の御神事中まて今日御きげん伺

あゝ参る來廿四日別勅仰出され候ても御よしや内ゝ御尋大きふ宜由申参

る

廿三日

御きげんよく壽萬宮為御参内始大すけ御乗添御むらひまひり御祝くつらさ

れ御かちん御祝酒出るなる比御参内常御所ニて御盃一こん宮様御もんぜん衛門内侍殿其後天しやくにて御三こんいたゝき申さる御さらこつき進しみ一ノ御間にて御口祝かみしもの御人形まいる何れも御局へ御献ニ参る御口祝あり

ほり河殿にて妻海の宮様へ大すけゟ御まな一折上ル妻海の宮様ゟ御さう義三百疋十帖二ツ戴は也くツあされ御かちん衛門殿より御もらひ申する三ぜん

廿四日

御機嫌御よし〳〵新大典侍殿今日別勅ニて上らるゝ口祝ひろめニ付こと〳〵御まな御まん上宮様かされ敏宮様和宮様計あしら〳〵へも御重内する〳〵三連進上

廿五日

御機嫌御よし〳〵御ふく召もり長もし殿不勞ニて御引故宰相のすけ殿て

つゝひ常の所上なんに御南向何とも戴る也

廿六日

御き嫌のよし〳〵の代香宰相典侍殿の花の焼香旨

廿七日

御き嫌のよし〳〵鷹司太閤様此度の願通り今日の落飾に付黄金二枚のきぬ三疋奉書にてまいるの請有今日よりの内々祐宮様のとく書の三間にて伏原殿上らるゝ

廿八日

御き嫌のよし〳〵の神供別當典侍殿へ仰出さるゝもしめて故とけくなれみる也

廿九日

御き嫌よく事成事なし

五月一日

御機嫌よく御拝あらせられ御神供別當典侍殿もしめて参向春の参りも致さる御く海ミん上御代参もとしめて候無人故准后様大すけのこま参賀候對面有夜ニ入候盃三こんまいる候三こんめ長はし殿候しやく

二日

御機嫌よく別當のすけ殿候奉公人候礼申入られひろめニ付こわく候一ふた候まな一折候てうしまん上准后様へこわく候一かた三種候よせ肴敏宮様へこわく候三種候まな上られ候なり二ゆひ候祝義三百疋准后様より二百疋和宮様祐宮様富貴宮様妻海宮様候なり二ゆひつゝ新大典侍殿とんす長はし殿大候乳人駿河とのな一もんふんこ内ニ嶋しゆすおもし伊よ殿二もん文こ嶋しゆすおもし長橋殿より一もん文こ嶋しゆする〱一折らんろ寺殿より金二〔百脱カ〕疋つゝ大すけ別當のすけ殿へ候もらひ申候

三日四日

御機嫌御よし〳〵

五日

御機嫌よく御七つ句朝御祭賀御對めん例之御通り祐宮様御れ來り御覽計

六日

御機嫌御よし〳〵御代香おもてより

七日八日

御機嫌御よし〳〵

九日十日

御き嫌よく御拜あり兩日御拜

十一日

御き嫌よく御拜神宮御法樂有栖川宮様より御詠草御伺御花も上かの〳〵

十二日

御き嫌よく

十三日

御き嫌よく御代香おもてより

十四日

御き嫌よく

十五日

御き嫌よく御拝石清水御法楽

十六日

御機嫌よく御拝賀茂御法楽

十七日十八日十九日廿日

御機嫌御よし／＼

廿一日

御き嫌よく御拝内侍所御法楽有

廿二日

御き嫌よく御拝五月に参り有一条左府様へ三十枚内府様へ半金一枚帥宮様へ二十枚先〻此比異國に静謐ニ付進しまいらせおくの文ニて出ル

廿三日廿四日

御機嫌によし〳〵

廿五日

御き嫌よく参勝宮様来り河様へ御預けおくへならせられ御口祝まいる

に乗添新大典侍様衛門内し様にをもこしニてさからるゝこなさ様によせさあな下さる堀河前宰相様おすそに遣う人へも下まいらせ

廿六日

御機嫌よく御代香大すけに花に焼香にく包しもまいる

廿七日

御機嫌よく春の出御もしめあらせられよ来と来とあり にこふ阿包ニて一

こんの御盃准后様御口祝上りめ〳〵何も御口祝いふゝたはりま沙しめ〳〵
おくよて一こん戴申ノ口よて御茶御くもし戴候也人御後二かもり御礼ニ
参り候もつならら准后様少〻御時ま故何も御礼御断申上参らせ

廿八日

御き嫌よく御神くう少将内侍様へ仰出さるゝ御手ならひニ中務卿宮様御
参り大引

廿九日

御き嫌御よし〳〵八もふ善坊寺光若丸参内御たいめん御ふく男らふ

六月一日

御機嫌よく御拝御神くう少将内侍様参賀御たいめん有准后様御不参祐宮
様へ御口祝まいる西本願寺なきぬてうちん御まゐ一折内〻大すけ局へ上
りむろう大すきへも御まな三種夜ニ入御盃御三こん旨御三こんめ長はし

ゟ御しやく

二日

御きげんよく御拝大御乳人願にて下り

三日

御機嫌よく妙勝定院宮ゟ御不勢御尋御菓子参御代筆にて御返事参

四日

御機嫌よくゑちこ御まし御好新内侍ゟ御戴

五日

御機嫌よく

六日

御きげんよく御代香あせちのすけゟ御花御焼香

七日

御き嫌よくゑちこくらへ惣ゑんとう

八日
御き嫌よく常丸殿子細ふろうにて下り今日上らる
九日
御き嫌よく泉ゆう寺御代香殿上人
十日
御き嫌よく御拝
十一日
御き嫌よく御拝神宮御法楽有栖川殿祐宮殿御手ならひ御参り
十二日
御き嫌よくふきの宮殿御初たん生日ニ付小ゐさゝき御まな御てうし上
かのし 准后殿より御よせ肴上かのし 大すけもしめへも小ゐさゝき戴する
く丶 五ぜん上る九条殿へ御よせさかな進しれ御返事まいる
十三日

御き嫌よく御代香長もし殿御花御焼香

十四日

御機嫌よく御ゑん生日ニ付　内侍所へ御まる一折御すゝ上かの〱御初を一枚御くま又准后様宮様方へ御かちん又正親町殿へ大すけよりのあみまて御らちん御まな三種下さる正親町殿よりあゆ三十疋内々まん上文まて又常御所にて御盃一こんまいる大御ちの人別ゑん御盃さふ夕らさより御一こん御丞志〱

十五日

御き嫌よく御拝御法樂らを下上

十六日

御き嫌よく御拝御らつういりもれ御通りおもて御盃御内き御盃こあさへも大すけ新大すけ殿もまん上ル准后様へも一とうより上ル忍ちこくらへのさりもれ御人々今日准后様新大すけ殿宰相典侍殿常丸殿因幡殿

十七日十八日
御機嫌御よし〳〵
十九日
御き嫌御よし〳〵新清和院様今年より御供養料二枚出さるゝ御年忌これ
三枚
廿日
御き嫌御よし〳〵此比日々御旧院より出ル御長もち後櫻町院様御品々む
しはらひ
廿一日
御き嫌よく御拜内侍所御法樂火性の人うけ入なり敏宮様和宮様富貴宮様
寿萬宮様御うけ入せきれの宮様へ女中一とうより類題御本上ル和宮様へ
御なんさく文こ二つぬきの宮様へ御人形一箱寿萬宮様へ御長もち一さお
和宮様より御心祝まて御まな上り〳〵女中へも御硯ふたさりな戴ル也

廿二日
御き嫌よく御拝にまいり
廿三日
御き嫌よく御拝かゑ両社に法楽有
廿四日
御き嫌によし〳〵
廿五日
御き嫌によし〳〵聖廟に法楽天神にうけ物に数に五つ御しるし徳若五萬歳敏宮御方も上参らせ候こなさまてになし和宮御方よりおそ染こなさまてやうしさしなら袖十五添
廿六日
御き嫌によし〳〵に代香おもてより
廿七日廿八日

御き嫌御よし／＼
廿九日
御き嫌御よし／＼御拝有大すけへ御神くう仰出され
三十日
御き嫌よく御拝水無月御てうし毎之とをり大すけより上ル

七月一日
御き嫌よく御拝御神供大すけ日ゝれ御代参も勤ル准后方祐宮方へ御口祝
まいる参賀御對めん御こぢ御はらま夜ニ入御盃御三こんまいる御三こん
め長橋方御しやく
二日
御き嫌よく御もし
三日四日五日

御き嫌御よし〱

六日

御きけん御よし〱新待賢門院様御代香も長はし殿御水向参らるゝ能と殿も参らるゝはんしゆ院へ宰相のすけ殿参らるゝ別當典侍殿里中納言殿俄に不勞えよし申参りすく〱下らるゝいかふむつかしきよしにて道具類も大すけゑしきまて少〻さけゐ事

七日　夜中少ニ雷　かんろ寺殿不勞段〻むつかしきよし申参る

御き嫌よく朝御盃参る参賀御對面御するゑ御はかま御三間にて御梶あそはさる御直衣めさるゝ夕かた御盃御三こん参る御三こんめ長橋殿御しやく御小かはらけ有准后様祐宮様へ御口祝宮様計御すゝ御重さかなニて一こん参る御くこしも出ルうけ入の御方〻少將内侍殿衛門内侍殿駿河殿祝御上御肴五種御文こまん上大すけはしめかもさゐ工物もちよこ進上七夕まち大すけ宰相殿少將殿常丸殿越後殿いか殿

八日

御き嫌御よし〳〵

九日

御き嫌御よし〳〵大御乳人口祝ニ付こひきりむきゝん上一こん御盃大御乳人へ別段御盃たふ

十日

御機嫌よく御拝有大炊御門前右府為不勞むつかしく候ふ中元御祝義關白殿へ半金一枚御さらし二疋さもし一折富貴の宮殿御セわ申入參らせ候ニ付白りす五枚御さらし二疋進し候有栖川中務卿宮殿へ白銀五枚さもし一折御内ゝ文ニて出ルいし一統御祝義一仲も下さる四ッ半過大炊御門為養生書出こう去三ヶ日物音とゝめ候もいてう

十一日

御機嫌よく御めて度事女中御兒きらえもいてう中故七こん御盃もふけ候

御きぬちやうちん二もり有栖川様より上まいらせ候　同祐宮様へも進しまいらせ候

十二日

御き嫌よく甘露寺中納言ニて敏宮様御引御乙まひ御くしまいる

十三日

御機嫌御よし〳〵敏宮様へ女中一とうより水仙巻御き嫌うかゝひニ上ル

今日れ御代香おもてより

十四日

御き嫌御よし〳〵祐宮様御礼御すゝ御重さゐ形ニて御盃まいる御附人ニ

申口下ニて御祝拜領御とうろう御覽ニ成

十五日

御き嫌よく系賀御對面御すゑ御はらま長はしゐ不勞ニて御下り月そくニてゟ盃重まいらせ候　大御ちの人しやく之はもの御きん御祝あそハされハ大御乳

人へ別段に盃下さる
十六日　朝雷夕方も少〻雷
にき嫌よくに燈籠に花くもり宮様らさへも参る關白様へもに花進しめし
長橋の名まへ計宮様方にふくろより出ル大文字ともる
十七日
御き嫌によし〳〵有栖河様へ祐宮様に清書上
十八日十九日廿日
にき嫌によし〳〵
廿一日
御機嫌よく督典侍の不勞ニ付典侍玄さんの願出大すけ新大すけの長橋の
三人の名まへにて出る關白様に参り
廿二日
御き嫌よく關白様に参り督のすけ典侍辭退きこしめされ祐宮様にせ已上

ろうふく合仰付られ候名新宰相と下さる百二十石ハ藏米ニて下され〻駿河とのニておもてへ申出ル三ゟしらへもするかとの申渡しこしれふ為なもしハめゝへ右京大夫をやまて參り申ノ口へも出られ候包物下さる

廿三日廿四日

御機嫌ハよし〳〵

廿五日

御機嫌ハよし〳〵冨貴宮御ハむさ〳〵いゟふハ小水ハつうしならせ候ほれ候ニ付今日よりハ祈禱ハもなくしへ仰付られ傳奏ハ小座敷へめし候也

廿六日

御き嫌ハよし〳〵御代香おもてより此比あく病流行おこやゟなられ候故白河為めいゝんなきめハ祈禱仰付られ常御所男末

廿七日

御き嫌はよし／＼神宮内侍ふは法樂白河の東西對屋参内の長もしの局床
間部屋向名けんにまいらるゝ
廿八日
御き嫌よくは拝は参りは法樂冨きの宮御はむさ／＼に付はくこしはまゐお
くの文にてまいる
廿九日
はき嫌よくは拝りを兩社は法樂
八月一日
御機嫌よく御拝あらをかしはは無人にて御神供あなさへ附かし日〻れは
代参少將内侍の参らるゝ朝は盃朝りをゐる大すけ新内侍の因幡の准后方は
参りは口祝祐宮方へはすゝは重肴にては盃まいる冨きの宮方はむさ／＼
段〻はむつゝしきは様子にていし度〻言上有とうもはよろしりらもは下

り御殿へ退出成よし廣橋前大納言殿参候申入られ准后様御乙舞ニ御下
り七ッ半二刻前夜ニ御盃二こんめ小かゝ里御三こん少将内侍殿御しやく

二日

御き嫌よく准后様へ御乙舞ニ御菓子進しまいらせ候富貴宮様御養生ふ酉の刻御
下り准后様へ何と無御なよりなし御局へ御下りたち御使まて参る御やう
たい書二度め出ル段ゝ御むつかしき御やうたい輪門様御里坊へ富貴の宮
様御下りいぬのこく御養生叶せ候にこう去今日より三ヶ日物音とゝめ
候三日御つゝしみ三かしらへも大御ちの人申わたさるゝ准后様二日敏
宮様和宮様一日祐宮様三ヶ日御かゝ里御涼しきうち巳刻過御下り宮様よ
り御くわし御まな下さる宮様かたへ御物かき文まて申参る

三日

御き嫌よく關白様大納言様中納言中將様へ御くわし一折つゝ准后様へも
御くわし一折表向關白様よりこなたへ杉折上まいらせ候

四日

御き嫌よく准后様巳半刻上り前御内〻御文にて御き嫌伺かた〳〵御上り御参り九条大納言様俄ニ御ふろう御はしこみ御むらけ候事准后様くれ過御下り冨ゑ宮様御追號聖護院宮仰付られ佛華光院宮と申上ル

五日

御き嫌御よし〳〵御そう束十七日と仰出さる

六日

御き嫌よく御代香おもてより

七日

御き嫌御よし〳〵竹御所御ふうそく瓔《瓔カ》珞珠院宮様三十三めくりニ付大すけ新大すけ殿長橋殿へこほく御一かさ戴十七日御花一つゝ三人より上る

八日

御機嫌御よし〳〵有栖川様祐宮様御手ならひニ御参り中御門頭辨殿むも

しハ目〻へ大すけ局へ參御ハまなハもらひ申小ぬんこニふくさ袖入富嶋はしめへまん局ニてもまん用意ともの人〻へ遣ハす

九日十日

御き嫌ハよし〳〵

十一日

御機嫌よく御拜神宮御法樂小御所中ハ門頭弁ゐむもし地白ら〻むらまて上御典侍ハ奉公人ニめし出されハ口宣給名今參とい〻ゝ乞申さるんつもれハ宮參りあららまけまてあしら乙大すけらゝしむんありすゝしうらはらままて出御申ノ口まて口祝ハ對面ハこちハはらま申ノ口まてこき一疋小袖はらまもつきうら一反とも乙一反い〻ゝき申さるあもせはそみきらへ御ハ玄〻め盃なりハまなミ一折まん上新大すけゐへ申中ハ門ゐなあや一反ハ肴到來家來へも定まり通り侍年寄へ百疋ッゝ跡四人へ南りやう一けんつゝ

十二日

御き嫌よく御拝のを両社御法楽小御所

十三日

御機嫌よく御代香おもてより御黒戸へ成をのに大すけ御代もんなう生

會御神事入宰相典侍為いなは為さからるゝ關白殿別勅にて御出仕

十四日

御き嫌よく淀川満水のよし言上有宰相典侍為御機嫌伺文参る水にて通行

出來りさく上郷ゟ京にて御神事とけ御常火に成今もん御清き御事よなり

な御さんの御火りもる

十五日

御き嫌よく石清水御法楽夕方清涼殿月御覧出御御なをしめされる伊よ為

よりあま九こんきん上大すけはしめへも到來中務卿宮殿よりちゝみ一疋

んつゝ戴は也

十六日

御き嫌よく事成事なし

十七日

御き嫌御よし／＼佛華光院宮様御ふうそにて御せん御そうしん大すけはしめもそうしん關白様へ御菓子一折表向文にて准后様へも參る敏宮様和宮様御ぬさらさより御く乙合御くわし上られ／＼靈かんしの宮様より御庭に出來御かき上られ／＼上り合せ御くわし參るこなさら敏宮様和宮様へ御くふしまいるおくの文にて

十八日

御き嫌よく御海つり御祝おくにて御戴朔平御門御覽ふ准后様御下り中故御らまへ出來申されは常御殿御ゑんより御拜少々雨故

十九日

御き嫌よく准后様別勅仰出され巳半刻御上大すけいなもゐまいる

廿日

御機嫌よく御拝有十八日正忌より大引廿九日ニ出九月十日より出る

九月一日

御機嫌よく御神くう付候大すけ引まてとめす

十日

御き嫌よく御丸火御召し行水毎之御通り

十一日

御き嫌よく御なる七ツ半御ゑまひ朝の御せん六ツ半過表召し御湯こくきん出ル宰相典侍為御すそ御頼申ハ御拝済候〳〵御内〻内侍不御参りもつきんすミ御丸火とかるゝ

十二日

御き嫌御よし〳〵

十三日

御き嫌よく朝神事とけ有月御覧　出御あらせられぬ御事おもてへ申出る
常御所ゐさしより月御覧御盃一こんまいるほう生會御神事入手なしふく
者下り

十四日

御き嫌よくほう生會御丸火宰相のすけ為下り御無人故御丸火入御召し御
ね其後ゝの御清め大すけ御湯上ル

十五日

御き嫌よくほう生會御當日石清水御法樂小御所御くまいし御くまれ中も
なし鳥毎之通り

十六日

御機嫌御よし〳〵手なしふく者上らるゝ妻新宮為観《マヽ》修寺家よりこなさへ
還御御乗添宰相のすけ幸為大分御人乙志りあらせられ誠ふ御内ゝよて御ち

ヽ御乗添辨殿へ御くわし御まゐ下さる醍醐前内大臣殿薨去ニ付今もんより三ヶ日拝てう

十七日十八日

御きけん御よし〱拝てうニ付御機嫌伺いし参る

十九日廿日廿一日廿二日廿三日

御機嫌御よし〱大すけ引

廿四日

御きけんよく圓照寺宮殿御上京中今日御はしめて御参り御花ひん一もこしんふ三十本敏宮殿和宮殿御花生一箱祐宮殿へ御手あふり一もこ壽萬宮殿へ御人形一箱こなさ御對面花鳥御間ニて御こふあこ一こん御盃まいる御口祝御まん上物ひろう御しりそきおもて小涉不御庭御拝見夫より申ノ口ニて御きん後御内儀御庭てう雪まて御茶れミ御んさゝた御たいめんこなさな御小机一箱御手つゝら御しゆつうちニ御くみ物花の筆せん御人形御

袖入御きせる肴宮さま方よりも御花生進しめ〻圓照寺宮さまより大すけ新大すけさまへ御くミ物日参御兒へ御包物少將內侍さま御包もれ伊よさま大御ちの人まゐるかとのへ御くミ物

廿五日

御き嫌御よし〳〵

廿六日

御き嫌御よし〳〵御代香宰相典侍さま御花御燒香御くわし上ル

廿七日

御き嫌よく梶井宮さま座主宣下おんのき有

廿八日

御き嫌よく御やく年ニ付本滿寺へ大御乳人御代参ニまいらるゝ四五人つきそひ

廿九日

ハき嫌よく誠に深き思召ニて准后様ハ地あら表大すけもしめも一とうハ

表戴大〳〵ハ賑〻

晦日

御き嫌よく九条関白殿へ佛華光院宮様ハセヒ中入まいらせ候ハあいさつハきぬ二疋白かね十枚中納言中将様へハきぬ二疋年寄諸大夫はしめへ三十枚おやを殿へハ違例中よりくろうニ付別段思召ニてハちりめん一巻三百疋大貳へも同斷下さるゝ水薬師上ろうへ白かね三枚ハさらし一疋瑞龍寺様へハなられハんさこし九条様へ御まんハ守刀進しまいらせ候准后様こなたへハ参り中故少将内侍殿申入まいらせ候其より上ろうへもハ申てあなたニてハ取計

十月一日

御機嫌よく御拝あらせられ候ハ神供宰相典侍殿朝から迄ゐ宰相のすけ殿少

將內侍ゟ伊賀ゟ准后御方祐宮御方へ御口祝まいる參賀御たいめん御こち御もかまなり夜ニ入御盃御三こんまいる　二こんめ小かゝり御三こんめ少將內侍ゟ御しやく

二日

御機嫌御よし〱

三日

御機嫌よく葉室頭辨ゟ拜賀にて朝かれゐ　出御御三間御對面菊てい中納言ゟ御三間御たいめん天盃たふ御玄猪にて申出し每之通り下さる夜ニ入御盃南御向にて御玄猪一二ふたつ出るかけ帶なり御三こんめ少將內侍ゟ御しやく御はぢき下さる御兒駿河とのも御もぢき下さる

四日五日

御き嫌御よし〱

六日

御き嫌ハよし〳〵三条入道前内府様ハ不勞なん〳〵むつかしきよしハや
うさい書出ルハ養生叶不申今日より三ヶ日はいてう物音とゝめ候敏宮
様和宮様へも文まてハもれらきおり准后様ハ参り中少將内侍殿申入候
其よし上ろうへも申渡し候
今日れ御代香宰相典侍殿ハ花ハ焼香まいる　新朔平門院様ハ十三めくり
ニ付知光院殿もしめよりハ心さしくりのおもんハあへハ重之内到來

七日

御き嫌よくもいてう中いし御機嫌伺ニ出る

八日

ハ機嫌よく和宮様へハ見舞仰られ候ハくもしハ肴おくのゑこまて参る

九日　今日よりハそうしん

十日

御機嫌よく新朔平門院様ハ十三めくりに付ゑちこ殿泉涌寺ハ代香雨ふる

御機嫌よく宰相典侍為両寺御代香ニ参らるゝ中務卿宮殿より御機嫌に伺
にくもし一箱文ニて上候に返事出ル観行院為もしめ方にくもし上ら
る大すけもしめよりもにくもし上ル此花三仲間よりも白糸まん上

十一日

御機嫌によし〳〵

十二日　瑞龍寺殿にてうもんニ参り

御き嫌よく新朔平門院殿に十三回に忌ニ付せん法講行もれになるとらの
刻にしまひ何も済候に朝座出御六ッ過に夕座すゝ　入御八ッ　関白
殿よりにき嫌伺候に花さかもれに内ゝの方ニて上候　大すけ
新大すき為せ籠らさしつゝ戴に礼さむらひ使上ル御備らしら〳〵　両寺へ
百疋つゝ伊賀為も百疋按察使のすけ為始より三百疋

十三日

御き嫌よくになる七ッ半にしまひ済六ッ少し過表くし　出御もしめに楽

四王院はそうしはらく五ツ何もすゝみ〳〵 入御四ツ半過は朝座計まて
濟み〳〵 靈あんしの宮様はてうもんみは參り申ノ口まてはセむ出はれと
海觀行院為信樂院為蓮觀院為知光院為玉蓮院為もてうもん二參らるる敏
宮様和宮様へは内ゝはくもしまいる宰相のすけ為は代香ははあは燒香は
くわしまいるはくろ戸へ成長はし為薄清く御き嫌伺文まいる

十四日

御き嫌よくはそうしんとけ准后様よりもはまあ上み〳〵方ゝよりはまあ
上ル長橋為別勅はは△奉書大すけ名まへ二て出ル

十五日

御き嫌よくは猪のこは玄猪申出しは例之は通り夜二入は盃南は向まては
川く〳〵は右はなをしは袖おひはれもゐあそはさる准后様はつく〳〵はし
れもゐ遊いし大すけもしめすゝ一こんは通り二こん三こんめ長橋為はし
やくはもちき下さるは三こんもすゐりは兒はもちき駿河とのも戴は也

十六日

御き嫌よく長はし殿へちあり表下さるきそうしゆてう雪にて九こん下さる

十七日

御き嫌よく

十八日

御き嫌よく東園殿拜賀ニ付御三間にて御對めん冷泉中納言殿御ひらく門（問カ）不

豐岡大藏卿殿同御對面

十九日

御き嫌御よし／＼法中叅内御對面御ふく男らる也

廿日

御き嫌御よし／＼

廿一日

御きけん御よし〳〵參拜

廿二日

御き嫌よく御法樂大すけふろうにて引

廿三日

少〻御風心御かり床

廿四日

御かり床ならら御當分の御事ハ玄やうくらへ惣弁當別當典侍為いもとお

よし御きう人ふろうよ尓とむつかしく乙まひに下らるゝ

廿五日

御かり床いし伺

廿六日より大ふ勞まて廿九日

御神事入湯出來らゟ下り

十一月九日に上る

十一月十二日

御機嫌よく新嘗會は丸火入は召し行水いつもれは通り
内侍所へはもゝ御く海参る今もんより役の人々神事入なり

十三日

御機嫌よくは神事中《はまる火》故は精進なし今日おもては内きんは夕はせん済みまし〳〵
すく〳〵ならせまし〳〵もしめ男らへ其後女房

十四日

御機嫌よくはむるは常れは通り新嘗會は當日内侍所へは参るさかなはも
ゝ参るは初を白らゑ一枚参る巳半刻比伯少将為よりやられ御守返上今も
んはゆふの節は入用例年之通は清は文このはふへに御越らへ二包むしや
く二本御手のこひ六ッ表へ出さるゝ御内はくしあらせまし〳〵さるれ刻ころ
めし仰だんくも酉刻前おゝ乙れはやうくうしおもり言上有程なふ御湯ニ
成御なく渡し内侍は無人ニて新典侍為はぬく高倉侍従為酉の半一刻まへ

出御成こくきん出ル新すけ為新内侍為きん内侍少將内侍為之の内侍新内侍為御内入御内〻入御亥半一刻前藤川本ニて御一こん上らせ候曉の神せん召し御湯御内〻出御子刻御もる〳〵濟せ候入御丑半一こく過げん出御とらの刻過大しやうぢ朝か召為まて御まちあそいされハ御直衣御むとへ御打はらまけさい御手水御らさ召御右ニ御みらひ為あ南北みなをし御水御つゑ御右御左ニ御為らひ上置御ぬか御三度上御水御三度御こゑりに御手のこひ御手水濟為つ之のら〳へ御三度御あゆミ被遊ハ少將内侍為御ミやうあと上候入御成御神事とかるゝ御こし御之やうあし今日はあまり御無人まて富小路中務大輔為御内義へめし御用勤候　御くしも拜領御清ききんゑう越後為い為ゝたれハ也

十五日

御き嫌よく豐明節會くれ過表召し御兒まて言上有戌刻比出御こくきん出ル新すけ為新内侍為公卿堂上ニて入御亥半二刻前ぬき二人共御らく所よ

り火そく二人トいんとうのいし大すけ局より出す
參役少將殿新内侍殿供奉能登伊賀

十六日

御き嫌よく仁門殿御満行ニ付こふく御一ふさあき候大すけへも一ふ
さ戴ル也

十七日

御き嫌御よし〳〵聖門殿一品宣下廿七日ニ仰出さる

十八日

御き嫌御よし〳〵

十九日

御き嫌よく光格天皇様御正とう御法事料十枚出ル御代香長はし殿御くふ
し御焼香御もあまいる仁和寺宮殿一品宣下十二月中旬裏松中納言殿御使
よて御内仰まいゝ御清御礼御對面のよし申入候

廿日

御機嫌よく御拝の法樂小の所ニてよみ上有

廿一日

御き嫌よく新内侍の祉条の花そて何もち植きん上女中一とうへも硯ふたさらな

廿二日

御き嫌よく野宮大夫の元ふくニ付の三間まての御たいめんくまの御間まて天盃たふ下ゐも出火ニ付御機嫌伺あり

廿三日

御機嫌よく事成事なし

廿四日

御機嫌よくきそうしゆく《マヽ》九こんの小座敷ニて下さる大のみお〱

廿五日

御機嫌ハよし〳〵

廿六日

御機嫌ハよし〳〵　御代香宰相〔典脱カ〕侍ゟハ花ハ燒香ハくわしも参る

廿七日

御機嫌よく東園大夫ゟ元ふくニ付ハ三間ハ對めん熊のハ間にて天盃たふ

聖護院宮ゟ一品宣下二度のそうもん有こなたへハ使岩倉ゟ

廿八日

御き嫌よく長橋ゟおとひ不勞たん〳〵よろ敷ニ付今日心祝五枚かさねや

き物ハ盃もんく乙うら狂言五種のハまなハ上こなたより五百疋ハ手あふ

り下さる新大すけゟへもうす板二枚ハまなハ到來生つくゑハ進上大すけ

へもうす板二枚こう尺ふんここもん三つかさねちよくさかつき二まひ入

局のもの口上ニてハすいもれハ肴一とうハもらひ申大ハ賑〻

廿九日

御機嫌のよし〳〵來月御神供大すけへ仰出さる

晦日

御き嫌のよし〳〵の拜

十二月一日

御機嫌よく御拜御神供大すけ日〻れ御代參もまいる參賀の對面のこぢ御はら海朝ら並る大すけ少將内侍の伊賀のまいる准后の風邪のふさん祐宮のもの不參夜ニ入の盃の三こんまいる二こんめ小らゝ里の三こんめ長はしのの志やく男らさもめしは也

二日

御機嫌よく御拜あを兩社の法樂小御所よ乙上仁和寺宮の一品宣下來月十七日と仰出されは五日の礼ニの參り

三日

御機嫌よく御拝聖護院宮様一品宣下御礼に御参り常御所御對めん御あち御伺の通り有二こん御盃御戴御通り有二こんめ天しやくにて御いたゝきあそはし御とりそき大すけはしめ御さかつき御通りいたゝき御こんもミなすゑりとりそきは也

聖門様より大すけ長はし様へこん布二百疋いたゝき小なら十帖こんふ五十本上る

四日

御きけん御よし〳〵なから少ミ御風心にて御かゝり床きんしの御間御清間御そうし

五日

御かゝり床安藝守伺和宮様へ御きいろ御詠草返し候〳〵仁門様御礼に御参り御かゝり床御對あらせられに御ゆる御末廣進しまし大すけもち出ル

六日雪

御かり床御代香宰相典侍ゟ御花御焼香旨

七日

御かり床いし伺あり

八日

御かり床青蓮院宮様隠居ゑい《永》蟄居仰出さる

九日十日　いよ様不勞御人参二ッ下さる

御かり床いし伺有

十一日

御機嫌御よし〳〵弥御よろしく御床はらひ和宮様御たん生日小いさゝき上りの〳〵御よせさらお表向文にて

伏見様御参りにて乙ちの宮様此度紀州へ御ゑんくミ御定ゝれひ御ふとは御参内御願十七日午刻と仰出さる

十二日

御機嫌御よし〳〵敏宮御少〻御風邪御ミ舞御まな御菓子まいる局一とう

すゝはらひ祐宮御鶴御間へならせられくれ過くわん御成

十三日

御き嫌よく御用心にて御黒戸御代もゟ大すけまいる泉涌寺御代香おもて

より

十四日

御き嫌よく安藝守伺

十五日

御機嫌よく石清水御法樂小御所にてよミ上有

十六日

御き嫌よく暮の御しう義表御内義三仲間ゟし何も毎之通り下さる新嘗祭

御祝役人〻より御まね御盃きん上右之人〻へ御巻物下さる去年六月

伊勢へ公卿勅使ニ付上物なん〳〵延引今日大すけ少將内侍為二人より御

すい物御肴二種上る女中しゆへも御すいものすもし進上六角御ちきろう

大すけ戴少將内侍殿御まんとう下さる大御みな〳〵あり

十七日

御きげんよく仁和寺宮様一品宣下ニ付表よりの御使有そうもん二度大すけ

長はし殿こんふ五十本小たか十帖上あなたより二百こんぬ五十本御セ包

邊ニて大すけへこんふ一箱さあや料白かね三枚戴こんふ五十本包た三ゆ

ひ小たか十帖上る伏見倫宮様御礼として御参りあさき御間まて御たいめ

ん御こふ阿包まて御盃一こんまいる其後御口祝あなたより御花生御まゐ

一折表御ほうれん御庭も御拜見申ノ口まて御茶のこ皆御礼とのたつ六

歌仙御巻物きやうしもり御ぬんこうちにこまちかた御く乙もれ御袖入二

ツ御つま袋一ツかさりかんさし御とめ一ツ御人形花の付ハ御ゐつか一つ

入まいる入道宮様へ御言傳御か乙入御く乙物御水入一ツ御つゝ乙もれニ

てまいる大すけ新大すけ殿長はし殿へ大御ちの人へ御まんも按察使すけ

なもしめきぬきおもしんよなするかとの白ちりめんは下さち嶋しゆすたもし日参豊岡なへらみ入盃一枚は兒兩人へきんちやく二ッつゝはゐとひおく様はまう人へてん中たもこ入對半一ッ

十八日

御機嫌はよし〳〵

十九日

御機嫌はよし〳〵官位ははさ關白殿は参り伏原二位な祐宮殿はとく書上らればは賞にはらき緒下さる

廿日

御き嫌はよし〳〵

廿一日

御き嫌よく神宮御法樂小はふまてよみ上有くれのは祝義關白殿へはきぬ二疋半金一枚はまな一折おくの文にてまいる有栖川殿へ祐宮殿は手から

ひニ付白らゑ五枚はまゐ一折りん院む妙覺院御へ白らね五枚近衛大納言
御へいゑみ上りまいらせ候ニ付はきぬ五疋まいるおくの文ニて出るは返事旨有
栖川御よりはむし菓子はなくねし祐宮御へ進しまいらせ候兩頭へもはくもしい
さゝきれは御神樂は神事入采役大すけ少將內侍為へ仰出され神事入

廿二日

御き嫌よく內侍所は法樂有
後院御ちん守上せん宮ニ付は丸火は湯は一所にてはくし行水濟まいらせ候は
皇しも遊れさまいらせ候て常御所は庭ニては拜は丸火はなをしはすゑめされは
大すけもら海にてはすそにまいる何ともも常は所は庭ニておらこよなら比
はする〳〵すミれよし表口向より言上有はこしなる

廿三日

御き嫌はよし〳〵
御神樂は當日は神供七ッ前神をん揃大すけ少將內侍為湯いゑし出す〳〵

参向常ハ不ならをめし神をん濟ゐり参る暮過表くしハ湯兩人共湯尾張へも去らを参るゆ濟そうく〵ゐる御すゝ濟めし入御初夜半刻過何もハする〵濟めしの八ッハ小座敷まて兩役近習めし九もし下さるハ内ゝハ聽門〔聞カ〕ニなる中立過大すけ早ゝゐり参り神事其まゝうしの刻少將為ゐり参めし榊上る兩人とも神事ときハ也

廿四日

御き嫌よくきそうしゆへハ小座敷まて九こん下さる　ハ神事とけ今参為初めてハ神事まけ下りハもな上めし　いなも為も下りハ花進上ハ神事とけニ付准后為よりハまな上めし

廿五日

御き嫌ハよしく〵

廿六日

御き嫌よく御代香宰相典侍為ハ花ハ燒香参る

廿七日
御機嫌よく聖門跡一品宣下ニ付こなたよりの使
廿八日
御機嫌よく長橋局へとひ不労心よく今日心祝ニて五枚かさねのちよくの
まな五種の上
こなたより五百疋の手あふり下さる大すけへもうす板二まいのもらひ申
こう尺ふんこうちに三枚かさねちよく盃二枚入進上すたくニて色〻のす
い物のさかなのもらひ申のみ悦〳〵
廿九日
御き嫌よく御神くう大すけへ仰出さる
晦日
御機嫌よくの拝有いつもみの通りくれのめてたさ大のみ悦〳〵めてたし
〳〵

安政七年申正月より

六月十六日

和宮様御月乙

心おぼえ

續子

安政七年元日

御機嫌よく四方もいとらの刻前表御しにくしにおそに湯めされ朝かれゐ出御にぬく男かたにそくたい入御成にしまひにゆつき御神くう大すけ参向なり参り春のまいりすゝに目通りよて准后ゟにはしめにそうもんに祝済朝に盃に通り有常にふにれん代に日くう出ルに攝家ゟかたに参りに祝すゝ年始に祝義仰入候常に所よてにたいめん二こんのに盃にもいせん以下男かたやくそ六位藏人なりに夕にせん後御吉書被遊一之に間にありとりにもか海に新調のめされれに はかため朝かれゐ出御に打もか海にむとへに直衣に小むねり大すけ少將内侍為越後為内侍に下から上何れも五ッ衣准后ゟ祐宮ゟに口祝まいる夜二入に盃うけ取大すけ宰相典侍為少將侍（内脱カ）為大に乳人ゑちこ為別段に盃たふ重ふくの人ゝ今日ふさん

二日

御き嫌よく御祝きのふみ同し祐宮様御礼
准后様へならせられ後常御殿まて二こんの御盃まいるあなき御間まて御
口祝御いもみ少将殿御もいきん御くわしも御上を出る毛うへのなら御水
入御ら乙入進しられ夜ニ入御盃御とりそめ一こんまいるうけ取今参殿新
内侍殿のと殿いかも殿別段御盃下さる今朝御もきそめ有

三日

御機嫌よく御祝きのふみ同し親王様あさ御礼常御所ニて御盃二こんまい
る御もいきん下男方夜ニ入り御盃きのふみ同しうけ取別當典侍殿長は
し殿伊賀殿駿河との

四日

御き嫌よく詠草伺そめ人〱有

五日

御機嫌よく千秋萬歳参内殿うはら舞まて御盃一こん御やきらちんもも里

出准后宮御初御通り御目通りまて御るきりちん戴候也御もとのもしめ御
てうし大すけより上ル長もし殿へ口上ニて

六日

御機嫌御よし〳〵

七日

御き嫌よく朝御祝五ヶ日御通りあらき御間白馬節會午半刻過表くし出御
こくきん出る少將内侍殿新内侍殿能と殿因幡殿くもおもり
入御暮過清涼殿馬御覽後南殿へ御内〻なる初夜過入御七種一こんまいる
南御向こ包く御御三こんまいる

八日

御機嫌よく准后宮さる萬歳御内〻御覽ニならせ御〳〵

九日

御き嫌よく准后宮へ出御もしめ七ッ半過御直衣めされ候御三こん御盃上

段ニ成らせられ御さう下へ准后さま御出むかひ御うちき御盃御三こんめ准后さま御上なそれし御くもへ少将内侍より天しやくまて御戴下段まて御さいさん御手から御通り御口祝准后さま御上遊れし御祝御やきかちん御かさり御きし御かもり御そうに御やきかちんと御引らへ御すい物御きしと御引かへはもりも出御盃准后さま御戴御跡御通り何ゑも櫻の御間まて御口祝御れもみ戴九もしおくまて大御賑ゝ御硯ふたさかな御見事〳〵の關白さまより大すけはしめいさゝきおくまて御みな〳〵

十日

御き嫌よく諸礼御ないめん御ふく男かた也

十一日

御き嫌よく神供そうし始マヽ准后さま御湯上られ〳〵今年よりも年られ〳〵御ぬく男かた御拝御ともを大すけ参入御成天盃出る靈かんしの宮さま御礼御口祝御れもみ御前まて出るそくうより御對めん蓮觀院より觀實院より應修院より蓮觀院より

御

盃いたゝきすミ跡二人は一所申口まて一こんはくたしは年玉も下さる祐
宮様へいとお成は品上られ　は人形下さる

十二日

御き嫌よくかをそうし始はきよめ計はかふむりは直衣は常には清めまて
男方まてならせられ入御も男りたかを傳奏正親町大納言為天盃たふ

十三日

はき嫌はよし〳〵

十四日

御機嫌よく阿闍梨は對面後瑞龍寺様は礼は参り常御所まて二こんのは盃
もしめ大すけもち参り二こん上は通り二こんめ瑞龍寺様は上遊はし　天
しやくにていたゝきは通り中段口まて瑞龍寺様はしやくまて戴は也蓮生
院為玉蓮院為本壽院為はたいめんは盃中の口まては祝くもしはくわしは
年玉下さる

十五日

御機嫌よく石清水御法楽御清めまて小御所よ乙上有御祝五ヶ日の御通り常御ふまて七種御あゆ南御向御もいさん御手あらかけ帯夜ま入とんと御吉書もち参る御する／＼濟一こんの御盃南御むき大すけ長もし為あけ帯下段まて御通り有こ包く御御せん御三こん男あさ二十九人

十六日

御き嫌よくとうらん節會暮過表くし出御こくきん出るまんの内侍新内侍為宰相のすけ為くもおいり入御成正親町美賀姫為ぜし姫為大すけ局へ参られ重く乙到來おくより御つゝ乙物御くみ物下さるぜし姫へはい／＼人形あ乙入あさりかんさし下さる大すけよりもとんもふくさゐもこ入とし姫へすゝ取ゐらうちかんさし人形

十八日

御き嫌よく南殿へてんまん御覧ニ成

十九日

御き嫌よく舞御覧六ッ半御なる御しまひ何も済まのし四ッ半過表くし鶴のおうてう小御所へ出御御引直衣南殿御よろ敷出御　御樂二ッめまて御ゑいめん宰相為御すそ御頼申候くれくれ済まのし入御成御ゆくもい御さむ御夕御さん准后為御一所南殿太平樂まて御盃准后為祐宮為御戴大すけ始御通り有中御門為お富為局へ御出御まな御くわし到來奉書二帖ぬひゑもこ入きせるなろ丸為へ人形きんちやく

廿日

御き嫌御よし〳〵御拜あるを下上御法樂御あさ〳〵の一こん御盃まいる

廿一日廿二日廿三日廿四日廿五日大引

御き嫌よく御拜御法樂

廿四日おミ口出來物まて丹後介伺御藥上る御會さしめ二こんの御盃宰相為御はいさん

廿六日
御かゝり床日〻ゐんこ伺両寺御代香長はしな女中よりも殘されし人〻と長
はしな大御ちより御花上ル
廿七日廿八日
御かゝり床跡御よろ敷あらせられ〻丹後伺
廿九日
御かゝり床春日まつり御神事入手なし下り
三十日
御かゝり床春日祭御丸火入御むさ〱にて御湯出來候に御正忌御湯も出
來られ〻にれ故御丸火御清めあむき御間まておゝあ本御なき何も御つゑ
の御道をゝ御清めにて御用ひ御神事中御ゐもこ本ん御はいあへ〻御きよ
めまて御用ひ春日らけやき物御覽中ノ口御なさらり

二月一日

御き嫌よくは床はらひ御神供少將内侍か春の参り越後か因幡かもいさゝさる御くま進上参賀は對めん御こちははらま准后宮へ祐宮へは礼は口祝まいる春あけるき物典侍五つはやとひ數三つ猿は印常丸か拜領夜ニ入は盃は三こん二こんめ小あゝちは三こんめ少將内侍かはしやくは丸火何もはつねのははらまは清めニてめさるゝ

二日

御き嫌よく關東使よこせ信濃守はたいめん小は所はふく男あらあり

三日

御機嫌よく

四日

御き嫌よく知恩院方丈年始参内ニ付御たいめんは多く男あら關東使はいとまニ付給わり物被成は出ましていつもの通り局か侍めしは遣わしは

五日

御機嫌御よし〳〵もんしゆ院御代香おもてより宰相乃すけ殿泉涌寺御代香御花御焼香御くもし

六日

御き嫌よく兩寺御代香宰相のすけ殿御花御焼香御くもし七ッ過黑戸前常御所御庭にて御拝御こち御正忌の御はかま御おあみのめさるゝ兩寺御法事もすミ七ッ比ゐられハよしにて宰相典侍殿御き嫌伺文まいる

七日

御き嫌よく御清め御湯被遊今宮様殿昨年八月十一日上め〳〵へ共御宮様大延引今日御宮様あ乃なま五ッ衣常御ふにて御こふなま一こん御さら川き下さる名新典侍といふゝき申され御まな一折進上中御門殿へ局侍使にて吹聴申

八日

御き嫌よく有栖川様御手からひこ御参り宮様へいて二つ進しまいらせ候

九日十日

御き嫌よく大引

十一日

御き嫌御よし〳〵御拝神供御法樂御小座敷和宮様御詠草御伺

十二日

御機嫌よく和宮様へ御詠草返し參る

十三日

御機嫌よく御代香表より

十四日

御機嫌よく御拝正月御参り御空を大湯出來てゑ宰相典侍為少將内侍為御兒兩人越後為關白様よりふもん御内〻御くし上め〳〵くゝまさる准后様まて紅板〆殿中半五つ御盃五枚と御のへあそはし候

上まいらせ候

十五日

御き嫌よくふもんにて表向御らけ物准后様より十帖御さあや祐宮様より十帖水引上まいらせ候　中務卿宮様御初中宮寺様御ふんこ大すけ始嶋しゆもおもし内侍殿御兒もくろぬり一もんあんこ御下さち黒ぬり二もんぬんこまん上御内〻御かけ物御印萬歳樂胡餠《飲カ》酒春庭花太平樂玉紫しゆも准后様御へあゝた關白様御手さけこさこさおく萬御きう人御おもてきんぢう新内侍殿紅白巻物長もし殿

十六日

御き嫌よく有栖川宮様祐宮様御手あらひま御参り橋本殿より此度和宮様桂御ふへ御とう留ニ成らせまいらせ候ニ付大御ちの人御まあき参り候　和宮様へ御くしの御品まいるはし本殿へ折ひつ御さかな御くわし下さる尾張茶右京大夫江坂もまいりたり参り未明

十七日
御き嫌よく祢もん川く里物敏宮様和宮様へ參る敏宮様より藤崎御使ニ參り御まな上まいらせ候一とうへの里巻いさゝき
十八日十九日廿日廿一日御拜
廿二日　大すけ引
廿三日
御かり床御當分和宮様桂御所へ御引移り橋本様へ大すけ大御ちの人御むかひニ參り御たいめん御所もよて御く里し出ルはし本様より御一こん出ル大御ちの人兩人より精進まちり五種よせさかな進上ある半過御をよし御する〳〵桂御所へならせまいらせ候こなたより御言傳御里やうしすゝ里箱御重之物進しまいらせ候
廿四日
御かり床

廿五日

御かり床聖廟御法樂御かり床中一之御間ニ成らせらる

廿六日

御き嫌よく御代香おもてより

廿七日廿八日廿九日

御き嫌御よし〳〵

三月一日

御機嫌よく御神供少將内侍爲參賀御對面御こち御はあま大すけふらうニて引

二日

御き嫌よく

三日

御き嫌よく候かく門《問カ》ふ御當座参賀候ゑいめん准后様候参り候口祝まいるとうけい参内殿へ出御候すゑ候はかま局被為成御覧後候盃常候所候三こんまいる候小かもらけ有候三こんめ長もし為候しやく

四日

御機嫌よく准后様候被為成御覧候よせ肴上かれ〱女中候目通りまて九もしいさゝき候みな〱

五日

御き嫌候よし〱

六日

御き嫌よく御代香おもてより

七日

御き嫌候よし〱

八日

御き嫌よく新大すけ殿久〻にて上らるゝ

九日

御き嫌よく御拝　二月三月御参り東本願寺むじやうかく院此度どんじき
めんしゆへ御礼参内ニ付小御所にて御たいめん御ふく男かム大門より半
金二枚もム百ゆひ當門主より十枚大すけ新大典侍殿長はし殿白銀五枚つ
ついよ殿大御ちの人駿河との三枚つゝ

十日

御かり床御當分

十一日より大すけ引

閏三月十四日靈かんしの宮殿江州拝戸へ御下向ニ付御いとまニ御参内

十八日

御かり床年號かい元萬延元年

廿五日

御機嫌よく

廿六日

御き嫌御よし〳〵御代香おもてより

廿七日

御機嫌よくむろ庭おもて御庭へ成

廿八日

御き嫌よく参内殿御花乃ハ今年長はしめ為重服にて上りに御間物上らせのし三種御まな御すいもれ御てん上御まんとう下さる何れへも御ちそう下さる寺《マヽ》御まな進上

廿九日

御き嫌よく御小座敷御當座有栖川中務卿宮様祐宮様御手ならひニ御参り合御なゐい御戴

晦日

御き嫌ハよし〱

閏三月一日

御機嫌よく御拜ハ無人にて御神供付のゝけ賀ハ對面ハこち御もかま准后ゟ祐宮ゟハ口祝まいる朝かれゐ宰相典侍ゟ少將內侍ゟ夜ニ入ハ盃ハ三こんまいる二こんめ小らゝ里ハ三こんめ長はしゟハしやく

二日

御き嫌よくハ拜ハ延引石清水ハ法樂ハ小座敷ニてよみ上有ハ心願故ハそうしん

三日

御き嫌よく御拜ハ清ハけんさくハ清書

四日

御き嫌よく准后宮御花見上まいらせ夕かたより御内ゝ出御よせさかな上まいらせ大すけもしめも御前にて御ちそう戴大御賑ゝ御ましの御品上まいらせ大すけ初いたゝき新典侍へむ包た御表大すけ御手さけ拝領

五日

御き嫌御よし〱御黒戸へ成御園伺

六日

御き嫌よく御黒戸へ成御代香宰相典侍へ御もち御焼香まいる八ッ比ね候よし御き嫌伺ふみまいる

七日　信樂院へ参られとう留

御き嫌よく宰相のすきへ上候らけ敏宮御むさ〱中御機嫌伺に参候御言傳に御重之内御くしの御品いろ〱まいらせきつう忝り参候由

八日

御き嫌よく聴雪にて御せんとうもしめ信樂院殿御前にているゝた

九日

御き嫌よく御拝御小座敷御當座

十日

御き嫌よく御拝當月御参り御とも大すけ少將內侍殿豐岡殿常丸殿むさ丸殿能登殿御小座敷にて伏原二位殿御こうしやく

十一日

御機嫌よく御拝神宮御法樂御小座敷にてよみ上法中参內に付小御所にて御對めん御ふく男らる

十二日

御機嫌よく御拝御参り去年十二月分御ミて御とも宰相典侍殿少將內侍殿御兒兩人越後殿

十三日

御き嫌よく御代香おもてより

十四日

御機嫌よく敏宮様ハむさ〳〵ニ付ハ藥あきの守へ仰付候ハうけ申上る

十五日

御き嫌よく

十六日

御き嫌よく祐宮様御深曾木ニ付こなたへも一とうなハまな一折きん上午刻過ハ式ハ三間上段南より御座出御兩役下段へめす當もんのきそうしゆハなんの大臣一条左大臣様めしハすゝ乙あそハしと殿上人ハごもんハてうと四位五位二人ハあさりつき出來宮様中段ならしの方より出わの〳〵ハきん少將内侍為ハふち宰相典侍為大すけ二人すくにハ二もんへ成らせ候左大臣様おゝうしろへハ

すゝ乙少將ゟはゑとうはうけ申されは左は右は中すミ〳〵は吉方たつミの方へおり〳〵はせんもしめしは通りにて内ならせ候はてうとて川し候はかまへ出來は盃二こんまゐる宮様と左大臣様は對座少將内侍ゟ宮様はもいせん新内侍ゟ一条様はもいせんは通り下段にて東向にて戴申さ候大すけ宮様はふちはそもふ居ミなくうちきなりは盃すミ〳〵宮様おミおくり中段の口にてはゑしやく有は引つゝき常はふにて二こんは盃まいる二こんめ天しやくニて戴は通り有
おちゑきつはふくとめしらへ候一のは間にてはロ祝はいもみはすいものはすゝは重さかなにては盃はくわしも出ルは人形拜領まゐはもんちりとめしらへ候准后様へならせ候はふち宰相ゟもかまにて系候其はまゝにくは局上さん二てうさいニならせ候はきやうせんは伊ら物は三こんは盃はもいせん少將内侍ゟ大はちの人系候もつきはらま
有栖川中務卿宮様よりは末廣二本三種よせさかなは内ゝ進し候祐宮様

よりこふくは一ゑゝはまな一折は口上使宮様よりかしら〳〵へこふくは一ぬゝはまな一折つゝ戴其はまなすくに上ル
准后様より宮様へ白ぬよはとんを一あさゐ進し候常御所にては盃二こんまいる二こんめ天しやくにては戴

十七日

御機嫌よく宮様は局にて三仲一二めし九こん下さる新宰相ゐへ生作進上

十八日

御き嫌よくは小座敷は當座中務卿宮様祐宮様は手ならひに參りはあれは戴

十九日

御き嫌よくはかく門《問カ》所は當座

廿日

御き嫌はよし〳〵

廿一日

御き嫌よく御拝御法樂よ乙上御小座敷

廿二日

御き嫌よく牡丹御花見兩役めし九こん下さる大御賑ゝ夜ニ入准后方六さ
いの御所勞まて御下り

廿三日

御き嫌よく事成事なし

廿四日

御機嫌よく敏宮方中山攝津守をしめて伺ニつき宰相典侍ゟ参候伺御言
傳白糸ニゑらゝ添へ御こしふとんふ成れホとのゑとんもまいる祐宮
方少ゝ御あをき心明日御手ならひニ中務卿宮方御参りの処御風邪まて御参
り無様仰参る

廿五日

御き嫌よく

廿六日

御き嫌よく御代香長はし殿御花御焼香御くこしも参

廿七日

御き嫌よく祐宮様御風弥御よろしく安藝守伺申入

廿八日

御き嫌よく祐宮様御紐直しニ付小んさゝた御まな一折御地黒御ふく御付帯進しまいらせたる後御こらい御なをしめしならせまいらせ常御所にて二こんの御盃参二こんめ天しやくにて御戴下段にて御通り一の御間ニて御地黒御長御はかまめし御口祝御重さかなにて御盃御通り御くこしも出ル御小机御拝領小いさゝた御まな一折戴御まな一折上ル別段新宰相殿より硯ふた肴一とうへ御もらひ申有栖川様より青籠御よせ肴宮様へ進しまいらせ秋冬のうち古今御開見あらせまいらせ事仰出さまいらせ御悦申上る

廿九日

御き嫌よく准后様しさゐの御ふ勢引今日さつもりに清くに上りによせさりな上まし〳〵こなたよりもまいる來月に神供宰相典侍殿へ仰出さるゝ

三十日

御き嫌よく廿八日准后様に下り中故今日祐宮様に紐直しに礼にもゝ様へならせまし〳〵にはらいに直衣ニてならせまし〳〵にふち大すけに紐直しニ付准后様よりあら〳〵にしうき二百疋

四月一日

御き嫌よく御拝御神供宰相典侍殿參賀御對めんにこちにはかま朝あ参ゐ宰相殿少將內侍し殿准后様祐宮様へに口祝まいる夜ニ入に盃に三こん二こんめ小あゝ里三こんめ長橋殿にしやく常丸殿に奉公人ニ仰付まし〳〵に礼

申入こわくは一ふたはまな一折てうし上のゝ准后御へも一ふたはのし口上ニて上ルはしうぎ二百疋宮御かたへもこわくは一ふたはのし

敏宮御和宮御文ニて祐宮御寿万宮御へははぬくろ御へ口上ニてはなら二進ひつゝ新大すき殿長はし殿大はちの人へ駿河とのへこわくは一重つゝ

新大殿よりとんすおもし長はし殿大はちの人より嶋しゆをおもしあせち典侍殿初よりする〳〵駿河殿よりもする〳〵犬原殿よりする〳〵二そん

松野ニめん會のせつとんをおもし遣はす

二日

御き嫌よく伏原二位殿は小座敷ニてはこうしやく有

三日四日五日六日七日八日

御き嫌よく八日夜よりは神事入大所労ニて引

十四日

御き嫌よく宰相典侍殿まけニて引

十五日

御きげんよく御拝石清水に法樂大すけ出ル

十六日

御きげんによし〳〵聴雪まてに間物惣弁當

十七日十八日

御きげんよく

十九日

御きげんよく少將內侍爲手あし下り賀茂葵にけされ

廿日

にきげんよくに丸火入にくし行水例之に通り

廿一日

御きげんよく葵まつりに當日五ツ前おもてまし出御に直衣にあとへめさるゝけんもつすゝ入御なりにあるのもの小に所何をもいさゝきれ也男あゝ

めしにくし下さる其後女中もにくしいさゝきおそ染ゑちこの准后の宮の
もにいさゝき七ツ半過濟めて度〳〵に神事とけ少將内侍の上らるゝ

廿二日廿三日廿四日廿五日

御機嫌によし〳〵

廿六日

御き嫌によし〳〵御代香宰相のに花に燒香

廿七日

御き嫌よく詠草うかゝひゑん〳〵有

廿八日

御き嫌よく壬生官務女下ろうにめし出され　今日上りに付にまな一折け
ん上にまな五種新大すけの長はし大すけなるかと乃もらひれ也來月に
神くう大すけへ仰出さるゝ

廿九日

御き嫌はよし〳〵

五月一日

御機嫌よく御拜は神くう大すけ參向參賀は對面准后様宮様祐宮様は口祝まいる朝かれゐ大すけ少將內侍為因幡為夜に入は盃は三こん二こんめ小かゝりは三こんめ長はし為はしやく

二日

はき嫌よく御拜は參り宰相為はともは賴申は

三日

は機嫌よく御拜もれに成常は不參さしまて撫子御覽あんとう知光院為准后様へ參合こなたへもはき嫌伺鷺白ぬり二疋上る〳〵すく〳〵は庭へおろされは宮様へも上は包物下さるこなたより紫ちりめんおもし下され一こん御前まて戴大有りたかり

御延引のこうしん御くち准后様宮様かた女中一とうへ下さる
四日
御き嫌御よし／＼御小座敷御当座
五日
御き嫌よく参賀御対面御するめ御はか海朝あそん宰相のすけ殿少将内侍殿
因幡殿准后様御口祝済御いとま祐宮様御口祝夜ニ入御盃御三こん御小か
はらけも出ル男かた三人長はし殿御しやく
六日
御き嫌よく御代香おもて橋本宰相中将殿門院様御代香富小路中務大輔殿
七日
御き嫌よく観行院殿参らるゝ和宮様へ御矢二箱まいるもい／＼人形観行
院殿へ下さる
八日九日十日

御き嫌よく御拝

十一日

御き嫌よく御拝御法樂小御所

十二日

御き嫌よく關白殿御参り知恩院宮殿こなた御養子御母義少將内侍殿へ御内意有

十三日

御き嫌よく御代香おもてより

十四日

御機嫌よく御小座敷御當座

十五日

御機嫌よく御拝石清水御法樂小御所ふまてよこ上御くこ・ち(い脱カ)御懐中

十六日

御機嫌よく御拝

十七日

御き嫌よく

十八日

御き嫌よく福み三河守高しと筑前介久野長門介もしめて伺ゆういむ山本典樂大允御小座敷上の御間御しきおいよならせられ御すゑ御はらま伺すミ御礼申上ル當月二十七日未刻祐宮ゟ伺仰出されハ山本安波守ゟしこむつ乃守高しと丹後守山口豊前介

十九日

御き嫌よく御小座敷御當座

廿日

御機嫌よく御拝ならせられ

廿一日

御き嫌よく御拝の法楽

廿二日廿三日廿四日廿五日

御き嫌よく事成事なし

廿六日

御き嫌よく御代香長はし殿の花の焼香のくましも供をまいらせ候新大すけ殿新典侍殿きさる不労にて下らるゝ坊城一位殿不労むつかしきよしニて下り

廿七日

御き嫌よくかく問不の当座

廿八日

御き嫌よく御拝かを両社御法楽寂静院殿久〻にて参まいらせ候きのふの上祐宮様へのうちも一本江戸絵の上こなたよりなもこ入るき物の盃下さる宮様よりなひとろの神くうあなたへ付まいらせ候

廿九日

御機嫌御よし〳〵

六月一日

御機嫌よく御拝参賀御對面御こち御はら海朝ら迄ゐ大すけ新内侍殿伊あ殿准后様祐宮様御口祝まいる　夜ニ入御盃御三こん二こんめ小あヽ里御三こんめ長はし殿御玄やく和宮様へ右京大夫参り御みおひふくろ五つまいる御小座敷御當座

二日

御き嫌よく御拝御参り御供大すけ少將内侍殿能と殿御ちこ兩人

三日

御き嫌よく御拝

四日

御き嫌よく/\敏宮様今日輪門様河原御殿御もんしやくニて御引うけりニ付宰相典侍様御むかひに参る御文この内あかしちゝゟ御くみ物千疋まいる何ゟと御七包申はとて大すけ長もし様大御ちの人へ上り合御もゟ一荷んつゝ思召よて戴御ちそうもこなたへまいり何をもいさゝかれは也

五日

御き嫌よく夕あゝ少ゝ雷雨少し有る

六日

御き嫌御よし/\御代香おもてより

七日八日

御き嫌御よし/\

九日

御き嫌御よし/\妙荘厳院宮様御正忌ニ付殿上人御代香ニ参らるゝ

十日

御きけん御よし／＼御小座敷御當座女房御人數

十一日

御きけんよく事成事なし安藝守不勞にて御代ヒ願ニ近江守出肥後守へ仰付

まいらせ候御請有敏宮様山本安房守和宮様中山攝津守へ仰付まいらせ候御請

十二日十三日

御きけんよく十三日御代香おもてより

十四日

御きけんよく御たん生日ニ付御盃一こん宛中段口ふならをまいらせ候大御ちの人

別御盃さふらうおんのゐにて御盃一こんつゝき故みな／＼すゝしうら

十五日

御きけんよく和宮様御月乙ニ付今日より御とう留ニ御参内御口祝御すゝ御

重さかなにて御盃まいる御よせ肴御まん上大すけもしめ御硯ふたさゝさかな

戴御也

十六日

御き嫌よく和宮様御月見ニ付御まん上物御すゝし御屏風常御ふまて二こんの御盃御引なをし御すゑめさるゝ二こんめ天しやくニて御いたゝき御とをり下段まていつもれ御通り宮様御すゝしうら御付帯御うちきなり御かさならとめしかへられ一の御間まて御すゝ御重さかなまて御盃まいる其後御局まて御盃少將内侍殿御もいさん大御ちの人なくそ宮様へ一とう御悦御局へ参り御口祝いたゝき候也

月あまりよろしからもなから月出宮様二之御間御はかまめし月御覧あそはし少將殿御もいさんもかまなり　大のまんもきの御もしまて中二るん御とうし月御らん初夜半過より参内殿御はやし御覧　出御成和宮様もならせられ准后様祐宮様も成らせられらしら〳〵こわく御一ふさつゝ戴御まれ一折をらしら〳〵より

十七日

御き嫌によし〳〵
十八日
御き嫌よくゑちこくしへ惣弁當
十九日廿日
御き嫌よく廿日和宮御初てにまけあそハしめて度あられにらちんにきん
上ミな〳〵もいさゝたれ也
廿一日
御き嫌によし〳〵に拜に法樂
廿二日廿三日廿四日
御かり床に當分にらせ心に代ヒ岡本肥後守へ仰付られ
廿七日廿八日廿九日
御かり床　三十日に床はらひ

七月一日

御機嫌よく御神くう宰相典侍殿気賀御たいめん御こち御はらま准后宮殿祐宮殿へ御口祝まいる夜ニ入御盃御三こん當御三こんめ少將内侍殿御しやく　二こんめ小らゝま御三こんめ男らさめしハ事跡の盃もあり

二日三日

御き嫌よく御當座

四日

御き嫌よく新典侍殿けさいの不勞心よく上りまいらせ候おくへ出まいらせ候御口祝すゝ御前へ出まいらせ候

五日六日

御機嫌よく

七日

御き嫌よく祐宮殿ちら〳〵儲君殿と稱さまいらせ候ニ付因幡殿御乳ニ付進しまいらせ候

に付地白もやう金子十両何ゟ入用多こなたより下さる

八日九日

御き機御よし〱

十日

御機嫌よく祐宮様御まいたれ儲君と称を候　准后様御實子御同様御同居御引移りに付准后様まて御すゝ御重さゐなまて御盃進しまいらせ御くつし御茶も出る　御さらし二疋御文この内色ゝ入旨若宮御殿へ成させ候関白様中納言中将様も御對面成　御所へならせまいらせ三仲間一とう御たいめん成それより三仲間御ふさゐま

十一日

御機嫌よく御めで度事御盃七こんの五こんに重候初こん二こん三こんめ大すけしやくまて次第に戴れ也　四こん小ゟゝま宰相典侍為御もいそん五こん大すけ御もいそん男ゟさもすゝ御前へ参何もそ為し上段御坐ん

まいる
十二日より大すけ引とめなし
廿四日
御き嫌よく局てうちん御覧ニ付御さらな上ル局二ノ間もちうへ物そまいり
の品御覧ニ入ル
廿五日
御き嫌よく
廿六日
御き嫌よく御代香宰相典侍為佛華光院宮様御一周忌ニ御引上御法事有候
りを合御代香宰相為
廿七日廿八日廿九日
御き嫌御よし〱

八月一日

御機嫌よく参賀御對面御こち御はか海上御靈御すゝ御ふく所より上る朝からさか別當典侍殿少將内侍殿能と殿准后さまへ御口祝まいる儲君さまへも御口祝御すゝ御重さかなまて御盃旨八さく御内々准后さま方ゟゆふ御あんこ儲君さまより表向はい〳〵人形うにやう上りの〳〵夜ニ入御盃御三こん一日の御通り二こんめ小らゝ里御三こんめ長はし殿おしやく跡の盃も有

二日

御き嫌よく御拝あり

三日

御き嫌よく御拝御参り御供大すけ少將内侍殿常丸殿能登殿

四日

御き嫌よく儲君さま御まいらい後御礼九月下旬親王宣下旬《マヽ》仰出候御悦申

上ル儲君様御礼ニ成常御所まて御三こん御きらつきまいる御三こんめ天しやくまて御戴御通り毎之通り儲君様御召し御召られ御直衣高松殿御盃さらに御こふあ召まて一こん出ル御くもへおしの御三こん天しやくまて御んさゝたえりそき尤儲君様其御海ゝに成らせられ一の御間まて御すい物御すゝ御重肴まて御盃参る大すけ長はし殿御通りいさゝきれ也准后様儲君様へ御悦ニまいり御口祝

五日

御き嫌御よし〳〵夕らさ御黒戸へ成

六日

御き嫌よく御代香おもて方御花御焼香まいる

七日

御き嫌御よし〳〵新いし三人伺福み三河守高し殿筑前介久野長門介伺御礼有御けいさい御祝義准后様より三百疋

八日

御機嫌よく瑞龍寺様ほんの御礼ニ御参り御口祝御すゝ御重さかなニて御盃まいる蓮観院様信敬院様御盃下さる長はし様御しやく觀實院様長春院様同しく御盃下さる申口まて御去ᅀゝめくもし御くわしも下さる瑞龍寺様御きん上物御ちうろうこなᅀゟ御ゐもこ入二ッ御文ちん宮様りᅀへも御せん子御人形御包物　敏宮様和宮様より御袖入御風呂ん御包物こなᅀまて出來候也三頭へ小ちきろうさんく物やうし候し二ッうちも五本つゝいゐゝた候也

九日

御き嫌よくほんの御礼知光院様玉蓮院様参られ御對めん御すゝ御重さかなまて御盃下さる申ノ口まて御去ᅀゝめくもし御くもし下さる准后様へも参られ御そもまてくもし下さる

十日

御きげんよく大分の地しん

十一日

御きげんよく御拝あらせられ関白殿ゟ参りゑいめん今日伊よ殿ニ仰付られ

十二日

御きげんよく御拝伊よ殿ひろめに付こもくゟ一重ゐんし十そくゟまな三しゆもらひひちりめん一反ひとひ遣はし今日ゟ水白《カ》一反先例ひちりめん三種ゟまな添遣はし候也

十三日

御きげんよく有栖川宮殿ゟ手ならひニゟ参り今もん放生會ゟ神事入寺相殿別當殿一夜下り

十四日

御きげんよくゟ丸火入明月ニて一こんの御盃まいる

十五日

御機機よく放生會ハ御當日はおし鳥毎之御通り

十六日十七日

御き嫌よく

十八日

御き嫌よく御まつり准后へにて御拝大すけ正忌にて引

十九日廿日

御機嫌よく　大引

廿一日

御き嫌よく御久ゝにておとり蓮観院ゟ観實院ゟ心浄院ゟ知光院ゟ蓮生院ゟ玉蓮院ゟ信樂院ゟ妙染院ゟ御参り御包物下さる

廿二日

御き嫌よくとう留人ゝ御間物聴雪にて下さる

此あと白からにうつしおし

（端紙挿入）
萬延元年十一月十四日
新嘗祭に當日暮過おもてくし玄んもん長はし為まいらせの初夜一刻前長
もし為能と為まい候初夜半過り系候あらつき玄んもむ
四ッ半過にする〳〵済まいらせ
今年より親王様もに目さめ成セ候に玄らせ申れにくしもあらせまいらせこ
あさよりの清きにまんほう大すけ戴親王様より上まいらせ
に清まにまんほう新すけ為戴申さるにこしにちやうあしにあり明もにあ
んと計おもそにこし申出す
十五日
にかり床セち為出洗あらせ候にめしの内侍長はし為
十六日
十七日
にかり床にくしにはつと遊いされは

御かり床まんぢさい表内見

十八日

御かり床關白殿御参り

（端紙挿入）

十一日

新嘗會ハ當日桼役仰出されハきんの內侍少將內侍ゟ之の內侍新內侍ゟ供奉能とゟ伊賀ゟうぶめハむいきん大ハちの人之んとうゐちこゟ仰されハ一のうぶめ尾張梅あゝかつへ仰出さるぬひ司右京大夫へ大すけ申渡す豐明さち會も少將內侍ゟ新內侍ゟ供奉能とゟ伊賀ゟへ仰出さるゝ

萬延二年酉

二月十九日改元文久元

萬延二年酉正月十四日

御機嫌よく親王御方はむさ〳〵にて二日御礼の所は不気今日成らせられ常御所にて二こん乃は盃皆一こん大すけ上二こんめ天しやくにて御戴高松殿はちの人は盃二枚出ル高松殿天しやくにてれたゝきはちの人中の口にて親王御方より御花生上られ〳〵

十五日

御機嫌よく御かも二之は間にて御祝被遊朝のはせん出る常御所南は向七種御かゆは祝あそはしは跡よりのまん〳〵ふすましは也はもいせんは手なかかけ帯夜に入とんとくし小は所へ出御は引直衣めさるゝ入御後はちかりきはかもにて一こん南は向准后方ははしめは通りこわくははせん五つきぬ毎之はとをり

十六日

は三こん中さかつき公家しゆ二十八人

御機嫌よく踏歌節會六ッ半過表くし　出御常御所にてこくきん出るまんの内し長橋为しの内し少將内侍殿御下御無人にて伊賀为一人くもおはり入御成それより御ふくかつきにて御内〻ならせられぶき済入御成

十七日

御機嫌よく三毬打にて小御所へ　出御成御引直衣めさる〻　入御成一こんの御盃まいる　准后为御はしめ御通り

十八日

御き嫌よく准后为へ　出御もしめ親王为准后为御出むかひにて出させられ上段へならせられ御三こん御盃親王为准后为御通り御戴御三こん准后为御しやくにて上られ御くもへ内侍上らる〻御盃かわらけ二枚出親王为も御盃御ゐたゝた其まゝ准后为御戴あそはし夫御とをりに成候也御口祝准后様上参らせられ御祝出る御やきかちん御きしももり出る

御そうに御ゑきかちんと御引かへ御きしと御すい物御引かへ御盃親王殿
准后殿御戴遊はし御通り
大すけもしめ申の口にて御口祝御んもみ御くわし出るおくにて御一こん
いたゝき御によによ閑白殿中納言中將殿御對面御かみ入御手つから旨御
二方殿より御まいる上〳〵大すけはしめへ御乙事かる御たいさかな四つ
半過入御後二かもり准后殿へ系り御盃御玄やくにて戴候也　出御中親王
殿へ御礼申入御口祝大ふくいたゝき候也

十九日

御き嫌よく舞御覧鶴ほうてう小御所御引直衣御すそ宰相典侍殿へ御頼中
は七ッかひ太平樂にて御盃親王殿准后殿御盃御戴大すけはしめ御通り御
いもみもすゝ舞樂四つめにておもて御かいめん六つ半過舞樂濟をの
入御成御つくもんの御せん

廿日

御き嫌よくおもて御對面有靈かんしの宮様御礼に御參り御引直衣にて御たいめん御口祝御前にて御ゐもみ出ル申の口にて御せん御みきかちん御くわしもいつる准后様へもならせられ御間物なし觀行院殿信樂院殿御礼御對めん御盃下さる寛てい殿も靈かんしの宮様御前にならせられうち寛てい殿御たいめん

廿一日

御き嫌よく蓮觀院殿信敬院殿御礼御引直衣めさるゝ御對面御盃下さる觀實院殿同斷

親王様准后様へも參られこなた申口にて一こん御さし玉御くわしも下さる

廿二日

御き嫌よく瑞龍寺様御礼常御所にて御對面二こんの御盃二こんめ上けられ御くもへ長はし殿　天しやくにて御戴中段口にて瑞龍寺様御しやくにて

何事もいなゝきは也難波の間にての口祝旨の志りそき中口にて御膳親王様准后様へならせめ〳〵

心浄院へ観世院への盃知光院へもしめも同断の祝の認メ下さる准后様す

ミ婦り気め〳〵一こんの空し玉のくわしも下さるの無住上ろうも有

廿三日

御き嫌のよし〳〵

廿四日

御機嫌よくの會始　出御のきん葉室頭辨へ七つ半過入御常の所にて二こんのの盃のもいきんの手なあの通り有

廿五日

少ゝの風のあり床の當分

廿六日

のかり床長もしへ両寺御代香霊あんしの宮様へたくより壹両大すけより

も半分御くやう料上ル

御かゝり床御當分

廿八日

御かゝり床大すけへ御神供仰出さるゝ

廿九日

御かゝり床

二月一日

御かゝり床御神くう大すけ能と殿春の參り

御くま進上參賀御對面ならをゐに夕かた御盃御三こんかさねかへ男か

ためし申さば御通り常御所春日祭御丸火入少ゝ御むさ〳〵御きよめ御な

もこなん御神事中の御はいかへ御用ひ御はかまなとも御常の御きよめ

二日

御かり床弥御よろしく少允伺明日御床はらひ御よろしく申上ル

三日

御機嫌よく御床もらひ春の關東使御對面なし御神事とけ

四日

御き嫌よく

五日

御機嫌よく兩寺御代香宰相のすけ爲御花御燒香御くわしも旨

六日

御機嫌よく御正忌常御所御庭まて御もい御黑戸

七日

御機嫌よく御清め御湯あらため

八日

御き嫌よく小御所御當座もしめ

九日

御きげんよく上てん御學門《問カ》所御くうしよならせ候御引直衣めさるゝ小御所にて御こうしやく有

十日

御きげんよし〳〵

十一日

御きげんよく神宮御法樂知恩院宮御おもてより御參り御菓子上參らせ候御小座敷にて御對面御口祝御すゝ御重さかなにて御盃御くわしも出ル蓮觀院御寺《マヽ》ニ參候申口にて一こん御きこしめ下さる

十二日

御きげんよく知おん院方丈年始御礼勅會御戒師御礼參内御服男か御親王御准后御へも御礼御同所こなた白か金五十枚御さかや十巻杉原十帖まん上

十三日

にき嫌よく御代香おもてより
十四日
御き嫌よく
十五日
御き嫌よくふもん會親王様准后様よりもにかけもし上らるゝ中務卿宮様にはしめ十帖に法中様かたよりも上らるゝ大すけ始も内外にかけ物
十六日十七日十八日
御機嫌によし／＼
十九日
御き嫌よく改元定に付朝かれゐ　出御に引直衣に三度め日御座出御に打もかまにふとへ
文久元と定めらるゝ長もしゐに申渡しに祝申入

廿日

御きけんよく南都西三位女下ろうにめし出されきよたかゝ御湯いたし候宮様五ツきぬ常御所ゟては盃たふ

廿一日廿二日廿三日廿四日

御機嫌はよし〳〵

廿五日

御きけんはよし〳〵天神かきんつもれは通り　親王様ゟも天神かけあらた

のしこう尺文はこぬきおもしぬひとりたもこ入一ツ大すけ親王様のいたゝき無地黒ぬり一番内み白ちりめん一巻はかみ入五ツぬひとりたもこ入

三つはかんさし二本は人形いぬきんちやく一ツ

廿六日廿七日廿八日

御きけんよし〳〵

廿九日

御き嫌よく春日社かりゐせん宮ニ付よいよりハ神事せん宮いぬの刻ハ清きハなゝ召しハふくハ拝の節の先さ候　常御所ハ庭へ下御あらせ候もつななら雨き故なさしニて御拝あらせ候何ゑもおなみれ也ハ神事入そう火なはるハゑもこ求ん何もハ神事中のハ用ひニ成れ也

三月五日

御機嫌よく中宮寺宮さまハやう後ハ礼ニハ参内御花生ハしん上あなきハ間ニてハ對面ハ口祝申口ニてハ膳准后さまへもならせ候

こなたハ表ハ庭ハ内きハ庭ハ拝見聴雪ニてハちやのこハ戴遊はしハれと海ハゑいめん

ハくわしこなたよりハ手つならハ文こ内ニハなみ入ハ筆洗ハつまふくろなしら〳〵へ嶋ゑゆをおもしあせちれすけゐもしめ小ふんこハ兒も小文こ

六日

御機嫌よく瑞龍寺様より攝州中山寺鬼子母神様御参内ニて御服所中段ニて御拜ニ成

瑞龍寺様皐諦女神様開運妙見様御一所ニ参内御備御くハし御花白ゐ并女中一とうゟも御そなへ上ル

七日

御き嫌よく参内殿御花見ニ付夕御膳上段ニて上らせられ長もし為へ御前ニて御まんも一反御手つゐら御包物御くみ物下さる植木物御覧ニ御入夕ゐたより御間物御重さかな出ル長橋為御盃御戴何事も御ゑむさしきニて御したゝめ　親王様准后様へ別段御重組御上親王様くもし成らせられ節は文こみは末廣一本御手遊もの御上入御のせ川御上へ御文こにもい〳〵御人形御ゑき物二種入御上女中へも九こん色〻御地そう毎之通り

八日

御き嫌よく御ふゐなに御はちの御膳きそう近しゆ拝見一こん下され大に賑

九日

御き嫌よくに御すゝみ所にふゐな様にはたつき

此後の心おほへ乙え申され六月に成

六月一日

日そく御神くう寅刻長はし様参賀に對面あらせられて四ツ二刻前より御殿

つゝみ六位旨玄よく中はあまえしかし親王様准后様へに礼よ参るに口祝

有夜よ入にさかつきに三こん重ねせられ男方めし申されあとの盃も有

二日三日四日五日

御機嫌よく

六日
御き嫌よく候代香あぜちのすけ殿
七日八日九日
御き嫌よく
十日
御機嫌よくゐちこ嶋候くし
十一日
御き嫌よく候學門所(マヽ)候當座敏宮様上ろう園池〻もし先月廿九日上ゟ今日もしめてこなたへ氣の〵お茶ち殿より硯ふた肴候もらひ申大すけよりおそ染あた〻らあたらしきの進上新大すけ殿よりさらし一疋長橋殿より候水(マヽ)一反大候ちの人より嶋しゆすおもし人形一ツ
十二日
候き嫌よく土用の入候まゐ戴親王様へ上其まゝの候返し准后様へ上ル候

返し有

十三日

御き嫌よく候代香おもてより

十四日

御き嫌よく候たん生日ニ付常御所中段ニて候盃大候ちの人別段候盃たふきおんの忌ニ付候盃一こん候引つゝたニ出るミあ〳〵すゝしうら着用

十五日

御機嫌よく候拝候法樂

十六日

御き嫌よく御拝候参り候かつう毎之定をり　男方候盃七ツ前常候所上段ニ成二こんの盃有候内義候盃候七あつう候祝あそはされは水仙出ル准后准后候はしめ御前ニて大すけもしめも祝は也　候通り一こん仁門准后候袖とめニ付こわく候候てうしこんふ上〳〵かしら〳〵へもこわく候こんふ

一折戴候也
候せわニて大すけへこわく候二百疋いたゝき大すけなも一もんふんこ一
折こん

ぬ五十本又あ

たよりまわた二ゆひこん

五十本い

たき候也

十七日十八日十九日

御きけんよく

廿日

御きけんよく候湯き候ゆ

廿一日廿二日廿三日

御きけんよく

七月一日

御きけんよく候拜候神くう宰相れすけ爲參賀候對面候こち候はかま親王御方
准后御方候口祝御夜ニ入候盃候三こんまいる

二日

御き嫌よく御拝御参りあせち為御すそ少将内し為御児下たち

三日四日

御き嫌よく四日新大すけ為局香衣勘定富嶋いたみふにてえ参られ色〻御もたせ戴れ也

五日

御き嫌よく新待賢門院様にて御そうしん

六日

御き嫌よく新待賢門院様御正忌に付御そうしん長もし為御水向に泉涌寺能登殿も参られ御花御焼香御くわしも参るもんしゆ院へは按察使典侍為御代香今日の御機嫌伺まいらせ候敏宮様和宮様より御くわし上まいらせ候

七日

御き嫌よく御ゐゝきめさるゝ朝御盃参る参賀御對面御するゑ御はかま親王

宮准后宮御口祝肴親王宮へ御すゝ御重肴ニて御盃まいる御通り大すけ計

御三間ニて御梶被遊御かち七枚御硯七ツひとつ〳〵かえ上ルこんとん中

へ入もとより折御さき御よこ立よりかけ御うらニてもちらしそろは御よ

こ計夜ニ入御盃御三こん長はし為御しやく御小かはらけ有

八日

御き嫌よく

九日

御き嫌よく大御ちの人めて度事ニ付きりむきこひきん上二こんの御盃大

御ちの人別段御盃給ふ法中参内御對面御ふく男かた

十日

御き嫌よく

十一日

御機嫌よく御拜神宮御法樂御めて度事ニ付御三間ニて親王宮へ二こんの

御盃まいる二こんめ天しやくにて御戴御通り下段にて毎之通り初夜半過
より七こん御盃御三間にて五こんめ重ねられ四こん小のゝ里あをちな御
はいせん男のたも済六位御盃待参りそきれへも大すけ御もいをんに立五
こんめ天しやく六位待参りそき御こんすまし御ぢんにたつ申の口にてこ
んさの川き有親王様も七こんの御盃三こんに重ね候上段に成御わらは
御直しめさる

十二日

御き嫌よく和宮様より御ゑん組に付何のと御せ巳仰候三頭へ三枚つゝ
大御乳人駿河とのへ二枚紅白御ちやうちん親王様へ上る和宮様さるれ刻
比御気内御見事御よせ肴御とうろう上候御口祝肴御一こん御膳進し
候大すけ初御硯ふた肴戴御れとま亥半刻過

十三日

御きけんよく御代香あをちれすきな四ッ半比な候御機嫌伺文気る

十四日

御き嫌よくめて度親王御方より御よせ肴上られ御口祝御すゝ御重さかなにて御盃まいる御くわしも出今日のおんの人々より御てうちん五もりしん上高松殿御乳人申口にて御祝御すいもの御くわし下さる御とうろう御覧に成

十五日

御きけんよく参賀御對面御する御はかま准后御方御口祝准后御方長橋殿大御ちの人もすのの御せん御添肴一こん御盃御通り長はし殿大御ちの人別なん御盃たふ夜に入御三こん御盃まいる二こんめより男かためし御三こんめ天しやく六位もすゝ御こんにてうしすゑり大もけ御ぜんに立

十六日

御き嫌よく玄あし少々御風心御用心願御かり床御薬御あきんあいきとう例年之通りもちより大文字御覧御てうちん御とう籠御花くもり関白殿入

道様へもまいる

十七日

御かり床高しにて伺

十八日

御かり床御靈御出御ゐ里床中故夕ゐた

出社のをつ大すけ御名代きり火清湯いたしれ事親王様も御拝

十九日

御き嫌よく御床はらはをいよ〳〵御よし〳〵様

廿日

御きけんよく高しにて伺御よろ敷申入御湯御進ゐし申上ル

廿一日

御き嫌よく桃園院様御百回御忌に付般舟院へ長はし為泉涌寺御代香大す

け御花御くわし御焼香参る御心さし御くわしも有

廿二日

御き嫌よく綾小路殿御小さしきへめす

廿三日

御き嫌よく和宮さまより八もた御参きんのせ川鳩のゑまゐゝり御覧に入まいらせ候
御ふみ参りすく〳〵返し申

廿四日

御き嫌よく

廿五日

御機嫌よく仁門さま中元御礼御参り御小座敷御對面御口祝御すゝ御重肴に
て御盃御間れ物御一こん申御あふき一箱上まいらせ候

廿六日

御き嫌よく御代香宰相のすけ殿御花御くわし御焼香まいる佛華光院宮さま
御三回忌御引上ケ御法事に付雲龍院へも宰相のすけ殿参らるゝ御花御焼

香大すけもしめよりも御機嫌伺御くわし上る
親王さま准后さまよりも御くわし上る〳〵
廿七日
御き嫌よく御法樂
廿八日
御き嫌よく親王さま御手習有栖川宮さま御參り御三間にて被遊候御別殿小御
所御盃御三こんまいる御三こんめ長もし殿御しやく殿上人鳥うたはるゝ
廿九日
御き嫌よく御神くうあをちれすけ殿へ仰出さるゝ
晦日
御き嫌よく
八月一日

御きけんよくにて拝にて神くう按察使典侍ゟ春れ参りもいたされ御くま上る
参賀にはいめん御すゝにはなま
二日三日四日五日
御きけんにてよし〳〵
六日
御きけんよく御代香おもてより
七日八日にてうちん
御機嫌よく親王ゟ准后ゟにてうちん御覧
五種のにてよせ肴上る〳〵にて一こんにてもち物色〻ゐのものにて覧ニ入る〳〵
大すけ初もにてちそうにて品物もこのミ戴候也
九日
御きけんよく來廿三日巳刻御筆にてきぬぬ始もやし伯耆守仰付る〳〵
十日

御き嫌のよし〳〵

十一日

御き嫌よく和宮様内親王宣下の悦御使五百枚女中一とうへ百枚戴候也實

蓮華院宮様の百ヶ日御そうしんなし

十二日

御き嫌のよし〳〵

十三日

のき嫌のよし〳〵の代香おもてよりおう生會の神事入宰相のすけ為別當

典侍為新すけ為衛門内侍為下らるゝ

十四日

御き嫌よくの無人准后様の早くより參り十七日のうけ御祝ニ付敏宮様の

參内成候ても御さしつかえあらせられに候や藤崎の使の參りの様仰進し

られ

十五日
御き嫌よく石清水御法樂の小座敷にてよみ上有はなし鳥例年之の通り夜に入月御覽
清凉殿の丸火のなをしめさるゝ准后様の初
十六日
御き嫌よく輪門新宮様の月乙に付こわくのこんふ五十本のてうし上られ〳〵かしら〳〵へこわくのこんふ大すけの世話にて別段こわくの一ふた白羽一對代百疋大すけよりの花生一箱こんふ五十本上る
十七日雨
御き嫌よくのうけの祝に付舞樂親王様より御みす屏風上られ〳〵准后様より二福對御かけ物女中一とうよりとさやうそくの兒も上られ〳〵敏宮様巳刻の糸内のよせさせれ上られ〳〵女中へものすもし戴れ也のないい出亥半刻過の文こ内ニあらなんのぬひ皆所〻よりの文こいろ〳〵上ル

十八日

御き嫌よく御霊まつり准后様へ出御

十九日廿日

御き嫌御よし〳〵

廿一日

親王様御うけ御祝こわく御一ふた御肴一折御よせ肴上り〳〵御賑〻女中一とう御くしもいたゝきに参る御無人にて大すけ長はし様伊よ様参り仲間〳〵名代にて戴ん也

廿二日

御き嫌御よし〳〵

廿三日

御き嫌よく御笙はしめ辻伯耆守小御所上段東御向御座正親町大納言様四

辻中納言殿むさしに着座にて筆始ニ付あしら／＼よりにてまゐ一折宰相のすけ殿初よりする／＼一折進上御遊小御所東むさしにて會始とたなしにて座な・あら南へにてせん葉室頭弁殿上段御まんなあより出かの／＼申半刻過入御成

廿四日廿五日

御機嫌よく

廿六日

御機嫌よくにて代香徳大寺殿参らる

廿七日

御きげんよく宰相のすけ殿所労別當典侍殿殘りニ出らるゝおく方にてせう人初まけニてあなれかちん上らる

廿八日

御きげんよくおく方殿にて奉公人ニ仰付の／＼わらはすゝしうらはらまにて礼申

入らるゝ親王御准后御へ參ル口祝の祝酒出ルの神くう大すけへ仰出さるゝ

廿九日

のき嫌よくの神事入手あしさからるゝ

九月一日

御機嫌よく御神くう大すけ常の所ニ成御こなのはあま日〻の御代參も大すけ參賀の對めん有朝あ出ル大すけ長はし局丹波局夜ニ入の盃の三こんまいる二こんめ小あゝ出の三こん長もし局のしやく

二日

御き嫌よく夏御そくたい仰付ル上ル

三日

御き嫌よく和宮御修學院へならせルの來十四日卯半刻仰出さるゝ今參

さまへ下り中乙舞一とうより五種よせ肴進上
四日
御きけんよく御小座しき綾小路さまめし御きれお
五日
御機嫌よく親王さま御手ならひ有栖川宮さま御参り
六日
御きけんよく宰相さま少將さまよなか過上らるゝ
七日
御きけんよく宰相さま少將さま御花しん上
八日
御きけんよく御まわた小きく關白さま准后さま宮さまへも參る夕方一こん御盃御
まゐためさせの〳〵女中も戴めさせれ男かたも有和宮さま十月二日卯刻御門

出仰出さる同廿日御おつに仰出され候御悦申入る

廿八日

御機嫌よく御なる六つ親王宣下ニ付こなたゟ長もし為御使にて御まん一箱御馬代半金三枚御末廣二本まいる親王様御式なる半過親王様御くし御とられ夏の御直衣めさるゝ二疊ゑいに成られ候御ゑゝ様關白様中納言中將様ならせ候高松為うちきにてせんちうき取申候御覽に入候准后様關白様御きわ遊はし進し候御内々御上もならせ候御覽すくく入御成こなたへも御まな一折あしらくより上ル准后様へ御肴一折大すけ始ゟ上其まゝれ御返し親王様へもかしらくゟ御まな一折御式濟られ候後長はし為御使に参らるゝ親王様より御まな一折いたゝきれ也中務卿宮様より親王様へおあけ臺進し候

廿九日

御き嫌よく親王様御礼にならせ候常御所にて御盃まいる御三こんめ天

しやくにて御いたゝき御つゝきに高松為天しやくにて三こん戴申されは
しりそき一之御間にて御すい物御すゝ御重肴にて御盃旨御通り御もいを
ん御手なの計有栖川殿へ上り合の御まなこなたよりの文にて出ル

晦日

御き嫌よく親王殿へ大すけ長橋為大御ち参りは様高松為より口上あり三
人参り御ちそう戴下段にてお八百為はしめ一所にいたゝき大御賑ゝ御つ
きにて尾張もしめも三かはりに参る

十月一日

御き嫌よく御拝御神くう御無人にてあなたへ付候日ゝれ御代参宰相の
すけ為准后殿おゝなの御いたみ御不参御断仰入候親王殿御参御口祝旨
参賀御對面御こち御はかま夜に入御盃御三こんまいる二こんめ小のゝ里
御三こんめ長はし為御しやく

二日

御き嫌よく御拝敏宮様より御まな藤崎御使にて上らるゝ女中一とうへもすもし御乙肴いたゝき候也

三日

御き嫌よく御拝候のこ御しう儀御玄猪例年之御通り夜に入御盃御三こんまいるはちき下さる御律く〳〵御なをし御左御袖おふひつきまいらせ候准后様はしめ御つく〳〵きぬの袖おふひ御三こんめ長はし殿御しやく

四日

御き嫌よく観行院殿はしめ親王宣下御する〳〵御悦ミな〳〵不斜

五日

御き嫌御よし〳〵

六日

御き嫌よく御代香表より

七日

御き嫌よく親王宣下御悦瑞龍寺様御まいり御庭の菊上らせこなたより御花生御すゝ御重さかなにて御盃参る大すけ計御通り戴く也聴雪にて御間物御庭おもて御庭も御拝見月きい殿も参らせ御庭紅葉拝見にてきつい〳〵有かたかり

八日

御き嫌よく蓮観院殿梅仙院殿始参らせ御對面御すゝ御重さかなにて御盃下さる中の口にて御したゝめれもし御くわし下さる准后様へも参らせ御庭菊紅葉にて兩役近しゆ九こん下されれ

九日

御き嫌よく和宮様御こゝ済に付大すけ御あや新大すけ殿長はし殿御ぜん

ま御もくろく

十日

御き嫌よく泉涌寺御代香宰相のすき為御花御焼香御くわし御心さし御くわしも有ゐ候て御き嫌伺願ニて十一十二下り十三も同人参候御代香

十一日十二日

御き嫌よく御拝有神宮御法楽

十三日

御き嫌よく新朔平門院為御正とうもんしも院御代香長はし為泉涌寺宰相のすけ為御花御焼香御くわしも皆御清め御湯よおゐ過

十四日

御き嫌よく御痛御こりならせ候御痛そうの様ニ成候にて御おとよく御ちりあそはされ候様ニいし子御かう薬上れ

十五日

御きけんよく高し御伺候薬候おけん候いのこ候玄猪親王様候はしめ申出し

めてたく夜に入候盃候三こん肴候つく〳〵候なをし候左候袖おふひつき

めてたく候玄猪一二出ル候ちおつき候三ぼう候西向にて一こん上ル御はち

きも下さるゝ候三こんめ長はし成御しやく和宮様関東へ廿日候下向に付

候いと佐候参内巳半刻過候参り申口へあらめてたく候くし上候五ツ衣めし

めてたく常御所にて御對面二こんの候盃まいる一こんめ候通り二こんめ天

しやく五人の上ろうも天しやくにて候盃下さる志りそき申され　和宮様

候いらゝ其の候盃下段にて候通り何もいつもの通りなり一之間にて候口

祝候せん候一とをり其中觀行院成候膳候下上ろう五人候志たゝめ下さる

其後親王様准后様へ候参りあなたにて候盃候一こん進しめてたくわん御あ

おごらん候すゝ㐂候すい物候重さおあ候一こんにて候賑ゝ

富小路成もめしれ也觀行院成も候前にてくもし下さる上ろう五人も申口

にてハすゝハ重さかなハくわし小袖五人へ下さる

十六日

御き嫌よくハ礼文参る

十七日

御き嫌よくハすい物拜領宰相典侍様能登様今日より附進しまいらせ中の口に
てしゆちん表裏ハなか二十枚兩人へ下さるハ對面はり海ハ手つからハふ
んこ内にハく乙物ハきやう色ゝ下さる
親王様准后様へもハいとまに参まいらせハ祝酒下されハふるハしゆちんハふ
くハぢゆつ内にハく乙物いろ〳〵入三枚

十八日

御き嫌よく今日關東使ハ對面ハふく男かた此度和宮様關東へハ縁組ハ治
定仰出されハ使越後参まいらせハ返とう宮様ハ直ニ仰まいらせ越後様嶋しゆす
おもしハ盃ハ人形下さるこなたへハ悦申入和宮様へもハ悦申入和宮様よ

りこなたへ御礼親王さま准后へ御吹てうの御文まいる

十九日

御機嫌よく光格天皇さま御祥當來月御神事中故御引上今日御法事按察使典侍為御代香御花御燒香まいる

廿日

御き嫌よく

廿一日

御き嫌よく有栖川宮さま親王さま御手習ニ御参り御三間ニて遊はし候

廿二日

御き嫌よく御つぼの御口切ニ付親王さまならせられ准后さま御むさ〳〵ニつき御不参敏宮さまよりうす板二枚上候親王さまより御まな一折おもてめしの御人數御礼申入らるゝ准后さまへ御紋りんも敏宮さま和宮さまへ御紋りんすまいらせ候所御紋ちりめん〔脱アルカ〕親王さまへも御紋ちりめん参らせ候

廿三日

御き嫌よくわしのふ頭中將拜賀にて朝あ出ゐ成御引直衣めさるゝ

廿九日

御き嫌よく御かり床なあふ　御よとゐ今もん御湯あらせられて御清め御夜食い御常の御火故其後御清め御かり床御ふとん御かひまき御清きのにあはる御もな御見御ふんこもあはるゝな〳〵かはり〳〵湯曉ゐんゐの御もんくし御ちこまはりさんこ出御あらせられて内侍まはるゝ

十一月一日

御き嫌よく御拜ならせられす御神くう長橋ゐ常御所に成御はかま御こち參賀御對面御こち御はかま准后ゐ御早くより御參り御口祝まいる夜に入

にあのものくし朝のさゐ出御に打うちはかまにてとへに引直衣に小て祢りにすそ今参ゐ大すけ長橋ゐ大にちの人五つ衣大にちの人のみ上に盃三こん目二こんめ小のゝ里にに三こんめ長橋ゐにしやく

二日

御き嫌よくに清きに一字不明あそはさる

三日

御き嫌よく綾小路ゐに小座敷へめしにきいた

四日

御き嫌よくに延引神宮に法樂御小座敷准后ゐ朝たはらくに殘り

五日六日

御き嫌よく事成事なし

七日

御き嫌よく今参ゐ朝早ゝ手なし下らるゝ

八日

御き嫌よく

九日

御き嫌よく綾小路殿にて小座敷へめす

十日

御き嫌よく少將內侍殿上の〳〵にて花進上

十一日

御き嫌よく

十二日

御き嫌よくあをち殿清く上らるゝ綾小路殿御きいこ准后殿にて頭つうき長

はし殿も頭つうけ

十三日

御き嫌よくにて小座敷へきそうしもめす

十四日十五日　敏宮さま御むさ〳〵御くこし御まな旨

御き嫌よく

十五日

御き嫌よく石清水御法樂御小座敷綾小路ゟめし御小座敷

十六日

御き嫌よく准后さま御下り中御見まひ御くわし御肴月そく二て六位御殿つ
ゝ乙ニまいるそくは並て御間のもれ出る

十七日

御き嫌よく御丸火入御皇し行水いつもれ御通り条役人〻仰出されは

十八日

御き嫌よく御内乙男ゐたまてならせられ御かく門所迄ミ㐂〳〵条るすこ
し雨

十九日

御き嫌よく新嘗會御當日白御衣御三間に御るんさしきまく御からふつまいり御する御るも三通りとり出し御ふく三通御あさゝめ常御所上段まて御あさゝめいたし御そくたい御する殘し置御からふつへおさめ表へ出し候也　するかとのニて申出候御ゆかた二通出ル御手にこひ六つ暮過おもてうし初夜過出御すく〳〵御湯こくきんいつるまんの内侍少将内侍のし新内侍の供奉いよの伊あの大御ちの人うゑめ御はいせんしんとりるちこの御中入四つ半過藤つほまて上らせまいらせ候物有あかつきしんせんくし御湯御内ゝ出御成御丸火の物おかたつま御ふくらけ御こたつ御神事中の上さには何も濟まいらせ候　入御八つ過けさい朝あせる大床子すゝまいらせ候御手水御ぬか御三度御二あひたあ御右御たらひ御水御左へ上置るちこのいあの入御成御こし御しやうあし御あんと

廿日

御き嫌よく理宮の御御内始常御所ニて御盃肴豊明節會きんの内し長橋の

少將內侍殿いよ殿いの殿

廿一日廿二日

御き嫌はよし〳〵廿二日は小座敷にて此度は神樂は始ては所作ニ付四辻

大納言殿綾小路殿めしはきれ候

廿三日

御き嫌よく

廿四日

御き嫌よく綾小路殿めしはまい候今日江戸ゟは文より

廿五日

御き嫌よく三ケ夜は神樂は神事入系役人〻神事入大すけ長もし殿少將內

侍殿

廿六日

御き嫌よくは丸火入はまし行水あせちのすけ殿今日ゟ神事入

廿七日

御機嫌よく御神樂暮過おもて皇し御湯に成兩人ゆ致し参る御すゝいつもれは御通りさゐ尾張えりそき御所作御座へ成内侍御きんうけ取申されは御和こん中ゐち　入御内し御和琴御まん渡され　入御成兩人御内えんえりそききぬぬきいつもの御屏風のうちにて御そうに御ゆつき戴大すけなりゆいさし又参る長はしゐもなめ候又参らるゝ八ッ過すみ候榊上ル御内ゝの出御もあらせ候

廿八日

御き嫌よく御神供七つ前あさちゐ少將内しゐまいらるゝ暮過おもて皇し出御榊す乙　入御成御内ゝの出御もあらせ候

廿九日

御き嫌よく御神供七ッ過暮過おもて皇し御湯大すけ長はしゐゆ濟参向こおたの御清おもて大すけ拜領中立にて入御風も無おさやか大すけゆ致し

又〻まいる

十二月一日

御き嫌よく御神供長はし殿に拝済かへ　入御成内侍所によろし次第に礼に参り御すゝ毎之に通りに祝酒出ルにとも大すけ長はし殿常丸殿大にち参賀に對めん夜ま入に盃に三こん二こんめ小かゝ里に三こん長もし殿にしやく

二日

御き嫌よく

三日

御き嫌よく綾小路殿ゐもし典侍御やとひニめし出され今日上らるゝにたいめんある名を大弐と下さる准后殿へも参かへ

四日

御き嫌よく

五日

御き嫌よく別殿にて少し御常にあらせ候に小御所御まくら・御あひまき御口祝常の御間ニて御三こん御あさゝ御そうにも出ル准后方も御前ニて御そうに御盃御いたゝき大すけ長もしゟ小御所ニて准后方も御こん出るミな〳〵御通り有明日御代香少將內侍ゟ

六日

御かゝり床御當分少允伺少將內侍ゟ御代香御花御燒香まいる事候御機嫌うかゝひ有

七日

御かゝり床裏松ゟまこ親王方御兒ニめし出され今日上候こなたにて長もしゟ御申渡し御まな一折きん上親王方准后方へも御まな一折つゝ進上こなた准后方ゟ御祝義二百疋つゝ拝領親王方ゟ紅ちりめん御卷物下さる親

王御へ御あふき五本上る御兒三人へ三本つゝ大すけはしめへ硯ふた肴

高松殿むしめへ五種よせさかなゟ別段大すけへ三種よせ肴到來とものゝ人〻

祝酒料遣いす

八日

御かり床はりのくやうニ付一こん御盃御する常御所ニて御通りいたゝ

き也

九日

御かり床和宮御十一日辰刻御入城の事表ゟ言上有

十日

御かり床

十一日

御かり床今日ゟ乙しゆ御むちまり少允伺正忌ニてふ参

十二日

御かり床新大すけ為薄清く御機嫌伺奉書出ル御うけ有

十三日

御かり床少允伺夜に入御あくさみ御茶御香

十四日

御き嫌よく弥御よろしく御床はらひ局東すゝ拂

十五日

御き嫌よく西對屋すゝはらひ玄ん殿へ乙しは御てうもんニ成

十六日十七日

御き嫌よく

十八日

御き嫌よく御靈御火たき御くしの御間にて例年之御通り男末ニても例年之御通り二條為かあき二おけ上りのく

十九日

御きけんよく官位御はた關白殿御參り親王殿准后殿御すゝ拂親王殿御三間へならせらるこなたゟ御重之物まいる大すけ始へ御よせさかな戴れ也

廿日

御機嫌よく

廿一日

御き嫌よく明日御すゝはらひうんそうの殿上人まいらるゝ

廿二日

御き嫌よく御すゝ拂御なる七つ半表引渡しおそく五ッ前御學門《マヽ》所へ成らせらる　きんしあをちのすけ方長橋方也とらの御守大すけもち參る御夕御膳のをつ御すゝの御盃あけもらは御通り小御所まてなつかへ一こんの御盃ミなく〳〵わたあしもらまさしるり男らためし長はし方御しやく大御ちの人御さかな伊よ方御くもへ越後方御あちん初夜前御すゝ濟言上有内外うんそう四ッ半過　入御御三こんの御盃旨長はし方別段御盃下さる

廿三日

御き嫌よく石野篤丸なニ奉公人ニ兒ヨ仰付られ　紅白ニ巻物下さるニ兒ゝ
ちへあふき五本つゝ

廿四日

御き嫌よく

廿五日

御き嫌よくニ神樂ニ神事入大すけ長はしなへ系役仰付られ　神事入

廿六日

御き嫌よく

廿七日

御き嫌よくニ神樂ニ當日八ッ半過
神くう兩人系向中あち迄　出御ニ所作　入御成大すけなるニ内々出御も
あらせられ八つ過濟られ　榊長はしなもちなる

廿八日廿九日　大すけ御神くう神事入

御機嫌よく

三十日

御き嫌よく何も例年之御通り上り物御歳暮乃めて度さ御み喜〳〵めてたしく〳〵

文久二年みつのえいぬ

心おほ覚

績子

十二月十七日　藤大納言ゟ隠居仰付れ〻

正月元日

御機嫌よく四方もいとられ刻御ふく男かた朝かれゐに神くう大すけ参向春れ参りにくま進上御吉書遊ハされ其後に目通りまて准后殿に初に祝にそうもん関白殿に初に礼男かたにもいせん参賀に対面にすゐにもか海御もらため朝かれゐに引直衣にめとへに打はかま大すけ長はしに大にち五つきぬに引つゝき朝かれゐはれのにてんなり夜ニ入に盃うけ取中段もしのに座也大すけ新大すけにあきちに長もしに大にちの人伊よにこわくににてんゐおうの方に向に三こん天しやく中盃也

二日

御機嫌よくに祝きのふに同し朝に盃まいる　親王殿に礼に口祝にいも井出ル表に丸にに対面計にちの人に盃中の口ニて敏宮殿上らぬお対面にに使まて春のにきうき仰言にとし玉ま色奉書上かのし大すけ始に年玉にまもこ入下さる藤崎もまいる

三日

御機嫌よく御祝きのふに同し中務卿宮方御初御礼長橋車よせより御参常御所ニて二こんの御さかつき御もいきん何も男かたさらむしろ御對面もあり

四日

御き嫌御よし〱

五日

御き嫌御よし〱千秋萬歳参内殿へ出御御引直衣めさるゝうつら舞ニて一こん御盃御通り御湯殿もしめニ付御てうし大すけゟ上ル　節分ニて夜ニ入御内〻　内侍所へ御参りいつもの御通り御祝酒出ル　内侍所ニて御上を御とし取〱御一こんも出御もいせん御手から御通り戴ル也入御後御年越の御盃一こんまいる上段ゑはうのかたへ御まめ御まきあそはされ御　きんしの御間中たん内侍もやさるゝ御三間上段別殿長はし方局御まめもやし

四二六頁ノ七、八、九ノ三日六日ト十日ト間ノニ入ル△ハ九日ノ終ノ△ヲウケル　校訂者識

六日

御き嫌御よし〳〵

△御祝御やきかちん御きし御そうに出ルもりもいつる親王様准后様御候たゝ紀の御通りニ成親王様もも里出ル大すけはしめ御口祝御いはゐいたゝき御く己しも戴御一こんおくまていたゝき候也富小路殿も候たゝき親王様へも御礼申入すみゑの御間まて御口祝御茶いたゝき　入御後二かもり准后様へ参り御三こん御盃御しやくニていたゝき候也

十日

御機嫌よく霊あんしの宮様御礼御たいめん御口いも并其後御いもゐ出上ろうあま御對面諸礼御對めん後霊らんしの宮様御たいめんそこう殿も御たいめん蓮観殿信敬院殿對面御盃下さる観實院殿應修院殿長春院殿御盃下さる准后様へも参上なり一こん御く和し御年玉も下さる

十一日

御機嫌よく神宮そうし始に拜あらせられ　神宮に法樂に夕にせんも濟られ　後小御所へ　出御よみ上有

十二日

御きげんよく賀茂奏事始何をきのふみ同しに夕にせん後より上

十三日

御きげんによし〱

十四日

御きげんよく瑞龍寺方に礼常御所にてにたいめんに盃二こん肴二こめんに上遊いし天しやくにてに戴瑞龍寺方にしやくニてにもいたんに手あらやくそも戴れ也心淨院殿に對面に盃下さる蓮生院殿梅芳院殿に盃下さる准后方へも參御なり參御一こんにくましに年玉も下さる

十五日

御きげんよく朝に盃まいる參賀に對めん夜ニ入に吉書三毬打に盃南に向ニ

て一こんに盃こわくににきん五ッきぬに三こんまいる男かた二十五人

十六日

御機嫌よくとうかのせちゑ出御こくきん出ル長もし為衛門内侍為伊よ為
伊賀為初夜半過入御成に内々にふくか川きよて成らせられよなか過せち
ゑ何も濟候由言上有

十七日

御き嫌よく三毬打すゝられ一こんのに盃まいる

十八日

御機嫌よく和歌に會始濟られ三こんのに盃まいるにきん一条左府為

十九日

御き嫌よく舞に覧靏ほうてうある過濟られ南殿へならせられ二ッめ地
久ニてに對面にすそあせちの典侍為へに頼申候何も濟られ　入御くれ

過入御後に間物につくもいのにをん

二十日

御き嫌よくにゐたゝの一こんに盃宛きかへまてハなし

廿一日

御き嫌よくに拜に参りもしめ内侍所に法樂小御所法中参　内今年ゟ護淨院にゑいめん有

廿二日

御き嫌よく今年ハ仁孝天皇様に十七聖忌ニつき霊かんしの宮様へおくゟ二兩とに菓子料金二百疋宛大すけ新大典侍為より百疋つゝ上ル觀行院為へ百疋にくゝし心さし大すき新大すけ為ゑちこ為駿河為ゟ廿五日ニ出ル

廿三日

にき嫌よく事成事なし庭田中納言宣下

廿四日

御きげんよく仁孝天皇様には十七聖忌にあたらせ候孝順院殿知光院殿よりは
くわしきん上はおしこれ人々へ吹よせおもんはもらひ申明日孝順殿へ心
さし三百疋知定もしめへも三百疋送る

廿五日

御きげんよく今日両寺は代香長もし殿伊賀殿も参らるゝ関白様は参りは多
いめんは年忌ニハ霊あんしの宮様へおくゟ二両とは菓子料二百疋まいる
大すけ新大典侍殿ゟ百疋つゝ上ル観行院殿へ百疋大すけ新大すけ殿越後
殿するかとのより

廿六日

御機嫌よく両寺は代香大すけゑちこ殿もまいらるゝ両寺はくわしは花は
焼香まいる泉涌寺ニて大すけ始心さしはよしめのしまき

廿七日廿八日廿九日

御きげんはよし〳〵

二月一日　内侍所日〻御代香大すけ
御機嫌よく御拜あらせられ御神供付られ参賀御對面あらせられ御夕かし七ッ比御盃申の口御もうけ計女房はかま免し候男方めし申さぬ事表へ申出ル仁孝天皇様御十七聖忌ニ付明日ゟせん法こう五ケ日行れせ傳奏廣はし大納言ゟ奉行葉室頭辨ゟおもて御内見ニて御内〻あらせ候一条左大臣殿正親町大納言ゟ冷泉中納言ゟ

二日
御機嫌よく御ひる七ッ半朝御膳御おかみも濟御朝座五ッ前せし出御御香ろう御ぬし取置御せんの事御見ニて仰出されは今日ゟ御行道あらせ候御打袴御ひとへ御乏しらきのをちる乃出ル御きぬ御長きれ山料《マヽ》ゟ御乏しらよ仰付られ上ル御ひあふき御小ひねり御樂壹こ川殘樂濟候御行道御樂すゝ入御なる靈かんしの宮殿御参り

三日

御機嫌よく候ゐる七ッ候朝座まし出御今日ハ候行道あらせられ候御もあ滴せいこ候引直衣上らをめし物有　入御成朝候せん候夕候せん候夕座出御

四日

御き嫌ニく候中日ニて中宮寺宮様候参り候聴聞蓮観院殿候参り和宮様上らぬおなち殿此度ひ候代香よれおらせられ今日参られ候行道

五日

御き嫌よく五ッ前出御候もやく済入御四つ候代香按察使典侍殿両寺

六日

御き嫌よく候朝座候もやく候夕座

七日

御機嫌よく候そうしんとけ候清め候湯ならせられ候まな一折大典侍もしめより上ル

八日九日

御き嫌よく

十日

御機嫌よく知恩院方丈年始御祝義参内ニ付申次葉室頭辨為

十一日

御機嫌よく神供御法樂御小座敷夕方ゟ御かゝり床少ゝ御風邪御當分

十二日より大すけ引五月十日ニ出ル

御かゝり床

三月十一日

御機嫌よく御拜御参り二月三月分為両司中納言中將為御引直衣始常御所よて二こんの御さかつき二こんめ天しやくよて御戴御通り下段

十二日

御機嫌よく御拝大原常丸方昨冬ゟ所労ニて下り今日出勤おくへかいとうもち植御まな二種進上所労中親王御方ゟ御尋御まね御くゝし下されハニつきつゝ乙ぜん金魚上まいらせ候高松方へ口上ニて上ル大すけ始へゑいめん硯ふた肴すもし九こん一とうへ大すけへ御むらあらかひ長もし方よりも御尋有ハ由ニて御まな大すけゟ御まな九こん料として五百疋松野へ銀壹枚

十三日

御き嫌よく春日社御神楽ニ付今もんゟ御神事入手なしさからるゝ關東より御ゑより有御婚礼御式の御品々まいる

五月二日

御機嫌よく輪王寺宮御方御上京ニ付御まん上物有御小座敷ニて御對面御膳進しまいらせ候御目録三百疋外ニ五百疋長き御文ニて紅白ちりめん大すけいゑ礼ハ也

〔以下五行原端紙〕文久二年五月九日

新大典侍ゟ二百石御かそうの御礼申入候御まな御品物かずのこんろ御上大すけへもこ包く御一重黒ぬりもく繪ふんこ内ニ嶋しゆすおもし御もらひ申大すけゟ御まな二種と花生うす板進上一とうへ御すもしかいめん御さかな御もらひ申候

十日

御機嫌よく輪王寺宮御座主宣下ニ付御礼御参内長もし車よせゟ御まいり常御所御對面御かち二献御盃まいる親王御も中段ニて御對面御包られ直衣

十一日

御き嫌よく御法楽

十二日十三日十四日十五日十六日十七日

御き嫌よく

十八日

御き嫌よく座主宮より准后宣下の内意の礼の参りの小座敷御對面旁〻の一こん召

十九日

御き嫌よく九条大納言よりの拝賀ニて朝かれゐの對面

廿日

御き嫌よく

廿一日

御き嫌よくの拝の法樂

廿二日

御き嫌よく九条大納言よりの直衣もしめニ付常の所まて二獻の盃まいる申次長はしゐのはいさん大まけの手なか長橋ゐやくそ伊よゐあ乙ひらい新大典侍ゐこんろ今日進上

廿三日

御き嫌よく瑞龍寺様の附弟乃は宮の方の相續の御ひろめにつきこんふ五十本の内〻の文ニての箱物三頭へのむしもれ料六百疋戴

廿四日

御き嫌よく今日の弁當もしめ別當典侍なこそ位かひのの札今日上ゟのまいる三種の品物きひしよ五ッ上らる年日祝一所よ上ゟ新大すきな衛門内侍な大原なもの膳のまいるさけ上らるゑちこなも

七日

御き嫌のよし〳〵出御なる過白馬節會きん衛門内侍な玄新内侍な供奉伊賀な丹波な入御成馬の覽のもいよちろう下夜ニ入の盃こ包くのの膳五ニ衣也の三こん

八日

御機嫌よく仁和寺宮様知門様の參り常御所ニての盃男かたの内義へめし

七日八日九日ノ三日前後ノ日次チ追ハザルノミナラズ白馬節會ハ正月ナルコト論ナキチ以テ此三日ハ原稿ノ錯違ニシテ當ニ四百十五頁ニ入ルベキモノナリ
校訂者識

難波御間にて御對めん御口祝御きし御やきらちん御戴御ゑりそき申の口
にて御年玉一とうよさまの上ル仁門さま知門さま御乳長はしゐうちきにて盃有

九日

御きげんよく准后さまへ出御もしめ七ツ半比准后さまろう下まて御出むかひに
出なされ　御三こん御さかつき親王さま准后さま御通り御ぬゝき下段にて
御もいせん御手から御通り御三こん准后さま上遊ハし天しやくにて御いた
ゝき親王さまも天しやくにて御ぬゝきのまゝに成准后さまの御通りにて御
はいせん御手から計戴候也准后さま御口いも井上なされ　其後△

廿五日

御機嫌よく親王さま御そく書始廿七日に御内乙にて御覧し御とられふ遊れ
し成らせなされ　瑞龍寺さま御附弟御童おしミ來廿九日御参りの事仰有

廿六日

御きげんよく御代香少將内侍ゐ御花御焼香まいる御黒戸へ成有栖川宮さま御

手習に御まいり

廿七日

御機嫌よく親王様御そく書始御學門（ママ）所中段九条大納言様御付添御もいそん正親町大納言様伏原二位様上の〳〵中山大納言様御内〻よて御まな二しゆ上の〳〵大御ち人よ頼はこなたゟ御まな給り大すけ久〻よて出ス親王様ゟ御まな御まん上御よせ肴有栖川様ゟ進しの〳〵御まな大すけもしめ戴は也御一こん御賑〻也こなたゟ親王様へする〳〵五せん上ル

廿八日

御機嫌よくあせちの典侍様御神供仰出さられは　神事入輪門様准后宣下ニ付御礼御参内常御所ニて二こんの御盃まいる二獻め天しやくニて御戴御跡御盃御拝領御願故御とをりいなゝた申され其儀ゝすゑり御拝領かしらく〳〵三百疋こんぬ五十本新宮様御母義代ニて大典侍御さなや二巻戴は也

廿九日

御機嫌よく瑞龍寺殿ハ附弟ハわらいおしミハ参りハ引直衣ニてあるきハ間ニてハゑいめんハこふ海包一こんハ盃まいるハ口祝瑞龍寺殿ハ同様ハ精進ハこぬ二枚上ルハきん上大すけ新大典侍為長はし為ハさ海や一巻あをちのすけ為もしめ小あんこ内よゑもこ入二ッ大ハ乳人するかとの嶋しゆすおもし親王殿准后殿へもハ参り雨故表ハ庭うへよりハ拝見てう雪ニてハ茶のこハすもしハ一こんも出ルハいと海ハく包し進しめゝ、物

六月一日

御機嫌よく少ミハ風心あらふハ當分よてハかり床あしハ神くうあをちの典侍為参向参賀ハ對面ハこちハもり海瑞龍寺殿ゟハ礼ハ文参る　親王殿准后殿ハ口祝まいる一とうハ礼ニまいる安藝守伺ハ同様よ申入夜ニ入ハ盃御三こん二こんめ小あゝ包ハ三献め長もし為ハしやく跡のハ盃も出ル

二日三日四日
御き嫌御よし〳〵
五日
御き嫌よく輪王寺准后宮ゟ九日ゟゑい山へならせられ御いとまニ御参り
御小座敷ニて御一こん進しられ大ニ御ゆる〳〵御一所ニ上らせられわか
お人〻も出られ大〳〵御かしこまり
六日
御機嫌よく御代香おもてゟ御花御焼香出ル久〻ニて獅子王院宮ゟ御参り
御小座敷ニて御對面成
七日八日九日
御き嫌御よし〳〵九日明十日新いし三人伺仰出されハ表へ申出ル
十日
御機嫌よく御拜有二度め百〻杉山もゝ山しゆ能と介伺御小座敷ゆういむ

近江守二度め伺濟御礼申入

十一日

御きけんよく御拝神宮御法樂小御所

十二日

御機嫌よく瑞龍寺御附弟御得度後御礼よ御参り常御所ニて二献御盃御戴二こんめ天しやく御盃御初て故御いたゝき御とをりあしあむき御間ニて御對面御口祝御二方へまいる御ふさかさより御花むん御花たい御まん上親王御方准后御方へもろう下ゟ御参り申口ニて御すもし御一こん御戴

十三日

御機嫌よく泉涌寺御代香表よ里

十四日

御機嫌よく御たん生日ニ付御かちん御ま那正親町大納言殿へ下さる大すけよりのあみよて御もれあきたゝめ正親町殿ゟあゆまん上夕らさ御一

こんに賑〻常に所まて一こんに盃大に乳人別段に盃下さるに引つゝよき
おんのゐにて一こんに盃まいるミな〱すゝしうらはり海

十五日

御き嫌よく御拝石清水御法楽小御所

十六日

御き嫌よく御拝内侍所に法楽今年新典侍為袖とめ月乙に付こ包くに一ふ
さにまなにてうし進上大すけへもこわくに一重にもらひ申はく繪一もん
ふんこ嶋しゆすおもし入進上す表に盃公家しゆ濟其後に内きに盃一こん
まいるに通り有に目通りにてく包し祝に也少將内し為重服者申の口にて
祝

十七日

御機嫌よく事成事なし

十八日

御機嫌よく來月御法樂御題御清書御きよた御湯

十九日

御機嫌よく新清和院様御十七め廻りニ付御代香もんしゆ院長はし殿御花御焼香まいる泉涌寺御代香あきちのすき殿御もあ御焼香まいる　勅會御法事兩日とも近衞殿より御くもし大すけ長もし殿大御ちより兩寺へ御備金百疋ツヽ

廿日

御機嫌よくもんしゆ院御代香長はし殿泉涌寺大すけ新清和院様へ御くもし御花御焼香參る勅會御法事

廿一日

御機嫌よく御拝春日社御法樂小御所

廿二日

御き嫌よく御拝水無瀬御法樂有

廿三日

御機嫌よく近衛關白宣下御拝賀ニ付日御座御對めん御打もかま御さとへ御引直衣左大將殿御拝賀朝かゑる御たいめん御引つゝき御直衣其御まゝこなたゟ御高つき二基御はし物松撫子親王殿より御ねかひ夏萩關白殿へ御内々御文この内御品々参る

廿四日

御機嫌よく關白殿御参り御小座敷御たいめん

廿五日

御き嫌よく御法樂小御所にてよ乙上常御所ニ成天神かけ御なるし硯墨紙筆水入

廿六日

御き嫌よく御代香おもてゟ

廿七日

御機嫌よく輪王寺大門様は参りは菓子は茶上られ候暑中はき嫌伺はちよく上参らせ候新宮様よりも上られ候

廿八日

御機嫌よく關白様は直衣もしめに付夕かた朝おまゐはたいめんはすそ別當典侍様常御所にて二献は盃まいる二こんめ天しやくにては戴は小座敷にてはたい面は口祝まいる兩頭は挨拶に出ル今もんおもてにてはならし諸大夫の間に成らせられ候かての小路三位様所労むつかしくあさちのすけ様下り

廿九日

御機嫌よく關白様方は礼仰入まいらせ候こなたへはきい立屏風はまゐ一折は文にて上られ候親王様へは礼敏宮様へは花生一箱理宮様へは文これ内にいろ〳〵入進し候大すけ長はし様はあや一反つゝ別當のすけ様權典侍様新典侍様はゑんも一反つゝ少將内侍様大はちの人はゑんもあし《タカ》白ちりめ

ん

三十日

御機嫌よく關白殿御參り御小座敷御對面なる水無月御祝義御てうし大すけ上ル夕ゟさ清もらひおもて召し内侍表へまいらるゝ御内き清はらひの御間ふくしや局手かし申口玄たよ居らるゝおゑもくろ御召し行水いつもれ御通り朝ゟ召ゐにて御輪ニめさるゝ御引直衣御三間下段ニて清人〻也よ入かとへきぬ下ろう迄〻かく〳〵濟二こんの御盃二こんめ々男ゟた出座

七月一日

御機嫌よく御拜御神供御無人ニて刀自へつま乞日〻の御代參大すけまいる參賀御れんめん御こち御はゟ前關白殿御不參親王殿御口祝まいる准后殿御不參夕ゟさ御盃御三こんまいる二こんめ小のゝ召新大典侍為故障

ニて下り今日清く上らるヽ

二日

御き嫌御よし〳〵

三日

御き嫌よく法中参内有

四日

御き嫌よくおゐ勢御逢う人へ今日神まいり致され唐桐鉢植上らるヽ一とうへ硯ふた肴至《マヽ》來一とうよりよせ肴進上夜ニ入上らるヽ

五日

御機嫌よく新待賢門院様御七めくりニ付御代香もんしゆ院表ゟ泉涌寺へ長橋為御花御焼香まいる有栖川様方御内〻御き嫌伺かた〳〵御菓子箱

六日

御機嫌よく御代香上長橋殿御はら里かけ御勤泉涌寺大すけ仁孝天皇様へ
御花御焼香新待賢門院殿へ御花御焼香御くもしまいる

七日

御きげんよく朝御盃参賀御たいめん御する御もの儲親王殿御すゝ御重さゝの
形ニて御盃御くわしも出ル准后殿御口祝計夜に入御盃御三こんまいる御
三こんめ長はし殿御しやく關白殿ゟ花あふぎいつもの御通り御しん上御
小座敷にて御たいめん

八日

御きげんよく

九日

御きげんよく大御乳人めで度事ニ付一こんの御盃御通り別段大御乳人へ御
盃下さる水をんこひ申ノ口にて何坐もそらひ御

十日

御機嫌よく中元の祝義表の内義三仲間ふし每之の通り大のちの人子細所
勞ニて下り

十一日

御きげんよくの拝神くうの法楽小御所よ乙上有のめて㐂事ニ付の三間にて
親王御方へ二こん乃御盃進しまいらせ候二こんめ天しやくニての戴あふきの間にて
ての口祝の重さゐ形ニての盃まいるのくもしも出る夜に入の三の間にて
七こんの盃五こんニかさね御二こんめより公家しゆ仕公正親町大納
言為庭田中納言為石井為殿上人三人六位三人四こんめ小らゝま五こんめ
天しやく四つ半過濟まいらせ候入御大すけのすそニて上段ゟ出ル

十二日

御きげんよく親王御方へのちやうちん赤白二もり白のちやうちん御もん赤白
局家來ニて高松為への口上申進上

十三日

御機嫌よく御代香おもてゟ

十四日

御き嫌よく親王さま御礼御口祝兩親人上まいらせ御すゝ御重さかなにて御盃まいる御祝出る高松殿ちは丸殿御乳人申口ニて御祝御くもし出る　知恩院宮さま御礼ニ御参り御燈籠御覽にならせまいらせ節知門さまも御拝見おもてへめす　入御成親王さま御盃其後知門さまも御盃御いたゝき御くもしも出ル親王さまより御よせ肴上まいらせ御盃のをり御ちのこ付まいらせ兩親人ゝゟ御ちやうちん七もり上まいらせ　袖入かんさし下さる御兒兩人へきんちやく小すゝり箱下さる

十五日

御き嫌よく御拝石清水御法樂小御所より上朝御盃まいる朝かれゐあかし参賀御たいめん御すゑ御もの渡別當典侍殿所勞ニて引口上ニて御祝儀申入

ゐゝ准后ゟ二このもり御礼ニ参り御口祝いたゝき一こんの御盃御しやくニて三こんいたゝきし也大すけ長はしゟ越後ゟ新大すけゟ少将内しゟ駿河との今はん御盃男かためさす大すけ御ちのひいたゝきし也

十六日

御機嫌よく関白ゟ御参り御小座敷御對めん夕かた大文字御覧もちよりあし御燈籠御花くはり

十七日

御き嫌御よし〳〵

十八日

御き嫌よく御霊御いて御拜朔平御門御覧所

十九日

御き嫌御よし〳〵

廿日

御き嫌よく按察使典侍為今日上らるゝ大にち所労引今日心よく上ル

廿一日

御き嫌よくに拝に法楽

廿二日

御き嫌よく

廿三日

御き嫌よく輪王寺准后宮様に参り中元後故にすゝに重肴ニてに盃肴に口祝も有に時計十種音物上かの〳〵女中一とうへもに重之物別段大すけへ木地に文この内千代の乙文ふうし数〻うちも十本いたゝきに也

廿四日

御き嫌よく大分風

廿五日廿六日

御き嫌よく廿六日に代香おもてゟ

廿七日

御き嫌よく御拜に参り春日社に法樂

廿八日

御き嫌よく御拜このミ兩社に法樂小に所

廿九日

御機嫌よく御拜

八月一日

御機嫌よく御拜に神くうに無人ニて刀自へ付まいらせ候 御代参大すけまいる参賀に對面にする為にもら海親王御へに口祝にすゝに重肴ニてに盃にくをしも出ルにくしのに間ニて大樹公より馬にきん上参内殿へ出御にする為にはかま八さくに祝ぎこなたより親王御へに小机伊よ為に使ニてまいるあなたよ利に庭たもこ本ん准后御よりにきやうそく上まいらせ候 こなさ方に庭た

もおぼん關白殿ゟ御燈籠左大將殿ゟ御すな鉢夜ニ入御盃御三こん二こんめ小らゝ里御三こんめ長もしゐ御しやく男らさめす跡乃御盃もあり

二日三日四日

御機嫌よく事成事なし

五日

御機嫌よくけい星出候ニ付賀茂下上へ五日ゟ御祈禱仰付られ

六日

御機嫌よく御代香おもてゟ

七日

御き嫌よく上てん御學文《マヽ》所へ御拜ニならせられ御引直衣めさるゝ輪王寺宮殿へ女中一とうゟ御杉折御くもし上文ハ御物のきへ頼候

八日

御き嫌よく輪門様めし聴雪にて御一こん進しまいらせ候御みな〳〵親王様へ御
印籠二ツ御箱入上りまいらせ候大すけはしめへ白かね十枚三仲間へ七枚戴きか
ちさふ大すけ俄に所ろうにて引

九日

御機嫌よく理宮様御むさ〳〵に付上下御靈御なはらくしへ御祈禱仰付
まいらせ候

十日

御機嫌よく理宮様御やうたい御よろしからたい御つよき御引付御養生叶りまいらせ候
たい今もんより三ケ日もいてう物音とゝめまいらせ候

十一日十二日

御機嫌よく此比の御機嫌伺有十二日御内くさん

十三日

御機嫌よく御代香おもてゟ放生會御神事入手なしふくしや下らるゝ

十四日

御機嫌よく〳〵に丸火入に遊し行水いつもれに通り

十五日

御機嫌よく石清水に法楽に湯あらせられ御直衣にきよしのに清間ゐにす

ゑに直衣一式ならセられ夜ニ入月に覧一こんの御盃大すけ所労権典侍ゐ

にもいせん

十六日

御き嫌よく寶相心院宮殿に入棺にせんにそうしん

十七日

御き嫌よく關白殿に参りに小座敷に對めん青蓮院宮殿此せつ御機嫌伺

まいる　に杉折にくわし上まいる

十八日

御き嫌よく御靈にまつり朔平御覧所に拝大すけ正忌願ニて明日一日下り

清のう神なれミ大もんよやてんとく申付る輪王寺准后様御つえ遣しれ〳〵
御礼ニ御参り
十九日
御きけんよく大すけ今日一日願大はんふやてんとくやしきニて申付護浄院
へ二百疋跡四人へ百疋つゝ認メ御く包し拜領の高川きニつミ出ス
廿日
御きけんよく関白様御参り御ないめん
廿一日
御きけんよく御拜内侍所御法樂小御所関白様御詠草御伺御點し旨
廿二日 春日
御きけんよく御拜りも両社御法樂小御所よ乙上
廿三日
廿四日
御きけんよく御拜かも両社御法樂小御所

御き嫌よく大すけ正忌ニて引長はしなも同斷

廿五日

御き嫌よく仁門様少〻御時氣ニて御參内もなそいしのまヽ御ち刑ア（部ノ畧）御使ニて御せん子一箱まん上親王様准后様へあふき高松なお八百御まう人口上ニてもたせ上ル敏宮様へも上ケいし文ニて出ス三頭へ五本つヽ御ちこ両人へ參へも五本つヽ大御ちの人伊よな駿河とのへ三本つヽ關白様御參り御對面

（以下四行原貼紙）

文久二　八月廿五日

少將内侍な所勞ニ付内侍辭退願之通きこしめされ名ハ少將と下されハ思召あらせられ參内ハ御はたならせられ迄とヽめられ事何も承られ返事有

廿六日

御き嫌よく御代香おもてな

廿七日

御きげ嫌よく御拝御參り御供は大すけ新内侍さま篤丸さま伊よさま越後さま御延引

神宮御法樂小御所より上長はしさま弥《ママ》病少ゝ時気も有引

廿八日

御機嫌よく輪王寺准后宮さま近ゝ御下向ニ付御いとま御參内表ニて御祝酒

舞樂御拝見小御所東ひさし御座おもてニて御拝見青蓮院宮さまも御一所舞

樂濟御内裏御小座敷へめし御たいめん御口祝御せん御一とをり御くわし

御茶御一こんも出ルおもて御よろし次第よかの過か御酒宴八ツ過濟まいらせ候

まゝ〳〵御小座敷へめし御いとま御くわし進しまいらせ候物御手つから高まき

ゑ一二の御文こ内ニ御くみ物二ツ御きせる銀さい工御文ちん御きいさん

色ゝまいる御舞樂御覽後御三間にて親王さまより大門さまへ御はる立新宮さま

へ御机高松さま御口上申入まいらせ候敏宮さまか御花生進しまいらせ候長橋さま申入まいらせ候大

すけかみおひ御くす玉花付一箱新宮さまへ小文こ内ニぬいつめ御たもこ二入

二ッにきせる一本に文ちん水入一ッに盃三枚新大すけ殿ゟ一もんに文こ
うちニにあふぎ二包長もし殿ゟにおき物三しゆ箱入大にちの人ゟにおも
こ数〻一もんぬんこニ入駿河とのゟ二もん家んこ内ニにはの川きのす
〳〵

廿九日

御き嫌よく御神くう大すけへ仰出されは

三十日

御機嫌よく

閏八月朔日

御き嫌よく御拜に神くう大すけ参向御くま上ル朝ゟ出る大すけ長はし殿
伊よ殿参賀に對面にこちにはの海親王御准后御に参りに口祝まいる夜ニ
入に盃に三こんめ二こんめ小のゝ里に三こんめ長はし殿にしやく

二日

御き嫌よく關白殿よりは詠草はうかゝひ

三日

御き嫌よく關白殿へは詠草返しまいる

四日

御機嫌よくは拜春日社御法樂小御所にてよ乙上廣橋一位殿大病に付はく

包しはまゐは内々にてあぜちの典侍殿よりぬゝにて下さるはまゐ三しゆ

この花重陽はく包し

五日

御き嫌よく廣橋一位殿所勞大切にて按察使典侍殿見まひに下らるゝ

六日

御機嫌よく御代香おもてな廣橋儀同殿養生叶申さは今もんより三ヶ日間

はいてう物音とゝめまゐる關白殿は参りはないめん大原左衛門督殿關東な

今日ゟ京にて參られし御本座しきにてないめん有

七日

御機嫌よく事成事なし

八日

御機嫌よく新すけ殿あね殿養生叶申され下りあぜちのすけ殿ゐしきへ下らるゝ

九日

御きげんよくさつま家來嶋津三郎奏者所へ參りてゑむさしたまてまいる上段にて座二ちやうないに成て引直衣にてはりま大すけにすそこなく〳〵御幸ろう下にむかへ居關白殿兩役にてまいりこなたへて太刀馬代黃金五枚大すけ新大すけ殿へ十五枚つゝ大にてちの人へ十枚駿河とのへ七枚

十日

御機嫌よく寶相心院宮殿にて初月忌に付親王殿方にてき嫌伺にてくもし准后殿

よりはくもし一折敏宮御方はくおし上なかく これさよりもまいる

十一日

御機嫌よく神くう御法樂ニてはは清きは事なから俄ニ表奉行所ろうは斷ニ
ては延引仰出さる

十二日

御機嫌よく

十三日

御機嫌よくは代香おもてな新大すきな權すけな云さる所勞ニて下らるゝ

十四日

御機嫌よく大原左衞門督な此度關東へ勅使ニ付は賞として夏御直衣下さ
れ駿河とのは表へ持出らるるは廣ふたニのせ出ル

十五日

御機嫌よく御無人ニ付おため御きう人御奉公人ニ仰付候常御所ニて一こんの御盃下さる其まへ御宮参り御湯殿なとへ衣ニてぬり袖の人ハ御ゆとのつめ袖の人ハ朝のきる五つきぬ也

十六日十七日

御き嫌よく青蓮院宮へ御参り御小座敷御たいめん

十八日

御き嫌よく大原備後権介の所労日立候今日よりまいらるゝ

十九日

御き嫌よく別殿長橋の局へ出御御口祝御三こん御盃殿上人鳥うたはるゝ

廿日

御機嫌よく大原備後権介の日参らし候中元御祝義三百疋戴らし候ニ付七枚夏装束御手つから一もんまきえ御文こ内ニ御きぬ一疋銀地御く乙

物御きせる三まひらさねやきもれ御盃親王方ゟ白ちりめん一巻三百疋准后方ゟ銀地ぬひつめくみものきせる長橋局ゟほらし一反ゑもに入越後局ゟさらし一反大すけゟも紫ほしぬまあとゟ

廿一日

御きげんよく内侍所御法楽御湯ならせられ候御常の御引直衣御清めにてめさるゝ

廿二日

御きげんよく御延引神宮御法楽きのふに同し

廿三日

御きげんよく梶井宮方座主宣下に付そうもん二度有敏宮方へ小ぬた御くもしまいるきつう忝りかの〳〵御礼

廿四日廿五日

御きげん御よし〳〵

廿六日

御き嫌よく先のし少〻御風邪御かり床少允伺御代香おもてなあさちのす
けな清く上らるゝ

廿七日

御かり床少允うかゝひ

廿八日

御かり床長もしなへ御神くう仰出さるゝ

廿九日

御あかり床

九月一日

御かり床御神供長橋な参向参賀御對めんならせられに准后な御参り御口
祝まいる夜ニ入御盃御かり床故のさ[illegible]男のためし申さぬ事大御乳人

にて申出ル衞門內侍ゟ內侍ぢたい隱居願之通り名藤式アと下さる
二日三日四日五日六日七日八日
御かり床
九日
御かり床別當典侍ゟ故障にて下り
十日
御かり床
十一日
御機嫌御床御はらひ例之い御當日　出御あらせ候に御兒にて御拜白河ゟへ仰出さるゝ長はしゟ御代參內じ所へ參られ越後ゟもまいらるゝ春日社御法樂御よ乙上有御く包以し御上常御所ニ成御丸火の御引直衣めさるゝ神宮御法樂も同斷例之以御の香物以川もの通り御印菊御手さけ四重內ゝ二枚大すけ戴

十二日

御機嫌よく内侍所かも両社御法樂にてなをしにてするにて常のにて清めまてめさるゝ

十三日

御き機よく神事とけよ付御機嫌伺文参る關白殿にて参り

十四日

御機嫌よく關白殿にて参り

十五日

御き嫌よく石清水御法樂小御所よみ上ならりにてふくにて常ればにて直衣御はらまにて清めまてめさ候ゝ新典侍殿姉[二]て下り今日清く上の〳〵奉書出ル

十六日

御機嫌よくにて拜白河殿明日正忌にて斷よ付吉田殿へ仰付らるゝ

十七日

御機嫌よく酒井雅樂頭所司代代勤ニ付御まなもしめて進上

十八日

御機嫌よく關白殿御參り

十九日

御きげんよく關白殿御參り別當典侍ゟ故障にて下り今日薄清く成御きげん伺文參る奉書出上らるゝ

廿日

御きげんよく本願寺ゟ時節御機嫌伺御小屛風一双御まな一折會所迄中祢使ニ參る大典侍へも御まな料二百疋到來

廿一日

御きげんよく德大寺內府ゟ拜賀ニ付日御座御對面御打もの海御おとへ御小おねり御引直衣也御對めん濟入御大原左衛門督ゟ拜賀ニ付御三間にて御たいめん御引直衣めさるゝ

廿二日

御き嫌によし〳〵

廿三日

御き嫌よく仁和寺宮御方に機嫌伺に糸に菓子に杉折上る〳〵大すけへも戴候也

廿四日

御き嫌によし〳〵

廿五日

御き嫌よくうけ入人々こふくに一ふたにまなにてうし上る〳〵宰相典侍為なも上る〳〵権典侍為うけ入に付同断進上親王御方准后御方へもこふく御一ふたにのし親王御方三百疋に内々一枚准后御方ゆちんおもし嶋しゆす宰相すけ為に願にてせいこ付帯二すち新内侍為いもゝ色とんも嶋しゆもるに丸為親王御方へこふくにまな一折上る〳〵長もし為へこわくに一重に返

し二もん文こはくゑお八百ゟ大貳藤坂へ一重つゝはまゐ到來高松ゟはち
の人へ一重つゝはちの人おさたゟはまゐ二種おつるはしめゟはまゐ二し
ゆ高松ゟより二もんふんこ

廿六日

御き嫌よく御代香あきちれすけゟ少〻御風心ゟニてはは黒戸はは代もい

廿七日

御き嫌よく酒井雅樂頭參内はあゐの百もひ進上所司代仰付られはは礼申上は
對面は風心よてあらをられぬ事ゑちこゟニて申出ル石井刑部大輔元服よ
付は三間ニては對めん天もいらふ

廿八日

御き嫌よく右京大夫隱居願之通今日仰付られ名大瀧と下さる是迄通りの
戴ものおくゟ五枚きんほう小袖下さる口ゟ七枚新大夫右京大夫小大夫新
大夫高崎小大夫ニ仰付られ多つは奉公人ゟ仰付られ名高崎大すけゟ地黒

小袖遣いし右京ゟ御まな一折新大夫小大夫ゟきつね御まな一折つゝ到來
返し金百疋つゝ送り候事　御奉公人高崎より御まな二しゆ到來金百疋大
瀧なら〳〵のなしミ故三重手さけうちふ一机のけとんす一やき物ちよく
五ツ糸巻二つ
一ふすミ鶏毛うへ　一おき上り三ツ　一板〆おもし
一人形二ツ　一袖入　一へつ甲乙ゝかき一本遣し候事

廿九日

御き嫌よく長橋局へ御神くう仰出され候

三十日

御き嫌よく大瀧今日より下り

十月一日

御機嫌よく御拝あらせられ候御神くう長橋局へ向日〻れ御代へも勤め〳〵

参賀御對めん御こちはもらま親王殿准后殿へは口祝まいる夜ニ入は盃は
三こん二こんめ小らゝ里は三こんめ長橋殿はしやく所司代まきの備前守
参内小は所ニて御對面は盃ゑふ

二日

御き嫌よく後櫻町院様は五十年聖忌ニ付兩寺表より御代香

三日

はき嫌よく後櫻町院様は年忌ニ付もんしゆ院おもて殿泉涌寺は代香大も
けは靈前へは備へはくもしは花は燒香まいる大典侍よりもは花一筒

四日

御機嫌よく長州松平大膳大夫参内ニつき黄金十枚は手本へ五枚御對面御
服男らゑは引直衣大典侍新大典侍殿大は乳人へ白銀十五枚つゝ駿河との
へ七枚

五日

御き嫌よく松平土佐守参内にて對面天盃さふ黄金十枚五枚にて手本きのふみ同し

六日

御き嫌よくにて代香おもてよ里

七日

御き嫌よく

八日

御き嫌よくれのこにて玄猪關白様にて初親王様りさにもしめなも申出し有夜ニ入御盃にて三こん旨にはぢき下さる准后様にもしめにて兒駿河とのも拜領

九日

御き嫌よく關白様にて参り

十日

御き嫌よく新朔平門院殿には忌月泉涌寺に代香あせちのすけ殿参らるゝに
花に焼香

十一日

御き嫌よく神宮御法楽に清書初雪ふりき所司代ゟ小のしを進上大瀧隠居に
礼にまんこわくに一重到來返しなし

十二日

御き嫌よく

十三日

御き嫌よくに代香おもてゟもんしゆ院長橋殿に代香

十四日

御き嫌よくに清めれに湯あらためし

十五日

御き嫌よく月そくに殿つゝみ六位まいらるゝ毎之とをり

十六日

御機嫌よく石清水に法樂小御所よ乙上有

十七日

御き嫌よく春日に法樂

十八日

御き嫌よくかも兩社に法樂小御所

十九日

御き嫌よく光格天皇樣に引上ケ御法事あせちの典侍ゐに代香に花に燒香に菓子まいる

廿日

御き嫌よく松平相摸守參內に對面天盃給にふく男らゟ黃金十枚に手本へ五枚大すけ新大すけゐ大に乳人へ十五枚つゝ駿河とのへ七枚いのこに玄猪每之通りに玄猪申出し有夜よ入に盃に三こんにつく〳〵に直衣御左に

袖おふひなれ准后宮、はしめ、いく〳〵すゝ、三こんめ長橋ゟ、しや
く、はちき下さるゝ

廿一日

御き嫌よく、御つほ、口切ニ付、夕、ぜん一之、間、通り取三ツあし、手
なふり、御ならたもこもん親王宮少々御風心ニて、不参准后宮計、口祝、
膳夕りゝ五ゑん、うとん、一こん、みな〳〵、表も、賑々、つもり伺有
、くもし進しまいらせ物よなかの半過

廿二日

御機嫌、よし〳〵

廿三日

御き嫌、よし〳〵

廿四日

御機嫌、よし〳〵うけの人々内々祝上まいらせ按察使典侍ゟ宰相典侍ゟ權典

侍ゟ新内侍ゟ御品物御まな何も毎之通り御酒ゑん大御賑ゝ御さかなの類い宰相ゟかし御申し戴うきの人ゝへ一とうゟさい工物色ゝ進上御申しい親王御准后御御もしめ宰相のすけゟむとひ所労本ふくの祝御すもしゐい面

廿五日

御き嫌よくふしア兵部卿宮御

廿六日廿七日

御き嫌御よし〳〵

廿八日

御き嫌よく親王御御茶御口切

廿九日

御き嫌御よし〳〵さつ州嶋津三郎ゟ献上奉納米つゝ上むろ庭へ御覧ニ成

十一月一日

御き嫌よく日柄く御拝あらせられに御神くうとられ刻長はし様参向御神くう御間常御所ニ成ゐんかの御もん供しおはりなんこ　出御あらせられぬ事御兒ニて仰出さる日そく参賀御對面あらせられに親王様准后様へ御口祝まいる午半刻過そくよて六位御殿つゝみ其内はらま先しの〜七ツそくはせ御間之物くれ過御あら物おもてなし　出御御打もら海御かとへ御直衣御小かふり御盃一こんよ重られ御通り跡の盃も有關東ゟ御便り大樹公和宮様御ましんの由あミよて申参る所司代よりも御治定の事言上有

二日

御機嫌よく此度さつま嶋津三郎ゟ一万石獻上の御米大すけ始も十石つゝ拝領御礼申上ル新宰相様を九石御兒七石

三日

御き嫌よく内侍所先月御延引御法樂小御所よてよ乙上有御湯あらせられ

に御直衣何も御清め五日親王殿福井三角高しゟもしめて伺仰出され筆頭
めし近江守出五日午ノ刻三人のいし伺之事越後ゐにて表御せ己卿へ申達
しの〳〵三卿へもなつしの〳〵事申出ル春日社ほうへいよ付そうもん三度長
はしゐまいらるゝ

四日

御機嫌よく御丸火入御湯殿にて御清めあらつきゟ俄よ御そう御催し遊は
し高しゟ典薬少允めし伺少し御時候のよし申上御せんにて御くなり

五日

御機嫌よく高しゟ伺御同様に申入春日社一社奉へい御かゝそめされ御な
をし御もらは御するゑ御丸火一式のめされは石もいなん御拝いりもひ御通
り春日らけと御同様の御そしならせの〳〵

六日

御き嫌よく関白殿御参り御小座敷御対面

七日

御き嫌よく

八日

御き嫌よく按察使典侍ゟ清く殘りに上らるゝ長橋ゟ手かしニて引

九日

御き嫌よく長もしゟ今朝下り關白ゟ參り以對面

十日

御機嫌よく有馬《くるめ》中務大輔參内ニ付御對面以ふく男らゟ天盃なふ半金十枚うち五枚以手本

十一日

御機嫌よく神宮御法樂小御所ニてよ乙上有松平安藝守參内以對面以ふく男らゟ半金十枚以丸火以きよめ

十二日

御機嫌よく御拝後八月分に参り春日社に法楽春日がけ物毎之に通り

十三日

御機嫌よく安藝守伺によろ敷由申上ル

十四日

御き嫌よくに拝九月分に参り筑前中將ゟにきぬ百反にから百ゆひに品物

二条殿ゟ傳獻

十五日

御機嫌よく御拝に法楽

十六日

御き嫌よく御拝十月御参り

十七日

御き嫌よく新嘗祭に丸火入下ろう大に無人ニ付親王殿にちの人にやとひ

に宮参り

十八日

御機嫌よく御内見表濟られ女房ニて成らせられ

十九日

御機嫌よく新嘗祭は當日ニ付　内侍所へはなる肴はすゝまいる暮六ッ半過おゝ乙のはとうくうしおもり言上有は湯めされこくきん出ルは下もり済ニて出御朝かれゐはぬく高倉ゐ出御きんの内侍長橋ゐ玄のないし新内侍ゐ供奉はなもゐ一人采女越後ゐ加賀ゐは中入亥半刻過藤つほニては一こん上らせられあかつき神せんましは湯すませられは内ゝろう下より成らせられ子の刻過とらのこく　入御成は一こんまさい御手水とらの半刻過

出御大しやうち朝かれゐニては待あそはされは直衣はあとへ御打もり済は手水はかさねは右ふはみかひなな南北よなをしは水は津ほは左中はならひ上置はぬのゝは三度上は水は三度はこほりには手れこひ上は手水済

ゑつミのらさへに三度にあゆミ被遊長はしへにミやうふも上まいらせ候
入御に皇しも日のうち濟まいらせ候准后様より上まいらせ候
御まんほう大すけいさゝき親王様ゟ上まいらせ候の長はしへこなたゟ出れの
越後へ

廿日
御きげんよく豊明節會公卿堂上ニて入御条役長はしへ新内侍へ

廿一日
御きげんよくに神事とけに機嫌伺かミまいる

廿二日
御きげんによし〱

廿三日
御きげんよく青蓮院宮様へ御一箱まいる

廿四日

御き嫌よく御拝十一月に参り

廿五日

御き嫌よく藤堂大和守参内御對面にふく男りた天盃さふ黄金十枚御手本五枚

廿六日

御き嫌よく御代香おもて方

廿七日

御き嫌よく

廿八日

御き嫌よくゑんしさいに神事入准后殿にまけ下り按察使典侍ゟ權典侍ゟも下り

廿九日

御き嫌よく准后殿方に文まいる

三十日

御き嫌よくまんぢさゐに當日にある七ッにしまひ六ッ半おもてましし御湯こくきん出申さにごきんに済〳〵藤つほニて上らせ〳〵物庭座出御すミ舞に覧に三度出〳〵

十二月一日

御き嫌よく御拜あらせ〳〵に御神供大すけ日ミれ御代参もまいる参賀に對面あり親王御准后御にまいりに口祝まいる夜ニ入に盃に三こんまいるに三こんめ長はしゐにしやく

二日

御機嫌よくなへし海参内に對面にふくゝ男らた半金十枚大すけ新大すけゐ大にちへ十五枚つゝ

三日

御き嫌よく
四日
御き嫌よくに乞《黒田》条内に對面に盃御ふく男ゟ〻黄金拾枚きん上正親町大納言のゟ筆に覧ニ入候後返したふ
五日
御き嫌よく二條右府の随身兵仗宣下ニ付日御座に對めん御打袴にむとへに引直衣めさるゝ　御すそあをちのすけのへに頼申内侍に無人にまん新典侍のむとへ衣也
六日
御き嫌よく泉山に代香長橋のに花に焼香旨
七日
御き嫌よくに拜加茂両社に法樂小御所ニてよ乙上有にくひいしるいこ侍従の元服ニ付にかしら願ニて出さるゝ

八日

御きげんよく二條殿御直衣始常御所にて二こんの御盃二こんめ天しやく
ないこ侍従へ元ふくに付さゝむしろ御對面御盃たふ

九日

御きげんよく長橋へ御別殿濟に付御礼御申入御衝立もよやう鷄御盃臺御ま
取一折御膳御一通り二なん御肴御上親王殿准后殿御一所に御せん出ル白
銀十枚十石御手らた御別殿濟の節下されし今日ハ何もなし大すけ始御認メ
御くもし申口にて一こんおくにて色〻御さゝの取御すいもの三ツ

十日

御機嫌よく新大典侍へ従三位宣下くせんなふ新すきの局と仰付られ

十一日

御きげんよく御拜神宮御法樂小御所にそくよ乙上御くもいし關東方御なより
さるれ刻過

十二日

御きけんよく仁和寺宮様ゟ時節御機嫌御伺御菓子杉折上参るまいらせ候大すけへも御くわし戴候也今日東西對屋すゝはらひ

十三日

御きけんよく御代香おもてゟ

十四日

御きけんよくを川分にて十八間ろう下へそう人御覧に成夜に入御内〻　内侍所へ御参り御湯すゝ御服御拜礼節のめされ候今年御初て親王様も御とをゝ御包られ御直衣御手水こなたゟ持参る准后様も御とを御初尾二百疋御上御としとりまいらせ候御重さかなにて御盃まいる御通り有ゝな〳〵御口祝戴まけの人へも上ゟ御口祝としとり御祝酒いたゝき　入御成御年越御盃御年取まいらせ候御まめもやしゑほうの方お乙うしろふあそはされ其後長もしなゑんしの御間もやさを常御所中段濟新内侍な御別殿御所御すゝ乙所

御ふく所御三間上段御湯殿おきらもち御下さちもちまいる御別殿御盃御三こんまいる准后殿女中一とう御三こんめ天しやく済られ御そうに御祝あそハされ候申口にて大すけ初もいたゝきた御まめ御としの物すゝ候後大典侍もしめもとし取

十五日

御き嫌よく石清水御法樂小御所

十六日

御き嫌よく關白殿御参り

十七日

御き嫌よく新大典侍為願之通り隠居仰付られ名藤大納言と下さる黒地ゑゆちん小袖御紋くらつき御地あゐ御ぬく金十五両おゑ海御せう人御奉公人よ仰付られ名今参御湯殿へ御宮参りさとへきぬ常御所にて御對面御こふなもにて一こんの御盃下さる御歳暮御祝義おもていし三仲間一とう御

祝義大すけ初も下さる親王様若宮に殿にすゝはらひよつきにはやくゟに三の間へならせまいらせ候少々に時気故にかり床こなたゟに重物進しまいらせ候大すけもしへによせ肴いたゝかれ也関白様に参りに小座敷よてに對面に歳暮に祝義にきぬ半金にまな進しまいらせ候

十八日

御き嫌よくに靈に火たきにこしのに間に兒はやさるゝ男末にて毎之通り

十九日

にき嫌よくに神樂に神事入参役大すけ長もし殿へ仰出さるゝなへし候に對面にふく男なる

廿日

御機嫌よく

廿一日

御き嫌よく御神樂に當日　内侍所へ毎之通りまいる七ッ過御神供両人参

向はする〳〵暮過おもて皇しは湯兩人もゆ尾張へも申こくきん出ル權す
けへはすそは内陣ニて御すゝ濟まいらせ候さゐ尾張左り不き
御所作は座ハ成らをまいらせ候御用意れは和琴方上ルならさちニて入御成はく
しもはらをまいらせ候大すゟ紫板〆男らみ入ゑもこ入戴候也

廿二日

御機嫌よく少〻は風心の少允伺はなたゝまりの様願候

廿三日

はかり床少允伺此度敏宮へ桂は所は相續仰出され長はしへは使ニ参まいらせ候
宮の忝思召はうき仰入られ其よしおもてへも申出ル大すけもしめ長橋へ
ゟ申渡さまいらせ候は悦申入敏宮へ桂宮は相續は治定仰出三條中納言へ協京は
きゝん伺有

廿四日

御かり床少允伺

廿五日
御かゝり床三条殿御對面御かゝり床のまゝ
廿六日
御かゝり床御すゝはらひ前日うんそう
廿七日
御かゝり床なおら御き嫌よく御すゝはらひニつき五つ前ならせまし〱きんし
殿あせちれすけ殿長橋殿御かく門《マヽ》所へ成御さつと御覧し遊ばされ御夕御
せんの節御すゝ御重さらな出女中おけはお渡ニて御通りいたゝたれ也御
かゝり床中故御ちおつき御學門《マヽ》所中段の口ニ成らせまし〱小御所へ御通りい
多ゝたまいる御すゝ拂初夜過すみまし〱うんそうすみ　入御四ツ半過
御盃御三こん一こんなおさまられ常御所まて御通りいとゝき長もし殿別
とん御盃下さる
廿八日

にかゝり床にふしにさつとあそはさ候　按察使典侍ゟに神くう仰出さる

廿九日

御き嫌よくに床はらひに歳暮れめて度さに賑ゝ　内侍所御撫物御らしら山料《ママ》ゟ参る　御ゑゑめ候にかもり物につもれ通り長はしゟへにあるゝ御ものゝ海下さるに三間にて歳末に祝き申入候に引直衣めされゝ大すけもしめも御歳暮にしうき申上親王ゟ准后ゟ局一とうへも参りめてたし〳〵

文久三年みつのと《癸》れ亥

心おほへ

績子

正月元日

御機嫌よく御風後御も出來かめしは四方拜まいんこ出御あらせ〳〵は御兒まて中出る　御神くう按察使典侍殿常御所ニ成御こぢ御も御あきち殿春のまいりいらされは其御間御吉書なそいれは御よね初る奉うの方御むき御祝例年之御通り御目通りまて准后さま御もしめ御そうもん御盃御とをり有　御攝家さまかた御揃御祝も濟關白殿御初丸し常御所まて今年ハ一こん御重〳〵職事御しやくまい賀御對面御すゑ御もら御夜ニ入御盃うけ取大すけあきちのすけ殿長橋殿大御乳人伊豫殿上ル御盃拜領御もらゑめ内侍すあし御無人ニ付男らゝ御もんきん仰出さる朝らきゐも同し事也　こわく御御せん御手あら職事坊城殿御もいきん大すけやくそ大御ちの人

二日

御き嫌よく御祝きれふみ同し親王さま御風心ニて成らせ〳〵は高松殿御使

敏宮御方上ろう御使色奉書上ゆへこなた方御このみの御まんすゐ年玉
にまいる大すけ始御まもこ入いまゝよ
おまな為御祝御認メ一こん御くわしも下さる

三日

御き嫌よく御祝きのふに同し有栖川御方御父子清華大臣方らむしろ御對面
御盃職事御しやく

四日

御き嫌よく外様公卿殿上人御對面御ふく男方

五日

御機嫌よく千秋萬歳御盃例年之御通りなり　親王御方御よろ敷春ゟ初て
御参り萬歳御拝見御口祝まいる御湯殿もしめニ付大すけ御てうし上
ル常御所ニて御一こん御盃御座敷ニて両役御きし御やまのちん下され
なし

六日

御機嫌よく事成事なし

七日

御きげんよく白馬節會きんの内し長橋をしれ内侍新内侍を女藏人丹波を加賀を七ッ過　入御馬御覧後御内々節會御ふくらつきニて成らせられ暮過せち會すミまいらせ

八日

御きげんよく仁門様御不氣知恩院宮様御氣り常御所ニて御盃男らる御はいせん御年玉上まいらせ　女中御兒も戴候也　御内義へめし御口祝御きし御やきらちん御ぬゝた御忘りふき申ノ口ニて女中方御むし玉御なんこ内よ御なもこ入上ル仁門様御不氣御乳まいり御まん上もれこうせんら乙五巻親王様あふき三本　敏宮様へもあふき御乳刑部卿へ紫板〆おもしてん中對一組ちよく添遣はす

九日

御機嫌よく　准后御へ　出御始の引直衣めさるゝ
親王御准后御の出むらひ七ッ比の盃の三こんまいる
親王御准后御の通りの戴の三こんめ准后御のしやくにて上り〳〵親王御
准后御天しやくにて戴准后御の戴の盃の通りに成親王御の其のまゝよ
てすゑるの口祝
准后御上り〳〵の祝のゑきらちんのかもりのきしのかもりのそうにのかゝ
もりのすしもりの出る親王御准后御の通りすゝのはいせんの手なか戴れ
也のくもしの品物上り〳〵　入御後ふゝかもり准后御への礼に参り今年
いの三ッ肴にて一こん准后御のしやにていゝたれ也
御よせ肴も上り〳〵　女中へもの肴いゝきれ也

十日

御機嫌よく諸礼の對めん　おふさたの一ッ橋中納言参内に付白銀五十枚

白ちりめん三十卷靈かんしの宮さま御礼少々御歡樂にて御ふさん

十一日

御き嫌よく御拜神宮そうし始御湯あらせられ御ふく男かた小御所へ成らせられ御跡ゟ女房まいり御拜に成濟され御盃傳奏廣はし大納言殿へ天盃ゑふ仁門さま御參りなから表きりにて　仰おかれ端龍寺さまより御水さし一箱御附弟さまゟ御花生一箱こなたより御か乙入二ツつゝ皆兩頭へあふき三本御盃二枚御附弟さまゟ御細工物御數々盃一枚つゝ戴く也

十二日

御機嫌よく御拜かをそうし始きのふに同し　知光院さま梅芳院さま玉蓮院さま觀世院さま御礼中入られ

御用多御對面あらせ候に准后さまへも參られ御無住上ろう御寺御所百々御所常盤御所

十三日

御き嫌よく事成事なし

十四日

御き嫌よく敏宮さま御弘メ御参内巳半刻御参内常御所にて二こんの御盃まいる二こんめ天しやく上ろうも天しやくにて戴申され其後宮さま御盃大すけ長橋へ新内侍へ御通り戴候也　御まん上もれ二枚折御屏風上られ〳〵御祝一之御間ニて出る御一こん大御にき〳〵宮さまゟおほしめしニて御見事〳〵の御すもし御硯ふた肴御鉢肴御すい物戴候也　こなたゟ進しられ〳〵物有

十五日

御き嫌よく石清水御法楽七種御かゆ南御向朝の御ぜん花鳥御間夜ニ入とんとすミ一こん御盃南御向ことく御御ぜん五ツ衣毎之御通り御三こん男かゝめさす

十六日

御き嫌よく踏歌節會出御ならせまし御

十七日

御き嫌よく松平大膳大夫御對面

十八日

御き嫌よく武家御對面御ふく男らた

十九日

御き嫌よく舞御覧三川かひ靏おうてうおゝすゝ初御樂まて御對めん御すそ按察使典侍ゟ御まん長もしゟ太平樂にて御盃例之御通りなり親王ゟ准后ゟ大すけはしめ御通り有御早くすゝ御つくもいの御せん御もいせんあせちゟ正親町侍從ゟ初て参まし こひまん上大すけへも御ま那三種到來

廿日廿一日廿二日

御き嫌よく

廿三日

御き嫌よくたか司前右府殿關白宣下日御座御對面有大典侍へ二種壹荷戴
御まな一折上る

廿四日

御き嫌よく關白殿御直衣もしめ常御所二こんの御盃まいる大すけ所勞按
察使のすけ殿へ御頼申る

廿五日

御き嫌よく

廿六日

御き嫌よく兩寺御代香長はし殿御花御焼香御くわしまいる

廿七日

御き嫌よくこのめ君殿叙位宣下有こなたゟ御さあや三巻大すけへも紅白さ
あや二巻おたひ一箱いたゝき御まな一折上る御別殿御凉乙所男のためさ

す

廿八日

御き嫌よくおもちれすきの へ御神くう仰出さる

廿九日

御き嫌よく春日御法樂小御所よ乙上有

二月一日

御機嫌よく御拜御神くうおもちの参賀御對面有親王御准后御へ御口祝ま

いる夜ニ入御盃御三こんまいる　長もしの御しやく男らさめさ御

二日

御き嫌よく御拜御参り始御太刀馬代半金一枚まいる御祝酒出ル御とを大

すけ長もしの藤丸の越後の

三日

御機嫌よく

四日晴

御き嫌よく御庭

五日

御き嫌よくもんしゆ院御表ゟ御代香泉涌寺大すけ御代香御花御焼香まいる

六日

御き嫌よく両寺表よりも御代香御内きゟ大すけ御花御焼香御菓子春日まつり御神事入御する〳〵御代香すミ候事長橋局まて口上にて申入少ゝ所労にてえ上り申されず十一日局まて上り廿日に出る

廿日

御き嫌よく御拝

廿一日

御き嫌よく御拜内侍所御法樂

廿二日

御き嫌よく二月水無瀬御法樂常御所ニ成

青蓮院宮様御きんそく中河宮と稱せられ御まゐ上られ

廿三日

御機嫌よく

廿四日

御機嫌よく山陵使もつきん東庭御拜はくの御衣御するゑ何も新しやうの一式上られ様表へ申出ル八ッ半比表れし御湯あそいされ御下袴ニて朝かれゐ御なく御す不職事御一度濟みとなくまたならせられ御しやく四方もいの出ル

三月一日

御機嫌よくて無人ニ付て神供両あさへ付まいらせて拝あらせられ候夜ニ入て

盃てもふけ計

二日

御きげんてよし〳〵あらふ少〻て風心安藝守伺有

三日

御きげんよく朝て盃まいる条賀て對面てするてもら御夜ニ入て盃て三こん

肴る長いし為てしやく男方めし申さにてゐるなて三間とて涼乙所へ出る

四日

御き嫌よく石清水春日社て法樂長谷為儀奏仰付まいらせてこのけを下さる來十

一日賀茂下上へ行幸ニ付て祈北野へ今日ゟ一七ケ日て祈とう仰付まいらせ御

ミ出る行幸に付親王御方をかを下上へ仰付候四日ゟ一七ケ日てもれら

き大すけ年よりの御ミニて出ル大允少允伺てせきてこのきんて藥上る

五日

御きけんよくさんさい中將御對面天盃御ぬく男方夜に入亥刻過一ッ橋中納言御對面常御所御服男ゟさ御きぬ二十疋敏宮殿へも紅白縮緬五巻大すけ大御ちゝへ白銀拾枚つゝ

六日

御きけんよく御代香おもてな

七日

御機嫌よく大樹公御参内ニ付小御所御對面　天盃男ゟさ其後さらに御學門〔ママ〕所ニて御引直衣御内義〔点本ノママ〕常御所ゟさしよりめし御ゑもこおんなし地御くゟしもいさん男ゟさ中段關白殿　前關白殿一条左府殿二条右府殿徳大寺内大臣爲大樹公ミな〳〵御くゟし殿上人御もいさんミな〳〵御ゑりそき　人御成

八日九日十日

御き嫌はよし〳〵

十一日

御機嫌よく賀茂下上へは社参行幸につきはゐる八ッ半はしまび濟候はおあみ朝はせんおもてさしは湯はあゝそこくきん出ルまんしいつもれ通り紫宸殿まて何も新しやうのは通り拝見所へ参る下あもへ着御四ッ半上賀茂へ御着七ッ前敏宮方よりは留主ニ付おもてへは杉折大すけ始へは重之物いふゝたれは也入御四ッ過上らせ候もれはこし下鴨方あふひせき臺きん上小せたゐいかつら葵きしはゐる上賀茂よりまん上

十二日

御き嫌よく行幸はする〳〵は歓仰入候はまいらせ一折上け候敏宮方ゟ上は靈社へ一七ケ日は祈禱は札は乃しはまゐ上候はせき出候はきとう　きおんは札上候

十三日
御き嫌よく御代香おもて方御花御焼香まいる
十四日
御機嫌よく
十五日
御機嫌よく加ゑ下上御法樂
十六日十七日十八日
御機嫌よく
十九日
御き嫌よく大樹様御小座敷にて御對面御引直衣親王様も御對めん御ひら
は直衣關白様も御一所よ御くひし出る御手つから御つゝ乙物進しまいらせ大
すけ所労引藤大納言為長もし為はらまにて出らるゝ
御ちこも出らるゝ

廿日

御機嫌よく大樹様より乙事〳〵の青籠にまいらせにそうしんまいり

廿一日

御機嫌よく關白様にふさん

廿二日

御き嫌よく

廿三日

御機嫌よく臨時祭に丸火入に成し行水毎之にとをり

廿四日

御き嫌よく石清水臨時祭に當日にむる六ッ二刻前朝にきんにおら乙もす

ミおもて成しにぬく　五ッ比朝のまゐにまい出御にすそ職事　にまんも

職事にけいすミりの〳〵　朝りまゐにてそうもんに覽入御玄んもつに覽所へ

からきの〳〵

御夕御膳後石清水社御法樂御丸火の御なをしめされる
廿五日
御機嫌よく春日社御法樂小御所へ成
廿六日
御機嫌よく御代香おもて方此度大樹君より敏宮君へ進しめゝあられ御糸
大すけ長はし君大御ちするがとの一くゝりつゝ戴藤大納言君も同断
廿七日
御機嫌よくあを下上御法樂御きよめ
廿八日
御き嫌よく東庭御拜四ッ半過
廿九日三十日
御機嫌よく

四月一日

御き嫌よく御拜御神供大典侍春の参り御く海進上参賀御對面有親王様准后様御口祝まいる大樹様ゟ孔雀御進獻常御所南御庭へまいる夜ニ入御盃御三こん長たし為御しやく石清水社江十一日行幸の事仰出さる

二日

御き嫌よく御拜内侍所御参敏《マヽ》宮様御参り御よせ肴上られ大樹様御参内御對面小御所さらに御學問所ニて御あいめん御酒ゑむ關白様中河宮様大樹様御烈《マヽ》座敏宮様御拜見

三日

御機嫌よく御拜御法樂

四日

御機嫌よく四日行幸のところ御延引ニ成
賀茂下上北野社へ親王様ゟ御きせうも御延引

五日

御き嫌よく

六日

御き嫌よくにて代香おもて方

七日

御き嫌よくにて法樂武家にて對面にて服男かた馬獻上二疋

八日

御き嫌よくにて法樂

九日

御機嫌よくにて法樂有石清水社へ十一日行幸につききんの内侍新内侍為去乃内し權典侍為へ仰出さる

親王御准后御にて拜見所へにて内々にて覽ニ成道喜門行幸に付にてあり物朝りを為出御にて打袴にて御とへにて直衣にて小御ふりにてもいきん大すけしやし新内侍

なり乙上大御ちの人も同し事にてつ也も五ツきぬ

十日

御き嫌よく御丸火入御まし行水いつもれ御通り御湯あらため〳〵

十一日

御き嫌よく丑刻御ひる御したまひ御おかみも済〳〵　五ツ比おもてまし御湯出御御直衣御きぬ御ひとへ御もりはせいこ御乙しりきの御さいこう御るす中　有栖川中務卿宮御二条右府御御参り御行烈《マヽ》道喜門ニ出來親王御准后御御もしめ拝見ニ参る

十二日戌南宮午半刻御したんもつ申まいる　こなた時未半一刻前御する〳〵還幸申刻過入御御間物

十三日

御機嫌よく

十四日

御き嫌よく内侍所へ御礼御參り御まなまいる御精進とけ關白殿ゟ御酒御よせさかな上る　こなゟも御よせさかな關白殿前關白殿二条右府殿中務卿宮殿帥宮殿左大將殿へ御まなまいる一折つゝ參る

十五日

御き嫌よく御法樂

十六日十七日十八日

御き嫌よく十六日御拜御法樂十八日かも下上御法樂

十九日

御き嫌よく

廿日

御き嫌よく春日御ほう樂

廿一日

御き嫌よく

廿二日

御き嫌よく御法楽敏宮ゟ廿三日桂御所へ御こさ渡し二付御とう留御参内成巳刻

廿三日

御き嫌よく敏宮ゟ御祝御膳出ル御こふゐこ二て一こんの御盃まいる一之御間宮ゟ御打もゐま計まて御盃御いさゝか御五ッきぬめし午半刻過御車二めし御乗添大すけ長もし為すいしや上ろうおま表御とう人大御ちの人れよ為也　桂御所へならせ御ごくこ御祝ふそれし御五ッきぬめしぬまかれく御うちきとめしあへ御上さん二疊たい御れた表とま二ならせれ御きやうせん御祝御三こん御盃長はし為御もいせんすゝしうらはゝま大御ちの人御手ふゐ其御跡まて坊城大納言為御あれめん藤大納言為付ましいられれ其御跡諸大夫も御あいめんなる桂御所より御わた渡し二付大すけ長もし為大御ちの人するかとのへここく御一束さつゝゑさひ一箱三百

疋つゝ戴帥典侍為もしめの玄うき三百疋つゝ大すけの乗添ニ付杉原十帖
二枚一とうゟの玄よく一對のまゐ一折宮様へ上ル

廿四日

御き嫌よくの包たましのする〳〵の使に長はし為参御の小屏風の手ゟ
ゝ乙まいるの玄よく一對のまゐ一折一とうゟ使さむらひ使ニて上ル

廿五日

御き嫌よくのふくくもり例之の通り
鳥目ふきあへニ付朝ゟ出御のところ御んこよあらせ御の常の所よ
てそうもんの覧

廿六日

御機嫌よくの代香帥典侍為の花の焼香まいる

廿七日

御き嫌よくの拝江戸ゟの方より和宮様のましんのする〳〵の礼仰入の〳〵

御料紙すゝ里箱御肴一折千疋御内〻にて御まな一折も上りの〲

廿八日

御き嫌よく御拜御法樂大すけへ御神供

仰出されハ神事入

廿九日

御機嫌よく御拜

五月一日

御機嫌よく御拜御神供大すけ參賀御對面なしこな〲御ふさん親王御准

后御へ御口祝旨　夜ニ入御盃御三こん長橋局御しやく跡の盃も有

二日

御き嫌よく御拜御法樂

三日四日

御き嫌よく御拜御法樂
五日
御き嫌よく朝御盃まいる參賀御對面關白殿御參り御小座敷御たいめん親王様一之御間まて御口祝御すゝ御重さかなにて御盃旨御くもしも出ル御直衣御めされ御かたならとめしかへ候御くす玉つけ候夜に入御盃御三こん御小かわらけも出る師のすけ殿所勞引
六日
御き嫌よく御代香おもて方御黑戸
七日
御機嫌よく蓮觀院殿信敬院殿御ふく御戴御礼に御參り御たいめん大樹様より御まん上のらんきぬ御きれ少しつゝ下さる
八日
御き嫌よく中河宮様御まいり御たいめん親王様御ひなり御覽に成らせ候

こなたゟ御風呂んまいるあなさゟ御くしの御品上らるゝ准后御方ゟ御よせさかな上らるゝ御一こん御よしく

九日

御き嫌よく御拝御祭り御清書あそはさる

十日

御き嫌よく御拝御法樂

十一日

御き嫌よく御拝御法樂

十二日

御機嫌よく

十三日

御機嫌よく御代香表より

十四日
御き嫌よく御拜御法樂
十五日
御き嫌よく御法樂石清水
十六日
御き嫌よく御拜御法樂
十七日
御機嫌よく花園為ゐもし上﨟御奉公人ニ仰付られくきん拜領名今参と戴はらまこき一疋うらもみ一疋御宮参り清湯濟ら乙あき五つ衣ニて朝られゐ御宮参りすミ常御所まて一こんの御盃下さる御まな一折上﨟一とうへ硯ふた肴長橋為へ三種よせ肴進上大典侍せ己親ニ付ちりめん料五百疋家來雅樂年よりへ百疋つゝ跡五人へ半分つゝ
十八日

御機嫌よく大樹様上洛系内進献はくもし方ゝ様へ出ル大すけ始も白銀三枚はならニゆひつゝ同親王様方もはくもり二枚包た二ゆひつゝ

十九日

御機嫌よく

廿日

御き嫌よく大樹様上洛ニ付准后様へ進きんはくもり大すけ始らしら三枚師すけ為もしめ二枚つゝは兒三百疋上りれははあやはむねや白あや白しんもむしんも思召ニて戴れ也

廿一日

御き嫌よくは拝は法楽神宮内侍所

廿二日

御き嫌よくは拝は法楽

廿三日廿四日

御き嫌よく

廿五日

御機嫌よく御法楽関白殿御参り御対面

賀茂両社御そうゑニ付木作始そうもん一度済御神事とけらるゝ

廿六日

御機嫌よく御代香長橋為御花御焼香あるまへ猶も御機嫌伺有

廿七日

御き嫌よく御拝御法楽

廿八日

御機嫌よく御拝御法楽

廿九日

御き嫌よく御神くう付なし

三十日

御き嫌よく關白殿ゟ參り

六月一日

御機嫌よくゟ拜ゟ神供付御參賀ゟたいめんあらせられ親王殿准后殿ゟ口祝まいる夜ニ入ゟ盃ゟ三こん二こんめ小らゝてゟ三こんめ長もし為ゟしやくいら為一年さらり今日上御こわくゟ玄ん上かしら〳〵へ一重つゝ返しする〳〵三ぜん送る

下鴨川合社かり殿せんくう木作始ニ付ゟ神事ゟせんのゟ火ら《計》いる

二日

御き嫌よくゟ拜木作始ニ付そうもん有ゟ神事とけらるゝ

三日

御機嫌よく大樹公いんと海ゟ參内小御所ゟ對面濟かの〳〵關白殿ゟ一所ゟ小座敷ゟ對面ゟくわし出ル大すけゟもいせんはらま藤大納言為長橋為も

出らるゝ
親王さまも御たいめん成御直衣御めされ一二御あんこ内よ御らられ來り五本
御印籠色〻
四日五日
御き嫌御よし〱
六日
御き嫌御よし〱御代香おもてより
七日
御き嫌御よし〱雷鳴
八日
御き嫌御よし〱關白さま御參り御たいめん
九日
御き嫌御よし〱妙性護院宮さま御正月ニて泉涌寺へいら為御代香よ參ら

るゝ

十日十一日十二日

御き嫌よく

十三日

御き嫌よく御代香おもてゟ

十四日

御き嫌よく御たん生日御盃一こんまいる大御乳人別段御さかつき給ふ夕かた戴のゑちこ着御礼申入

十五日

御き嫌よく御拝御法樂有

十六日

御き嫌よく御拝御法樂御らつう親王御方准后御方も上らる〳〵敏宮御方も上らる〳〵大すけ大御乳より御祝あそはされはおもてめし申さに御内き計御

七のつう水仙はいも井あそはされは一こんまいる

十七日

御き嫌よくは拝は参り

十八日

御さ嫌よく

十九日

御さ嫌よく關白殿は参りは對面成

廿日

御き嫌よく

廿一日

御き嫌よくは拝は法樂

廿二日

御き嫌よく御拝御法樂

廿三日

御機嫌よく賀茂の神事そうもん有

廿四日

御機嫌よく

廿五日

御き嫌よく關白殿の參り天神らけ毎之の通り

廿六日

御き嫌よくの代香おもてより

廿七日

御き嫌よく關白殿の參り中河宮殿の參り

廿八日

御き嫌よく水無月の三間のそうしの神供長橋局へ仰せ出さるゝ

廿九日

御き嫌よく水無月ニ付御殿朝らゐよてめさるゝ御三間中段よて准后殿
御輪下段ニて大すけもしめ清人ゝ殿に入二こんの御盃まいる清もらひ暮
過ごし長橋為まいらるゝ御輪の節も出らるゝ二こんの御盃まいる御通り
伊よ為しやく附武家關東へ御便二十枚給いる御內ゝ御短冊らけ拜領

七月一日

御機嫌よく御拜御神くう長もし為參賀御對面有親王殿准后殿へ御口祝旨
表便〔ママ〕御やとひ御めゝへ上賀茂氏人夕らた御盃御三こんまいる長はし為御
しやく關白殿御參り

二日

御き嫌よく關白殿御ふさん師典侍為子細所勞ニて下り

三日

御き嫌よく

四日

御き嫌よくかた岡社かゝり殿もん宮ニ付酉刻六ツ一刻前御清御湯めされ御直衣何も御拝節のめさるゝ雨炎故すれこよて御拝大すけもらまよて御すそ

五日

御機嫌よく

六日

御き嫌よく新待賢門院様御忌月長はし局　御代香御水向御備へ有仁孝天皇様へ大典侍方御備へ百疋敏宮様方も御くわし今日れ御機嫌伺ひの〳〵　御文ニて上ひの〳〵

七日

御き嫌よく朝御盃まいる参賀御對面御すゑ御はらま關白様御参り御小座敷ニて御對めん親王様御礼御口祝御すゝ御重さら形ニて御盃まいる御ち

のわ付〻のゝ事はくゐしも出る　准后さまは口祝まいる夜に入は盃は三こん長もしへはしやくは小らいらけも出る男かゝめし申さに
は三間まては梶遊いさるははいをんらけ帶大輔内しへゑとへ衣七枚のは梶なからへこんとん中へ入もとゟは先はよこつゝみは也上を立ゟかけはうらニてもちらしとん本ニむきひそろいはよこ計

八日

御機嫌よく大すけ局香衣勘定師典侍へ乃もつなあふ子細所勞下りニ付大すけ局ゟ香衣銀上る藤大納言へ野嶋頼は事敏宮さまゟ中元はしうき思召よてはなしミの人ゝ大すけ長橋へ大はちの人三百疋つゝ伊よへ越後へ二百疋

九日雨

御き嫌よく中元は祝き關白さまは初表は内きんしはしうき拝領は神事入るなし下り

十日

御機嫌よく下鴨下《ママ》せん宮ニ付戌刻御拝は清は湯は拝の御ふく一式めさるヽ東は庭へ下御あそちのすけ為へはすそは頼申候也准后御は初は庭へおりおあみ候也表ゟ言上まてはこしなからに丑刻過言上有はこし成

十一日

御き嫌よくは拝内侍所は法楽はめてる事につきは三間ニて親王御へ二こんのは盃二こんめ　天しやくニては戴は通りいつもの通り　親王御はらたならとめしかへゐはこしの御間ニては口いは并御すヽは重さなるニては盃旨はくわしも出る申の口ニて高松為まち丸為はちの人口祝はれもるはらつきはくもしも出ル大はちの人めてた事ニ付きりむすこな上ゐ一こんのは盃は通り大はちの人へ別段ニは盃下さるはめてる事七こんのはさかいすよ五こんよ重ゐ一こん二こんハ伊よ為しやく　三こん大すけしやく四こんめ按察使典侍為　はもいそんしやく也小らヽまて五こんめ准

后宮へは大すけあき長もし為御しやくニて次第ニ三こん戴男らさめし申
されは女蔵人も三こんいさゝま大すけ初うす地拝領

十二日

御機嫌よく御拝かいあひの社下をんくうにつき常御所御庭御拝戌刻御清
き御湯あそいされは御ぬく御拝の也御すそあをちれすき為へ御頼申も御
しよく大輔内侍為二人共はらま　親王宮へ御ちやうちん上ル高松為へ口
上ニて准后宮へおんの御ゑう姿さもし十さしお八百為へ口上ニて御返し
其まゝ敏宮宮へあゝさむらひ使ニて上其後ゝ御返し亥半刻過御する〱
の事表ゟ言上有御神事とけ〱御拝御手あふり　御ゑもこおんすへりは
事　上御霊社小まちり願ニて今日出さるゝ

十三日

御機嫌よく御代香おもてゟ

十四日

御きげんよく准后様御ふさん親王様御礼御すゝ御重肴にて御盃旨る御くわしも出る知門様も御参り御すゝ御重さかなにて御盃まいる表御内玄関を御とうろうきん上なし御ちやうちんともされ

十五日

御機嫌よく朝御盃旨朝ゟ出ゐなし参賀御対面有准后様へ大すけもしめ御礼申入少ゝ御むさ〳〵にて御対面ならせ候に上らう口祝御はも参すゝ御重肴にて盃御くもし御茶にて濟親王様へも参り御口いも参いたゝきは也　はすの御膳御祝あそはされは一こんの御盃准后様長もし為大御ちの人の御祝被遊は長橋為大御乳人へ別段御盃たふ夜に入御三こん御盃もをの御きん御そへ肴御こんも出るかけ帯二こんめゟかけ帯なし一こん二こん伊よ為しやく御三こん長もし為御しやく一こんいたゝきは也御ちやうちん御下され

十六日

御き嫌よく大文字御覧北御あんさしきより御一こんもちよりあし關白殿
めし御小座敷うしの半刻過かうしんの御こし御はらし御ちやうちん

十七日

御機嫌よく御ちやうちんとをされ

十八日

御き嫌よく御靈御ゐてまて朔平御門御覧所御拜御清御湯御すゑ御はかま
御常の也下御靈社御ゑたまて御拜有親王殿へ御水入ゟ乙入御手つから
宮親王殿ゟぎやまんまらひ御酒入御もち上まいらせ候准后殿へあらしちよみ
一反御人形まいるこう尺ふんこ内ニやき物御ちよく御數〻上まいらせ候よせ肴
も上まいらせ候

十九日

御き嫌よく當春大樹公御上洛ニ付御手薄くあらせ候まゝ恐入を候十五万
俵上候ミあ〱御かそう米拜領

廿日廿一日廿二日　御拝御法樂

廿三日

御き嫌よく御拝御参り御供大すけ長もし為御兒兩人ニよ為丹波為也

廿四日

御き嫌よく

廿五日

御き嫌よく關白殿中河宮殿御参り

廿六日

御き嫌よく御代香おもて方黒戸へ成

廿七日

御き嫌よく

廿八日

御機嫌よく御拝春日社御法樂

廿九日

御き嫌よく候拝かも下上候法樂小御所ニてよ乙上有大すけ御神くう仰出さる

晦日

御き嫌よく雨なあら夕ゟさてうれん御覧ニ成表候あふ門候覧所ニ成

八月一日

御機嫌よく候拝候神供大すけ候く海上ル参賀候對面候する候もらま親王様候口祝候すゝ候重肴ニて候盃参る候くるしも出ル准后様候口祝まいる八朔候祝義親王様ゟ表向はい〳〵人形うすやう上かの〳〵候内〻候硯箱准后様より候内〻候すゝ候茶つゐ二ッ上かの〳〵典侍仲間大候ちの人候重二組上ル親王様へ二百疋准后様へも同斷敏宮様へも今年ゟ候忘う炎二百疋上候進し候付遊し戴候今参為親王様百疋准后様へ黒ぬり一二ゐんこ一折

夜ニ入御盃三こん皆二こんめ小かゝ里御三こんめ長もし様御しやく跡の
さかつきも有

二日

御き嫌よく御拝御参り

三日四日

御き嫌よく

五日

御き嫌よく馬揃御覧四ツ過ゟ御覧所へ成らせられ御膳何も男かた親王様
もならせられ前關白様御前に成らせられ初夜過濟入御成

六日

御き嫌よく御代香おもてゟ

七日

御き嫌よく中元御礼靈かんしの宮様御不参孝順院様妙深《染カ》院様参られ御ゑ

いめんなし
八日
御き嫌よく東庭御拜御打はらま御引直衣
瑞龍寺殿御二方御參り御對面なし蓮觀院殿もしめも參る
九日
御き嫌御よし〳〵
十日
御き嫌よく御拜御かそう米三河より一分いらをにていたゞき候也
十一日
御き嫌よく御拜蓮生院殿梅芳院殿玉蓮院殿參る御對面なし親王殿准后
殿へ參るのこ攝り參られ一こん御くよしも下さる
十二日ゟ大引
御き嫌御よし〳〵

十三日
御き嫌よく御放生會御神事入
十四日
御き嫌よく御丸火入
十五日
御き嫌よく御當日月御覽
十六日十七日
御き嫌よく
十八日
御き嫌よく朝御早くゟ中河宮樣御攝家樣らも御參り不容易形勢ニ付御參り大すきはゝかり日まて引清め後早ゝ御機嫌伺口上ニて申入
十九日
御き嫌よく御攝家方御參り

廿日

御き嫌よく大名十一人御對面御服女房御小座敷新ろう下ゟ男らゝにておらせらるゝ親王様も御一所大名御たいめん御ゑもあそはし御はふれ直衣めさるゝ

廿一日

御き嫌よく前關白様ゟ御くわし左大將様より御よせ肴御き嫌伺上らるゝ

廿二日

御機嫌よく御法樂御攝家様らゝ御參り中河宮様も御まいり仁和寺宮様ゟ此ころの御機嫌伺らるゝ御ち刑部卿御使にて御くはし一箱上らるゝ藤大為日野為あき所勞むつらしき由にて下らる

廿三日

御き嫌よく御小座敷御たいめん

九月九日

御機嫌よく朝御盃参る参賀御對面御する御はか様親王御方へ御すゝ御重肴にて御盃旨御こしれ御間御引つゝき常御所にて御三こん御盃旨大輔内侍な御しやく　御小かはらけも有其後御間之物二の御間御しやうきにて山御覧上らせ候

十日

御き嫌よく何を此ころの御通り

十一日

御き嫌よくおもて宮し御湯こくきん出ル朝かれゐ御多く御すそあきちのすけなへ御頼申御拝すミ御内ゝ内侍所御参り御宮もあきちな長はしな御児兩人るちこな　入御後御丸火の御まゝにて神宮御法樂すミ候はつきん濟御丸火とけられ御神事中に成例ゐい御かけ物いつもれ御通り

十二日

御機嫌よく御小座敷御對面前關白殿御もしめ師のすけ為中將典侍為新典侍為より

御き嫌伺文まいる

十三日十四日御き嫌御よし〳〵

御き嫌よく御黒戸御代もいー月御覧御するゑ御はらま常御所望さし一こんの御盃まいる

十五日

御き嫌よく御拝御法樂西本願寺ゟ時節御き嫌伺丹頂鶴つらひけん上大すけ局ゟ上ル大すけへも三種よせさらな到來戴合せ庭ゑもこゑんきせる共進上

十六日

御機嫌よく御拝

十七日

御き嫌よく御拝御法楽賀茂下上

十八日

御き嫌よく御拝御参り上御霊御延引御まつりニ付御夕御せんこうく御祝あそハされ候御目通りニて何をも御祝いたゝき夕御拝朔平御門御覧所に成

御拝出御成親王様准后様へ御手つゝら進しまいらせ物准后様ゟ大すけ始御ちそう戴候也

十九日

御き嫌よく後院御鎮守御代参に長はし為参らるゝ大御ちの人も参まいらせ御さん殿宮様御殿御出來ニて御兩人参らる御客様方さも御参り御小座敷へめす

廿日

御き嫌よく今日ゟ大すけ引

十月一日

御機嫌よく御拝あらせられて御神くう師典侍より参賀御對面

九日

御き嫌よく新朔平門院様御十七めくりに付大御ちの人泉山へ参らるゝ

十日

御き嫌よく長橋より兩寺御代香御花御くもしまいる

十一日

御き嫌御よし〳〵

十二日

御き嫌よく懺法講行ハせ御なる御はやく御朝座　出御五ッ前御夕御せん済まいらせ候御夕座出御成方々様ゟ御き嫌御伺御くもしまいる瑞龍寺様御菓子御花御ふた方より上まいらせ候ちもつの人々参る

十三日

御機嫌よく六ッ半過ゟ朝座にはしめよりに樂

入御なる靈あんしの宮様に参り申ノ口ニてになちにんなゝれに對面あら

せられに御なゝい出何も濟せられミな〳〵清め湯

十四日

御き嫌よくに湯あらせられに精進とけにまゐ上ル女中よりもする〳〵上

ルにんのこ御えう姿御玄猪申出し何もいつもの通り

十五日

御き嫌よく月そくに殿つゝみ六位まゐる

十六日十七日

御き嫌よく兩日に拜に法樂

十八日

御き嫌よくに小座敷に客様に對面

十九日

御き嫌よく光格天皇様十一月十九日御神事中故今日御引上御法事師のすけ為御代香御花御焼香まいる

廿日廿一日

御機嫌よく

廿二日

御機嫌よく藤大納言為今日下りニ付おくより二枚折御屏風御しう被下さる大典侍もしめなよを肴進上

廿三日廿四日廿五日

御き嫌よく

廿六日

御機嫌よく今はんな御神事入手なし下らるゝ

廿七日

御き嫌よく上賀茂御かり殿せん宮に付御吉刻とり御湯めされ御拜御ふく
めしかへ　東御庭ニて御拜

廿八日

御き嫌よく將くん家ゟ生御まな上ル

廿九日

御き嫌よく御參り有中河宮御隨身　御新殿御拜領今日御ねさましニ付御
内〻御屏風御ゑいなもち一對宛ずい心院御准后宣下ニ付御内〻御礼御花
なん一もこ親王様へ御机

三十日

御機嫌よく新嘗祭御神事入御湯めさるゝ　御殿中殘ふ御湯

十一月一日

御機嫌よく御拜御神くう御無人ニて川きの御代參大輔内侍ゟ參らるゝ

参賀御對面あらせられ御少〻御まちらひ親王様准后様御参り御口祝まいる夜ニ入御盃御三こん目御三こんめ長はし殿御しやく

二日

御機嫌よく御拜前關白様御始御参り御小座敷御たいめん大輔内侍殿御神事まけ下らるゝ

三日

御き嫌よく大名御對面御服男あた

四日五日六日

御き嫌よく六日夜ゟ春日社上迁宮ニ付御丸火入まし行水

七日

御き嫌よく春日社正迁宮ニ付常御所御庭ニて御拜御湯御丸火御直衣御もら海御するゝとあ〳〵御庭ニておあ乙也ぬけられ〳〵よ付親王様よりも御清きおもて色〻御ましの御品上られ〳〵准后様ゟ御巻物紅白其外いろ〳〵

上さまこなさゟのおゐ表新すけに親王御ゟ上さままんほう中將典侍に

八日

御き嫌よく大輔内しに御下り中乙舞御まな進上

九日

御き嫌よく大輔に上らるゝ御花しん上

十日

御き嫌よく帥典侍に明日はゝかり日夕方ゟ下らるゝ

十一日

御き嫌よく御拝神宮御法樂

十二日十三日

御き嫌よく

十四日

御き嫌よく新すけ為まかし下らるゝ

十五日

御き嫌よく石清水御法樂

十六日

御機嫌よく内侍所御法樂有栖川中務卿宮様親王様御手あらひニ御系りあもちのすけ為上らるゝ御花進上喜佐丸為明日はゝかり日夕方より下り品物御ミやゝ前中納言為始へ送らるゝ御くもし大すきな進上ホ春日まつり御丸火入

十七日

御き嫌よく春日御法樂御らけ物もいつも之御通り

十八日

御き嫌よくくらを御法樂御庭とろさふへニ付九こん下さる

進きんの御口切親王様准后様御きん進しめ〳〵御口祝御茶出ル

十九日

御機嫌よく

廿日

御き嫌よく御法樂親王様方御ちそう戴

廿一日

御き嫌よく關東御本丸二の丸燒失ニつきこなたより御尋給物大樹公へ料紙硯箱

和宮様へ紅白ちりめん十巻御小屏風　天璋院御かたへ御緒十巻伺有　和宮様への御屏風龍虎

廿二日

御き嫌よく新嘗祭御丸火入毎之通り　参役新すけ様大輔内侍様供奉加賀様采女ゑちこ様伊賀様へ仰出さるゝいよ様上り又下り　准后様御もしめ御色なをし盃有

廿三日

御き嫌よく江戸より御ゑより本丸二の丸焼失乍和宮様御勤《動カ》し無由御便り

廿四日

御き嫌よく新嘗祭御當日　おふみのこゑうくうしおいり七つ過暮前おもてをし御見まて言上有すく〳〵御湯　出御こゝきん出ル御中入四ッ過ありつき神をんすみ　入御八ッ過御一こん出きさゐ大しやうし朝りまゐまて御まち遊いされ御手水御まりひたな南比《北カ》中御ゑらひ

御左御水つお御ぬり三度上御水も同断御みやうふと大輔内し為上まいらせ候ゑつみの方へ御三あし御はもみあそいされ入御親王様准后様方も御をしの御品上〳〵こおたより出〳〵の御まんお表大すけ戴

廿五日

御き嫌よく豊明節會出御あらせまいらせ候にをち會濟一条左府様七日こう去ニ

付もいてう三ヶ日

廿六日

御き嫌よく御代香おもてゟ

廿七日

御機嫌よく

廿八日

御き嫌よく御神くう大輔内し為へ仰出さるゝ喜佐丸為兒退出に付兒おしミ御たあゝめ拝領銀十枚夏装束御手つゝら御文この内いろ〳〵　親王様ゟ銀二十枚冬装束御あんこの内いろ〳〵准后御ゟ御たう炎御巻物御ゐもち一箱

廿九日

御き嫌よく御一とう銀拝領御礼申入

十二月一日

御き嫌よく候拝あらせられ候御神供大輔内侍為參賀御對面ならせられ候

夜ニ入候盃候三こんまいる候三こんめ長橋為候しやく

二日

御き嫌よく

三日

御き嫌よく裏松喜佐丸為元服ニ付

候所こわく候一ふた候まな一折きん上

新王為へこわく候一ふた候まな一折候てうし一枝敏宮為へこわく候一ふ

た候のし候返し候なら二ゆひ關白為へこわく候一ふた上候返し末廣一本

か乙入金物つき

四日

御き嫌よく少々候風心為ならら候かり床へならせられ候高しな伺弥候よ

し〳〵わと申上ル裏松殿ゟまんを一反組肴九こん到來

五日

御き嫌よくに小座敷にたいめん有

六日

御き嫌よくに代香おもてゟ

七日八日

御き嫌よく八日東對屋すゝ拂大引

九日十日

御き嫌よく

十一日

御き嫌よく

十二日

御き嫌よくかもに本社正迁宮ニ付東庭に拜雨にててんしやうに引直衣に

なとへ候きぬめさるゝ朝ゟれ為候庭へ〻お〳〵下さ(マヽ)

十三日十四日

御き嫌よく

十五日

御機嫌よく候すゝ拂ニ付候なる七ッ一刻前　朝候せん候おゟ乙何も濟かの〳〵候學門(マヽ)所へ成きんし御師すけ為長もし為候する〳〵成らせゟ寅半刻過何もいつもの候通り候夕候せんのせ川ゟけもゟまて候通りいゝゝきれ也なる後候盃小候所まて一《あつらへ》こん系る〻お〳〵包ゝ来しもゟまさしゑり暮ゝ候すゝ濟かの〳〵引渡し内外共うんそうすゝ　入御初夜過候三こん候盃まいる長橋為へ別段御盃下さる親王御准后御方候すゝはらひニ付候よせさかれ上かの〳〵今もんより川合社正迁宮ニ付候神事入

十六日

御き嫌よく候丸火入候遊し行水毎之候通り

十七日

御き嫌よく川合社正迁宮ニ付酉刻御拜常御所御庭御清き御湯めされは御丸火御直衣御はらま御末廣雨き故すのこにて御拜初夜過御する〳〵濟を申言上有四ツ過とくと濟を申又〻言上ニて御丸火とけ申御常に成

十八日

御機嫌よく御神事とけ又〻今もんゟ下らもきぬを三社御神事入なふ新大夫子そく親王宮御兒によめし出されは名亀丸と下されこなたへも御まな一折親王宮へも御まな一折准后宮へも御肴上申御神事御さらり中ゆへ文にて上申こなたゟ二百疋下さる親王宮ゟ紋ちりめん親王宮へ御あふき十本箱入御兒日參へ三本つゝ大すけへ御まな三種高松殿もしめへ御肴三種亀丸殿ゟ送申高松殿へ口上ニて新内し殿へ御くもし一箱雅樂もしめへたうき有

十九日

御きげんよく下ゟもきふ祢の社ひらきのやしろ三社正遷宮ニ付常御所御庭ニて御拝御清御湯めされ御拝の御ふくめされ〻何も御する〳〵済も候

言上丑刻過

廿日

御きげんよく御神樂御神事入ニて参役大すけ大輔内侍殿へ仰出され候關東本丸二ノ丸焼失ニ付和宮様へ御ゟひまき御ひりんす御白御服類御しゆちん二ツ御きんしうむらさき御ひりんず御あんめし御ひちりめん三ツ御しほり御もし二ツ准后様よりも御地あか御ひちりめん御白一重進しまいらせ候

廿一日

御機嫌よく御丸火入御まし行水毎之通り

廿二日

御機嫌よく御神樂御當日准后様御上り御花御看暮過おもてまし御兒ニて言上有御湯こくきん出る初夜前　出御中將のすけ殿もしめてもや御すそ

大すけ大輔内し様湯いさし尾張へもしらせ　内侍所参向御すゝ済候て
と二人ともしりそかせ御所作御座へならせられ　内侍御まん御わこんう
け取申され御己こん御やういのかさ上る榊おもり入御成　よなか過御内
ゝ出御あらせますす何もすみ候ての丑刻過兩人帰り参りさかき上ル

廿三日

御機嫌よく二条左大臣様關白宣下ニ付御内ゝ御高つき一対旨思召ニて御
文この内御く乙物御筆か御盃三枚かさねやき物同御座　御對面御打もか
ま御むとへ御引直衣近衛内府様御拝賀

廿四日

御き嫌よく近衛内府様御直衣始ニ付朝かれゐ御對面常御所まて二こんの
御盃旨夕かさ夜ニ入關白様常御所御盃二こんまいる御小座敷まて御口祝
まいる暮の御しこう参表御内き三仲間いしも毎之通り下さる

廿五日

御きげんよく藤大納言殿より御まゐ上〳〵御夕御せんに出る

廿六日

御きげんよく節分にて御夕御ぜん御あつもん御精進なし女中はようし計にて精進也

内侍所へ御参り親王様も御ともあそはし御とし取〳〵御重さらまゐ親王様も御戴御跡御通り大すけ長はしゐ何ぞもとし取御祝酒出御まないゝゝ記は也　入御成御年越の御さらつよろほうの方御ミうしろに遊はされは御まめまきねんしの御間御清間常御所中段長もしゐ　其後別殿御こんの間御口祝御三こん長もしゐ御しやく男らゝめし鳥うたはるゝ一ノ御間にて御そうに御祝あそはさる御としの物有何ぞも御とし取御そうに戴れ也

廿七日

御きげんよく官位御はた三室戸三位十九年御もん出せいに付御しやうに御かねを給ふ

廿八日

御きげんよく近衞殿ゟ青籠にてよせられ上まいらせ候

廿九日

御機嫌よくにて小座敷にて對面關白殿始來春元日に神供長はし殿へ仰出さる

、

元治元甲子九月より

心おほえ

績子

九月朔日

御機嫌よく御拝出御成御神供按察使のすけゟ参向日〻に御代参も勤む
御初穂百疋朔日ゑもん日〻の御くこまいる准后御方も御くま上らるゝ長
はしゟ方も御くま進上今日は御盃事はすへてとゝめらるゝ朝餉師のすけゟ
新内侍ゟ伊賀ゟまいらるゝ御参賀仰置也　親王御方准后御方ゟまふの御祝義
御まな一折つゝ上らるゝ女中しゆ御祝義申入跡はもりこほしらるゝ今もん
の御盃御はふかし

二日

御き嫌よく御拝出御成らる六ッ半今日内侍所へ七月分御参り御初穂白ら
ゑ一枚御すゝ参御くま参る御口祝すゝらるゝ入御御引つゝき八月分の御
参り御初穂白銀一まひ御すゝ御くま旨御口祝済らるゝ女中しゆも口祝有
御する〱すゝらるゝ入御成賀茂下上御法楽水無瀬宮御法楽御ふれ有
あす方の御拝つとめらるゝ様奉書出ル夜ニ入師典侍ゟ頭痛けニて明朝下ら

るヽ

三日

御きげんよく七月十九日以後御誥〔詰カ〕ハくろうに思召上しめし樣ニて關白樣へハまいんす一反金ハ水入一ツハ文ちん一對右府樣へハまいんも一反銀ハ水入一ツやき物三枚重御盃一組尹宮樣へハまいんも一反ハ文ちん一對やき物三枚かさねハ盃一くみ常陸宮樣へハまいんも一反ハ文ちん小一對三枚重ハ盃一組内府樣へ御まいんす一ゑん銀水入一ツ燒物三枚かさねハ盃一組九條大納言樣へハ輪〔綸カ〕子一反金ハ水入一つかさねハ盃一くみ來ル五日一橋中納言松平肥後守松平越中守稻葉美濃守眞田信濃守本田〔多〕主膳正大久保加賀守蒔田相摸守藤堂大學頭去ル十九日出世ニ付めし天盃給りハ事伺有伺の通りと仰出さるヽ

四日

御きげんよく今日ハハ延引の御靈會ニ付土ハ門爲ゟハ物忌上ルハ上のハ

ゟつもれ通り常御所上段折ニて上ル　内侍所へ二枚おらにまみのゟミニ
て包おもて使口上ニて參る敏宮樣へもまいる
御靈會ニ付御拜いあらせられ候へ共ハ祝事ハ沙汰ならせられ候ハ七ッ半比一
もんなこ言上ニて御ゆいめしられ候にハ清めニて朔平御門ハ覽所に出御
成ハ拜親王樣へ毛植の白馬まいる准后樣へ御庭たもこなんかけ出しハ人
形參り准后樣方ハ五種よせ肴上られ候　入御のハ時分親王樣よりハ薄板
上られ候　准后樣方ハ紙入一組ハ文ちん一對敏宮樣へも一枚むにゐ文ニて
まいる御靈會ニ付使もん御使ニてハ初穗五百疋尹宮樣方ハよせさら飛も
しやと上られ候

五日

御き嫌よく去ル七月十九日長州家來ハ築地内ニて乱坊のもつ出世ニ付一
橋中納言松平肥後守松平越中守稻葉美濃守眞田信濃守本多主膳正大久保
加賀守蒔田相摸守藤堂大學頭めし小御所ニて御對面天盃さふハなうひを

給ハりハ蒔田相摸守御太刀馬代白かね十枚しん上一橋中納言眞御太刀御あるれ御なとへ御きぬ御入らさならそへ候もふ右ニ付大御ちの人表へ持出らるゝ會津中將にも眞の御太刀給ハりハよし之外に給ハりハ御品御内些よてハ志らとわらり申されハ此度の御大變ニつきしんし三ヶ夜御神樂仰出されし八日夜十日の夜大すけに御ゑく仰出されし九日夜あをちのすけ為へ御役仰出されし八日の夜新内し為へ御役仰出さるゝふらさ候こりつよくおうはまれハニ付御斷申入候尾張へも御やく大御ちの人申渡し

六日

御き嫌よく新内侍為腫物出來ニて御役御斷申入候小式部内侍為へ仰出さるゝ

七日

御き嫌よく三ヶ夜御神樂九日よ御役長橋為へ仰出さるゝ此度鷹司前關白

御ハ殿焼失ニ付ハふる鴨居下六枚折ハ屏風一双ハをんつき一もんハ文こ
の内ニハきぬ十疋二枚折ハ小屏風一双ハ机一箱同ハ文この内ふハなら十
包ハたん尺文こ二ツの内ニハ羽ほうきハ筆十三對ハもさみ三てうハ小刀
二てうき置紫たんの御書箱のうちニ金二百兩前關白御へ進
御ふる四尺六寸ハ屏風一双ハきぬ三疋同大納言御へ黒ぬり高蒔繪二重の
ハ文こ内ニハ非ヾちりめん一疋小町らたハ紙入ハくゝ物ハきセる一本ハ袖
入二ツハ文ちん一對ハ筆洗一ツハ筆掛一ツハ墨たいハもさ乙ハ小刀きわ
政所ハ方に大すけもしめハ聚しゝの人々なハき嫌うかゝひしな〳〵上ル
入道准后御へハ菓子上ル今もんよわ御神樂御丸火入ハする〳〵の様ニ
内侍所へハすゝハくま進紀伊中納言正三位宣下ハ礼ハ太刀馬代白かね百
枚きん上

八日九日

御き嫌よく

十日

御き嫌よくは神樂は當日にて　内侍所へはすゝ参は初穂白ら金一枚はま
ゑ五尾一折肴昨夜乃　は神供はくま参る今日は御神供八ッ比揃ゝ由言上
有按察使典侍ゐ長橋ゐ参向はする〱濟めて〱帰り参る酉之刻は表遊し
は兒にて言上有はてく常は所にて高倉ゐへ小式部内しゐ渡さるゝは清き
はは湯あそはされ常は所にてこくきん出るは下もか浚にて朝あ迄ゐへ　出
御はふくは手水男あゝ酉之刻比ゟ雷鳴にて追ゝ烈よく成をもし　出御は
見合にて常は殿へ　入御成　内侍所へとふそ〱雷をおとよく靜まりは
樣にはすゝ上めて〱　按察使典侍ゐ長もしゐ参向中故直にはすゝの事さい
に長もしゐ申さるゝ御くま参其内追ゝ雷もをつまり初夜比また〱朝ら
迄ゐにては服は手水男らゝ　出御成をやはすそ師典侍ゐゑの御座は劍小
式部内侍ゐゑとへ衣にてもち参らるゝ關白殿は不参　出御はすふ頭辨ゐ
御劍うまん殿上人はもちのすけゐ長はしゐ参向はする〱と濟めて〱

入御成初夜半ころ成今もん御内々御聴聞了　出御成八ツ半過御神樂御す
る〳〵濟まいらせ候六位ゟ榊長もし為うけ取兩人寄り參るこよひ乃御かくみ
ふ御くし大すけもしめへ下さるゝ三仲間へも御めしの御品下さる

十一日

御機嫌よく例幣御當日ニて御なる六ツ過
五ツ比表めし御兒まて言上有常御所ニて御かく己さし御濟き御湯めさる
こくきん出る御下もりまて朝かれゐへ　出御成御服御手水男りたをや
御すそ師典侍為なとへ衣なの御座御劔小式部内侍為なとへ衣ニてもち參
らるゝ關白殿御不參　出御御すそ頭辨為御劔四辻中將為之御拜御する
〳〵相濟まいらせ候直ニ　内侍所へ御參り有御すゝ參御まな一折御初穂白ら
手一枚參此ほとの御大變ニ付とふそ〳〵天下泰平おさやらの様ニ別たん
御幣物　御奉納あらせられニ付御初穂白ら手一枚御まな一折參別段御す
ゝハ御一度の御すゝの内に御頼こめられハ御すゝ濟まいらせ候御口祝參師乃

すけなむとへきぬのまゝおゐも之女中しも口祝濟かん酒にておん祝酒も出るおする〳〵濟まいらせ候　入御成午半刻ころ奉はい發遣御滯無濟まいらせ候ニ付表より言上傳奏奉行より御悦申入らるゝ

御丸火解らるゝ　神宮お法樂にて表をし小お所へ　出お成御する〳〵と濟まいらせ候　入御成今日ハおかけ物四重のお手提内に白かね二枚親王御方おかき物三重ハ御手さけ内ニ二百疋入上まいらせ候大すけもしめお掛物上ル夕かた御をし取別さん奉幣使ニて神宮兩宮へ例年之通以前に白か袮一枚つゝ出されゝ今もん別殿御枕おかひまた師典侍なれしまし参らるゝ御盃おもうけお口祝上ル

十二日

御き嫌よく先月分春日社お法樂ニておん小座敷にてよみ上有御する〳〵濟まいらせ候お湯ハめされも御清め之尹宮御此ほとかた少〻おむさ〳〵ニ付五種の御よせ肴お菓子進し候此度の上納米ハ米の分來ル廿日にお藏にて渡

されハ由表ゟ申入らるゝ

十三日

御き嫌よく御神事解ニ付の賑ゝ中將典侍殿上られのもな進上去ル六日分仁孝天皇様泉涌寺御代香民部卿殿参らるゝの花の焼香まいる　同日新待賢門院の方高倉侍從殿参らを御の花のせう香参今日れ新朔平門院様泉涌寺御代香錦織三位殿の花の焼香参今もんゟ先月分御延引の放生會の神事入ニ付宮中の火替手なしふく者下らるゝ准后殿の事此ほとゟの下りれまゝにて今日の上りならせ御の准后様ゟ文参關白殿前關白殿へ御一箱参今もん月の覽の沙汰形し

十四日

御き嫌よく准后殿ゟ恒例文参る准后殿へ の下り中の尋ねのよせ肴のくしれの品ゝ紅板〆一ゑんのも乙一疋三とくの紙入一ツ小町らさのら乙入一ツ赤地すみ取の組物の袖入三ツぬいとりゑもこ入三くみまきう形ゑもこ

入三組はきんちやく二ツかさ梨かんさし二本むら打三本きせる二本は人形二ツ毛植一ツ参今もん放生會御丸火は神事入ニてはするく〱の様はすゝ参は初穂白ら多一枚御くま参は星しの湯は行水参少〻はむさく〱は用心候ニて御清め之

十五日

御き嫌よく放生會は當日よてはなる六ツ半卯之半刻過内侍奏聞申参長はしなゝとへきぬニて大もん所へまいる常御所よて御覽しめし返しなふ兩度之親王候御上らぬは使よて　はらけ物上りめし　こなさは掛物は弁當のうちふ五百疋入大すけ始は掛物上ル桂は所よりは領山まつ上りめし　御内儀御文庫從來御數少御物難被納ニ付御池庭北之方九間御文庫之前高塀御模様替ニ而右御文庫は内儀ニ取入替り之は文庫繪圖之通新規は取建相成候様御沙汰候間宜勘考早〻出來候様稲葉美濃守先勤中被相達則申達候処は沙汰之通可有御造立候其段御達可申旨年寄共申聞候段去四月中御達申

候處被成御承知候然候處右御場所御狹少其上樹本（マヽ）等有之御差支ニも候間御見合ニ相成更ニ廣庭之方ニ而余程間數も延廣り候得共別紙圖面之通新規御取建相成候樣御沙汰候間勘考早〻出來候樣被仰聞致承知則相達候處右之御内儀御文庫御模樣替御沙汰之通御造立被成候間此段御兩卿へ御達可申旨年寄共ゟ申越候よしなろう有夕ら御くし取もあらせられ候

十六日

御き嫌よく石清水放生會御滯無濟まいらせ候よしなろ橋様ゟ言上有御丸火とけらる〻御もつなあら今もんより石清水かも下上奉幣發遣ニ付御丸火入み成まいらせ候故とけ候に其御海〻也

准后様巳之刻比御上りニて長もし様加賀様御出むあひみ系准后様より御使御花一つゝ御よせ肴一折上まいらせ候

十七日

御き嫌よく御なる七ッ半石清水加茂下上奉幣發遣ニ付放生會之御とをり

御膳計ハ精進也辰ミ刻比内侍奏聞申条長橋なとへ衣ニて大もん所へまいる常御所ニ而御覽しまいらせ返し給ふ兩度之御清き御あら李めさせまいらせ白のハきぬハ引直衣ニて朝餉へ　出御成頭辨ハ直奏之ハすそ師典侍ハ内ゝハきん長橋なとへ衣ニてをち条濟めでたく〳〵石もいたんニて御まんしの御拜有ハ引つゝきお日ゝれ御拜もあそいされハ　入御成奉幣發遣御滯無濟めでたく〳〵表方言上ハ悦申入らるゝハ丸火とけらるゝ加茂下上社ハ法樂ニて小御所へ　出御成ハよ乙上例之ハ通り今日ハかき物あらをめでたく〳〵こなた四重のハ重ゑ五百疋入　親王御方よりもハらけ物ハ硯ふた二面ニ二百疋准后御方らう尺ふんこ紅板〆一反大すけ始方ハらけ物上ル御里し取ハ賑ゝ

十八日

御き嫌よく親王御方准后御方よりハ神事とけニ付ハ悦仰入らをハまい〻一折つゝ上めでたく〳〵中將典侍ハ上られハ花進上大輔内侍ハ此程方故生〔マヽ〕ニて引籠今

日薄清成申され御き嫌うかゝひ右ニ付除服出仕の奉書出さるゝ御請御礼
申入らるゝ上〻申口にて口祝あり

十九日

御き嫌よく

廿日

御き嫌よく本願寺ゟ時を川御機嫌伺青籠御よせ肴一折献上

廿一日

御き嫌よく准后御当月の内侍所御代参まて御くま上〻当月乃大もん
ニや傳〔轉カ〕とくゝ付御札上り親王御御札参御使表使准后御へも御札御供物表
使まて参

廿二日

御き嫌よく今日親王御御たん生日ニ付高松殿御使小戴一ゑたゝ御まゐ一折

御てうし一枝まいらす御よせさかな一折上まいらせ准后御方も御まな一おり御よせ肴上らふ御使にて上まいらせ大すけ長橋より大御乳人に小いたゝた一ふたつゝ下さるゝこなた方親王御方へ御まな一折表使御使にて参る御内ゝ御よせさかなも参る御使越後より准后御方へも御よせ肴越後御使大すけ長橋より大御ちの人方する〳〵一折つゝ親王御方へ上は三こん水無瀬宮御法楽御清めあそはされ候小御所へく御引直衣小御所へ出御成よ乙上有七月十九日御大變の節にハなん〳〵御せい勤の御事御滿足に思しめし猶又其後永ゝ御つとめ暑され時分御くろうに思召候に付關白御方へ六枚折四尺五寸御小屏風一双御繪様櫻に雉紅葉鹿ゑし中嶋華陽まいらす御ふる御なたもこほん一箱御きせる添七種御よせさかな御内ゝの文にて進しまいらせ徳大寺右府御方へ御衝立七種御よせ肴尹宮御方へ三尺五寸二枚おり御衝立屏風片シ御ふる御たもこほん七種御よセさかな御内ゝの御文にて旨

廿三日

御きけんよく御大變のをつゐん〳〵御せいきんの御事　御滿足ニ思召永〻
御詰《マヽ》等暑さの時分一しほ御くろうにおぼしめし御ニ付常陸宮殿へ御机一
箱七種の御よせさら取一折ゐ乃ふ内府殿へ二福對《マヽ》御らけ物七種御よを肴
九条大納言殿へ御小衝立一箱七しゆ御よせさらゐ山しゐの宮殿ゟゐとゐ《マヽ》
御もくろくまて上まいらせ候　御小ゐんもて出來まて今日上まいらせ候

廿四日

御きけんよく去る十九日御大變ニ付輪王寺准后宮殿ゟ御きけん伺まいらせ候　御菓
子一箱御獻上同新宮殿ゟも御菓子一箱御獻上

廿五日

御きけんよく准后殿ゟ當月伊勢多賀御札上まいらせ候　明廿六日仁孝天皇樣泉涌
寺御代香表へ仰出さるゝ則石野三位爲伺有御花御燒香くうし候樣に申
聖門殿ゟ秋《彼カ》岸御祈禱御滿座ニ付土產御札上まいらせ候

廿六日

御き嫌よく今日ハ　仁孝天皇様泉涌寺ニ代香石野三位ゟ参り候ニ花ニ燒香参御靈前へニ花ニ菓子まいる

廿七日

御き嫌よく去ル七月十九日ニ大變のをつみはなん〳〵ニせい勤遊ハし候ニ付關白殿右府殿尹宮殿常陸宮殿内府殿九條大納言殿金百兩つゝ表よりなまいり候兩役人しゆへ金子貳十兩つゝ義《マヽ》奏加勢十五兩つゝ三番所公卿殿上人百卅四人六位三人八兩つゝ奥瑞《マヽ》非藏人七十五人女中しゆ大すけ始十七人ニ十兩つゝ此内丹波ゟ十九日以來よほと〳〵後八月十八日に上り候ゆへ金七兩戴らせ候新宰相ゟ金七兩御兒二人金七兩三仲間廿七人五兩つゝ藤大納言ゟも参り居られ候ゆへ金子五兩御内義よりいたゝかせ候

廿八日

御機嫌よくきふのめて度さ朝御盃参
瑞龍寺殿ゟ例年之九月ニ祈禱御札上る

廿九日

御き嫌よく來月一日　内侍所御神供女房は無人ゟつき刀自に付られ候さいめし長もし申渡は去ル七月十九日は大變ニ付八朔は祝義献上物諸向とゝめの〳〵ニ付今夕御延引のまん上ニて御祝事いは候ゝ無は忘うき献上もらりニて尤参賀もなし親王殿方高松殿御使ニてもい〳〵人形五十組薄様はもくろく書添一日乃めてたさはまゐ一折も上り〳〵外ニは内ゝは庭成もこおん賴母の御祝義金子二百疋上り〳〵おらゟ御内ゝ御かるさ一箱こあさより親王殿へ御返し黄金二枚右京大夫御使ニて黄金は硯ふさにのせ参は内ゝ十種香の御道具参伊賀守御使准后殿へ御附成しニて金子五百疋は返しは使右京大夫は内ゝ銀めつきの御花生参御使伊賀守桂御所方金子三百疋なたい一箱上り〳〵は返しは附成し五百疋参る外ゟはゝらし一疋杉もら様ちらし文こ御内ゝ近衛前關白殿方御小机一箱内府殿方燒物は花生上り〳〵こなた方前關白殿へは内ゝは手あふり内府殿へ御衝立まい

る

晦日

御きげんよく傳奏衆ゟ此ほと候直ニ伺ハれ候伊郎子阿波介せい紙たん文相濟候よし申入らるゝ何時もいしん仰出され候ても候宜敷よし申入まいらせ右ニ付來月二日午之刻　天脈拜しん仰出され候候事義《マヽ》奏しゆへ申出候誘引筆頭兩人申合候て出候様ニ仰出さるゝ御内義《マヽ》よりも藤木近江守めしニて右のよし大御乳人申渡さるゝ

十月一日

御機嫌よく御拜出御成候なる六ッ過御神供五ッ比揃くうしまいらせ様あかゝまて内侍所へ申参刀自に附らるゝ御する〳〵濟まいらせ幸ふのめてゝさ朝御盃参る朝ゟ出る督典侍為新内侍為加賀為まいらるゝ日ゝ此候代参中將典侍為参らるゝ候初穂百疋候参賀候

對面成親王御より今日れハ志う發高松殿御使御まいる一折上まいらせ候准后御
方も同断上まいらせ候夜ニ入常御所ニてハ三こんハ盃まいる女中男たちハと
をり　ハ三こんめしやく長もし殿准后御ハ不参

二日

御機嫌よく御拝出御成伊郎子阿波介今日午刻表向天脈拝しん火急の御事
故三度拝しん一度ニ重ゑ候思召れところいろいろふ御用繁ニ付御一度ニて
んこ仰出さるゝハ小座敷ニて天ミやく拝しん誘引藤木近江守御すゑハは
らまニて伺御するく済まいらせ候

三日

御き嫌よく御拝出御成當月　内侍所ハ参ハ初穂白らゑ一枚参る白川殿へ
あすよりの御拝つとめ候様奉書にて申御請有

四日

御き嫌よく中御門右大辨宰相殿拝賀ハ礼申入候むさい一箱進上表使ニ

ては礼申入らるゝ少〻は風まふならき候故は對面あらせられぬよし駿河とのニて申出は熊之御間にて天盃さふ

五日

御き嫌よく明六日　仁孝天皇様泉涌寺御代香は表へ仰出さるゝ冷泉中納言為伺有伺のとをりは花は焼香くうし候様ニ申新待賢門院御方泉涌寺は代香も表へ仰出されゝ長谷美濃權介為伺有

六日

御き嫌よく今日も　仁孝天皇様泉涌寺御代香冷泉中納言為は花は焼香旨新待賢門院御方は代香長谷美濃權介為去ル七月十九日御大變ニ付知恩院ニて七ヶ日之間せられ仰付られ滯無濟候由言上ニて書付上る

七日

御き嫌よく亥のこれめて度さ御賑〻之はきんてう例年之通り御いきなそはされ候　親王宮准后宮方はいのこは

祝義仰入候親王御方はまいらせ一折准后御方はかちん一折上まいる桂御所よりは玄猪申出しまいる関白御はもしめは摂家かた親王御かゝ堂上一同六位蔵人両本願寺外様門跡かゝ諸家一同例年女中衆御兒三仲間へも下さるゝ夜ニ入常御所ニてはほく〳〵御直衣のは袖おゝひつきせまいる准后御はきぬのは袖おゝひつきまいる女中しゆも袖おゝひつきは也三こんは盃女中男たちはとをりははしき下さるゝは見するかとのへも御もしき下さるゝ　御三こんめ長もしたはしやく尾張前大納言正二位御推任ニ付御礼は太刀馬代白銀百五十枚きん上松浦肥前守より従四位下せん下のは礼白かね十枚きん上

八日

御き嫌よく此度北野天満宮臨時祭御再興の御事仰出され曼珠院は室方御請御礼申入有

九日

御きけんよく

十日

御きけんよく新朔平門院様御忌月ニ付長橋殿御代香ニ参り御花御焼香御くわしも参る

十一日

御きけんよく長もし殿つゝし乙勤仕とゝめまいらせ候依　思召下宅謹慎仰付まいらせ候事御小座敷ニて關白殿尹宮殿大すけ師典侍殿めし仰渡され越後殿ゟ三仲間へも申渡御

十二日十三日

御きけんよく新朔平門院様御正忌ニ付兩寺御代香師のすけ殿御もあ御焼香まいる

十四日

御きけんよく百ゝ御所大あミた様此度ゟ十五石進しまいらせ候ニ付一老御礼上ら

ぬよりの口上ニて御礼ニ参る右京大夫申参り今年　光格天皇様御廿五年忌ニ付十八日ニ大あミた様へ御花御くこし進しまいらせ事申置

十五日

御き嫌よく

十六日

御き嫌よく光格天皇様御廿五回御忌ニ付蓮観院殿ゟ心さしまん御もらひ申大すけ宰相典侍殿越後殿能と殿伊賀殿駿河ゟ御菓子料金五百疋大すけゟの文ニて進上

十七日

御き嫌よく

十八日

御き嫌よく御内儀御無人ニ付もんしゆ院泉山両寺御代香北小路三位殿近衛前関白殿内府殿ゟ御茶御花御内〻の御文ニて上けまいらせ

十九日

御き嫌よく光格天皇様御廿五回御忌ニ付兩寺御代香師典侍殿御花御菓子御焼香まいる

勅會御法事泉山寺へも參候御佛前へ御花御くわし御備へ新清和院様へも御もな計　御年忌ニ付方々より御き嫌伺御くわし上ル　敏宮様へ表向御菓子一折進しまいらせ候こなたへも上まいらせ候　准后様御正忌ニ付御見舞御くわし進し候伊よ殿御使口上申ス　尹宮様へ御一箱肴御返上有此節御き嫌伺まいらせ候御杉折上まいらせ候

廿日廿一日

御き嫌よく

廿二日

御き嫌よく御つぼの御口切おもて申の口御客無親王様准后様敏宮様めし御參り敏宮様御休そく所御ぬく所中段宮様御まいり雷鳴ニて御ふく所み

あらせられしもじよておさまりたくならせられは花生はうす板はよせ肴一
上られ大すけ始へはすもじ多い面戴は也はゝと海のせつはおちりめん一反は組
一反は口切につき進し候　御気りに付御かんこ内よ嶋ちりめん一反は組
物はらんはしは文ちんは袖入はよせさら所まいる親王御方はちゅう内に
はく乙物は人形准后御方は御んとう一箱進し候は退出よならは大すけ
へおちめんおもし戴

廿三日

御き嫌よく尹宮御方すい松気りは言傳み三種はま所上られ

廿四日

御き嫌よく関白御方小鳥上られ　こなたよりもは二箱まいるは返事旨

廿五日

御機嫌よく将くん家方初鶴進上女房奉書廿八日に出ル仁和寺宮御方は重
之内刑アは使よて大すけ始へいたゝたは大すき方刑部へさんは工箱のうち

へ百疋入はしさし添遣わす別殿に献間に枕に口祝に兒鳥うゑわるゝ

廿六日

御き嫌よく御代香表ゟ花に焼香まいる　に黒戸大すけに代香

廿七日

御き嫌よくに客様らさに参り御小座敷に對面成申ノ口まて妙染院殿　御き嫌伺ニ参らるゝ阿波宰相ゟうれらかつおたゝき關白殿より御傳獻

廿八日

御き嫌よく將くん家より初鱈進きんに付女房奉書今日出ル祥正院殿忌月ニ付　敏宮様へ御見舞御菓子まいる妙心寺参内に對めんにふく男らた來月内侍所御神供按察使のすけ殿へ仰出さるゝ

廿九日

御き嫌よく敏宮様ゟ花崎に使　御き嫌伺かれにうけ入ニ付十五日にま

けお清くあらせ候はゝ十五日おまん上もしお清りらくは廿一日めて度
おまん上こなたよも進し候

十一月一日

御き嫌よく今暁いんゐのおもん望しお兒ニて言上有望んこ出御ならせ候
ぬよしお兒ニて仰出さる小式部内侍殿ゐとへ衣よてまいらるゝ
御神供按察使典侍殿参向日〻みお代参も勤候参賀お對面親王殿お口祝
當准后殿お頭痛まお下り師典侍殿越後殿参らるゝ附武家兩人口切ニ付御
茶おまなまん上　夜よ入御盃御三こんまいるお三こんめ小式部内侍殿お
しやく男らためしお也跡の盃も有暮少し過おなか物表くし御兒ニて言上
有夫よ朝餉へ　出御成大すけ五ツきぬお手なら新内侍殿ら乙あけ五ツ衣
やくそ越後殿らミ上五ツ衣おれきあそいさる　入御成内〻御劔有

二日

御き嫌よく御客様かた御参り御小座敷御對めん准后様ゟ御内々御機嫌御
伺文参る

三日

御き嫌よく准后様ゟ　御き嫌伺候　御文参る關白様ゟ御内々御文ニて
鰻御まん上大すけ始へ小鳥戴仙臺ゟ　御き嫌伺馬三疋まん上小御所へ引
させ候御こちに切もり海ニて御覧ニ成

四日

御き嫌よく新嘗會御當日比敏宮様御まけされ候御今日御くしの御品
あき候
白ちりめん一反御くゝ物御たはこ入御人形二ツ上候　准后様ゟ御文ま
いる此たひ北野臨時祭御再興仰出され候ニ付霜月十四日妙藏院よりも御
祈禱願出今日ゟ一七ヶ日御祈禱出ル御撫物御初穂一枚いつるこなたゟも
仰付候五日ゟ願之方ハ七日より十四日御札上候様申女中一同ゟ准后様

ゟ下り中ゟき嫌伺ふうめん上ル

五日

御き嫌よく准后御方ゟ文参るゟ下り中御乙舞ゟ菓子三種ゟまいる進しめし

廣橋中納言為拜賀ニ付ゟ三間まてゟ對面熊之御間ニて天盃給ふ新内侍為

しやく伊よ為くもへ

六日

御き嫌よく

七日

御き嫌よく紀州方ふんとう酒乙らんまん上松平越中守志さう川紀しめし

所司代申渡ル畏ゟ礼申入敏宮御方ゟき嫌伺めしゟまいる

八日

御機嫌よく准后御ゟ清く御上り御花一筒ゟよせさあいる上めし大すけ始

ゟ硯ふた肴

九日

御き嫌よく親王御方御神事中御き嫌伺まいらせ候はうとん上まいらせ候

十日

御き嫌よく春日祭は丸火入は皇し行水何も毎之御通り

十一日

御き嫌よく春日祭御當日はらけ物御志るしのうら松ゟ拝領あをちのすけゟ新内侍ゟいよゟ伊らゟ藤大納言ゟ知行の御らちん進上

十二日

御き嫌よく裏松ゟ昨日拝領は重は初を上ゆ關白御は一箱参る返書上まいらせ候

十三日

御き嫌よく北野臨時祭御再興ニ付今もん方御丸火入は皇し行水毎之は通り

十四日

御き嫌よく北野臨時祭御再興御當日御ひるにはやく表くし巳の刻比御湯出御に下袴にて朝かれゐへ出御にふくに手水男かたにきい出御にれん關白殿にすそ頭辨殿もや御すそ帥典侍殿朝かれゐにて直奏有　入御成に夕御膳玄んもつ御覧所へ成よなら一刻前にする〳〵済せ候傳奏奉行あり釆女候にする〳〵の事言上有に丸火とけ候にこし成何れもにくし拝領

十五日

御き嫌よく一釆女尾張あなゝかついそす御を釆役申渡しはいしれくぬい司新大夫

十六日

御き嫌よく新嘗會御丸火入准后殿にむさ〳〵にてにふさんあをち殿もしめ色なをし盃有　きんの内侍小式ア内侍殿玄あをちのすけ殿奉供れよ殿うねめにもいをん越後殿玄んとり伊賀殿仰出さるゝそふの御守白川殿申

出ル

十七日

御き嫌よく御内〻まんもしめ御表後女房新内しゐきんの内侍役仰出され小式ア内しゐ頭痛きニて下り藤大納言ゐ御き嫌伺文旨

十八日

御き嫌よく新嘗祭は當日親王御方御まんおう表御包物はくしのは品は色〻上まいらせ准后御よりも御まししのは品は表上まいらせ夕らためしおゝせおゝみのことう供しおもりは兒ニて言上あり關白御は参りおもてましは湯あそいされは加賀ゐ所勞おして出候御湯はちの人手つさひは湯濟まいらせこくきん出ル出御は下袴よて朝のまゐならせ候御ふく男らさ初夜半出御は中入曉神をんくし出御は内〻ろう下よりならをかへきさい御手水何もすミまいらせ七ツ過

十九日

御き嫌よく節會　出御あらせられにめしの内侍新内侍の

廿日廿一日

御き嫌よく廿一日關東ゟ御便り有和宮様よ里御くもし上まいらせ候　廿一日甲子ニ付　内侍所三ヶ夜御神樂來月十五十六十七三ヶ夜も酉刻さにめし大すけゟ申渡ス

廿二日

御き嫌よく長もしの事思召にあらせられ候て役隱居仰付られ名藤宰相と下さる他人もちろん親そく一ふくめんくもいとゝめで度事

廿三日

御き嫌よく桂御所より藤崎御使　御き嫌伺まいらせ候　閑院微妙覺院様ゟ御願事書付持参まいらせ候

廿四日

御き嫌よく尹宮様ゟ玉淨御使ニて紀州ゟ御到來のよし色〻く〻物上まいらせ候

新すけ殿篤丸殿大すけ局へ道具もこひ

廿五日

御きけんよく近衛様ゟ靏上まいらせ候 新典侍殿篤丸殿今日ゟ大すけ局へ引移り口祝盃もるれもん祝心此度廣庭よ新御ふんこ出來ハ上棟ニ付 内侍所へ御まな御すゝ参る

廿六日

御きけんよく御代香おもてゟ六日十三日のを仰出さる御客様方御参り御小座敷

廿七日

御きけんよく藤大殿ハまいりハちよく五枚ハ上ゑんちさゐハ神事入新すけ殿手なしニて下り親王様へハあふき五本准后様へ鉢植二ツ藤大殿上まいらせ候こなたゟもちりめんおもし袖入下さる

進献ハ口切ニ付親王様准后様めしニ付ハせん御一所ハ口取ハ茶ハくわし

出ル

廿八日

御き嫌よく賀茂臨時祭御丸火入は遊し行水毎之御通り

廿九日

御き嫌よく臨時祭に付はゐるは早く五ツ過御きん　出御庭座舞御覧すゝ入御午半刻過南門御覧所へ成為立よなら半比は引直衣は服渡し朝かれゐニて御寝く

十二月一日

御機嫌よく御拝は神供済をのは気り大すき気向日々れは代気も有気賀御對めんはこぢはもら海朝かれゐ例之は通り親王宮少ゝは風邪は不気准后宮は気りは口祝まいる夜ニ入は盃は三献まいる二こんめ小らゝ里は三こんめ大輔内侍為はしやく

二日三日

御き嫌よく御拝

四日

御き嫌よくこなさまのつゝし乙月に付五日ゟ　北野への祈禱の初穂一枚

五日

御き嫌よく香衣銀大すけ局ゟ上ル綾小路殿のきいおの小座敷めしは也御黒戸の代香大すけ

六日

御き嫌よく泉涌寺御代香師典侍殿の花の焼香まいるの黒戸の代香大すけのよりあひの小座敷

七日

御き嫌よく新内侍殿の奉公人ひろめ二つお　内侍所へ百疋のまな一折侍使よて上る　こなさこまくの一ふたのまな一折のてうし一枝上る親

王様准后様へことく御一ふ〻はれし局ゟ口上親王様准后様敏宮様ゟ二百
疋ツヽは返し　帥典侍殿へことくは一重はまゐ添あそち典侍殿へも一重
高松殿はちの人お八百殿大貳藤坂へ一重つゝ帥典侍殿ゟ二もん文こふき
ぬよおもし伊豫殿駿河殿へも一重つゝ一もん文こいよ殿嶋しゆすおもし
あんこ其まゝ駿河殿ゟも嶋しゆす帯二もんのふんこ入到來は里ゟ二百疋
ツヽ到來新典侍殿へ大すけゟおもつ二ツ進上

八日

御き嫌よく山しあれ宮様ゟ寒中御みつまやうかん五さほ戴は也

九日

御き嫌よく子祭ニては小座敷四辻中將殿參のめし御所作もあらせられ〳〵敏
宮様ゟ大黒天參り御する〳〵子まつり濟かれ〳〵うへニては返し

十日十一日

御機嫌よく

十二日

御機嫌よく御神樂糸役大すけ中將典侍爲大輔内侍𛂞へ仰出さるゝ

十三日

御きけんよく甲子ニ付𛂋んぢ三ヶ夜御神樂ニ丸火入

十四日

御きけんよく御神樂ニ當日ニ付御𛁈る肴まいる　御神供七ツ比兩人糸向暮過表𛂋し御見ニて言上有御湯めされこくきん出ル御服朝𛂦𛂋𛂦毎之御通り御所作有

十五日

御きけんよくさゝ木ニて入御

十六日

御きけんよく出御雪ニ所作有中立迄も詠歌綾小路按察使爲

十七日

御き嫌よく出御きのふみ同し中將のすけ殿初て勤仕七ツ過ゟ神供すゝ
めてたく御り参仕何も濟めてたく榊上ル八つ過比なり
十八日
御き嫌よく御歳暮ゟ玄うき表口向ゟ内義大すけもしめ三仲間毎之通り
十九日
御き嫌よく官位ゟ沙汰關白殿ゟ参り小御所へも　出御成伏原殿へゟふく
とくニ付御らきを給ふ
廿日廿一日廿二日廿三日
御き嫌よく
廿四日
御き嫌よく一橋中納言ゟ御まな一折色ゝ献上親王殿へも御まな乙事〳〵
のまん上
廿五日

御きげんよく新内侍殿今日局へ引移口祝盃有勾當内侍に内意仰出され一ノに間まて御こちにはらま大すけ方勾當内侍役申渡しに礼里方へも吹てうに礼申入候に様によろ敷御はたゝて申　内侍所りんぢ御神樂參役帥典侍殿大輔内侍殿へ　仰出さるゝ

廿六日

御きげんによしならし少ゝに風心地にて薬らいきとうにかゝり床へハ成らせ候はに丸火入に湯殿へ成らせ候にたよめ

廿七日

御きげんよく御らり床おし　御神樂に當日　内侍所へにすゝ參るに初穂白らて一枚による肴ろうそくまいる准后御方御當日ま付御慰ニとてにくしのに品に清きにきんかう上まいらせ候　八ッ半二刻前濟まいらせ候　帥典侍殿大輔内侍殿もり參候榊上ルに内ゝにくし成

廿八日

御機嫌よく親王様准后御方へ御歳暮御祝義御使新内侍様御祝酒出ルこなた
御方御ふう御は迚いし拝御時まらの御事と申入

廿九日

御き嫌よく御歳暮めて度さ御賑ゝ敏宮御方より御くま御返上有御かもり物
上り御はらま新内し様へ戴らせれ御三間こて御對面御引直衣めされゝ女
中一同も御歳暮申上親王御方准后御方へもまいる局一とうへも歳暮之参りめ
てたし〳〵〳〵

(以下十八行一枚挿入紙)
元治元年九月五日　八日九日十日

御機嫌よく　内侍所三ヶ夜御神楽参役大すけ按察使のすけ様新内侍様仰
出さる明日六日有今日仰出され御、

六日新すけ長もし上御方御花進上

御き嫌よく新内侍様神事入の所ふうもれいさふこう薬はあしらさく夫故
御斷小式部内侍様へ仰出され御

七日

御き嫌よく御丸火御里し行水毎之御通り長もし殿九日十日参役

八日

御き嫌よく未半刻比御供人揃大すけ小式部殿ゟゝ里湯いたし二人参向何も御する〳〵済ぬり参る暮過おもて里し兩人ゟゝ里ゆ尾張も同様すく〳〵御する〳〵済ぬり参る榊上ル

九日

御き嫌よく御節句朝御盃夜のもあらき御御朝ゟ参る有親王殿准后殿へ御礼ニ参る神事の人ニ参らず御神供八つ過あきち殿長もし殿ゟゝ里湯すく〳〵参向暮過おもて里しきのふ同し

十日

御き嫌よく未刻過御神供参向あきち長ハし暮過おもてくし御ゆ朝ゟ参る成らきゆき雷ニて御見合せ

慶應二寅年正月より

正月一日

御機嫌御よし〱なから少〻御風氣の御きみに付四方拝くしはへとも出御あらせ候に御兒出らるゝ　御神供長はし殿參向其御間常御所に成長橋殿日〻御代參も勤る春の參りは十一日め故　御用計つとめ候御吉書あそはさる毎之御通り御祝御目通りにて准后様御はしめ戴御みな〱

御攝家様關白様御はしめ御參り常御所にて御對めん二こんの御盃御はいけん御手なから男方之　准后様親王様へ御礼に參る夜に入御盃請取大すけ師典侍殿長橋殿越後殿別段御盃給ふよいく御膳御三こんまいる御三こんめ天しやくおゐを殿御盃拝領　天しやく也

二日

御き嫌よく御祝きのふみ同し夜に入御盃請取あけち殿中將殿大輔内侍殿伊賀殿御三こん御盃長はし殿御しやくこいく御膳師典侍殿へ御頼申ス

おんを御きう人　天しやく之

三日

御きげんよく御祝きのふみ同し大すけ歓樂御祝御斷申入まる後出ル　親王殿らも御参り常御ふニて二こんの御盃男らも御はいけんさしむしろ御對面夜ニ入御さらつき御三こんこもく御御膳師のすけ殿へ頼申ス御三こんめ長はし殿御しやく

四日

御機嫌よく外様公卿殿上人御對面あらせられ

五日

御きげんよく千秋萬歳参内殿へ出御御引直衣めさるゝ御盃例年之御通り御目通りニて御祝いもゝたれ也御湯殿始ニ付大すけ御てうし上ル長橋殿へ口上ニて申常御ふニて一こんの御盃御通り有關白殿前關白殿御参り御小座敷御對面御口祝御いも并省

御きし御やきらちんもまいる御年玉も拝領
六日
御き嫌よく御としこし一こんの御盃出
七日
御き嫌よく白馬節會　出御午刻過　入御七ッ過きん長もし為玄少式部内
侍為伊賀為加賀為七ッ過入御すく〳〵御内〻御ふくらつきニて成らせ候
夜ニ入御盃南御向ニて七種一こんこ包く御御きん師のすき為へ御頼申ス
御三こんめ長もし為御しやく
准后ゟ御ふさん
八日
御機嫌よく仁門ゟ少〻御歡樂御不参御乳刑部局へ参り口祝仁門ゟ方御定
し玉こうせい紙五ッ巻御まん上　親王ゟへ御扇子五本准后ゟへこうせい
ら乙三まき上らぬへ《大すけゟ》口上ニて上ル大典侍始へ御ゑもこ入送らせ候聖門

様方も御ゑもこ入知門様方も御とし玉御献上高松殿御ちの人へ准后様御
ゑを殿おいゑ殿おきく殿大貳藤坂へ

九日

御き嫌よく准后様へ　出御始御引直衣めされゝ　親王様准后様御出迎御
三献御盃参る御三こんめ准后様御しやくニて上らるゝ　親王様准后様　天
しやくまて御戴准后様の御盃御とをりニ成御はいさん御手から戴候也其
後准后様御口祝上らるゝ　御祝御やきかちん御そうにと御引かへ御きし
と御すい物御引かへ御盃親王様准后様御戴あそはし御通り九条大納言様
御對面御包物まいる二かもりに御口祝御祝いさゝた親王様へも参り御茶
御口祝有御目通りニて一こん御ちそう戴候也　入御後二かもり御礼申入
准后様御盃御しやくニて戴候也

十日

御き嫌よく諸礼御對面有

十一日
御き嫌よく神宮そうし始御拝有御ふく男方春の御礼霊りんしの宮様御参
り御前ニて御れも井内侍もつき孝順院ゟ妙染院ゟ御盃下さる御口祝　御
宏ふゝめ御くこし御年玉も下さる
十二日
御き嫌よく賀茂そうし始きのふに同し
十三日
御き嫌よく事成事なし
十四日
御き嫌よくあさり御對面瑞龍寺様御附弟御二方御参り十帖御けん上常御
ゟ下段ニて越後ゟ待《持カ》出る長橋ゟ御目録ひろう有二こんの御盃まいる　二
こんめ瑞龍寺様御上あそはし　天しやくニて御戴御二方共大門様御いゑ
ゝたの御盃中段口ニて瑞龍寺様御しやくにて何れも戴く也蓮正院ゟ梅芳

院ゟ玉蓮院ゟ御對面御盃下さる御認九こん御くもし御年玉も下さる

十五日

御き嫌よく御祝朝御せん常御ふにて南御向七種御かゆ御祝あそいされ

系賀御たいめん　御するゝ御はかま夜ニ入とんと小御所へ　出御成御引直

衣御吉書待《マヽ》系長橋ゟ蓮《マヽ》下より出さる六位うけ取濟候　入御御盃南御

向かけ帶こもく御御膳帥典侍ゟへ御頼申ス御三こん目御三獻め長橋ゟ御

しやく男方廿三人

十六日

御機嫌よくとうられ節會きん長橋ゟ之大輔内侍ゟ奉供伊賀ゟ加賀ゟ　入

御よかり半

十七日

御き嫌よく三毬打まて小御所へ　出御御引直衣めさるゝ濟候　常御ふ

まて一こんの御盃まいる　准后ゟ御もしめ御通り

十八日

御き嫌よく本願寺御對面

十九日

御き嫌よく舞御覽雨儀ニて靍おうてう參内殿御引なをし瑞龍寺殿御二方御參り御拜見　准后殿御なららひニて御拜見紫辰《ママ》殿御客の方より御拜見七ツらひならら御早くすゝ御暇紫辰《ママ》殿よて御對面成御花生上りの御附弟

殿方御茶わん

廿日

御き嫌よく夜ニ入一獻の御盃宮大すけ引御斷申入

廿一日

御き嫌よく御法樂

廿二日廿三日

御き嫌よく廿三日御會始二こんの御盃まいる

廿四日廿五日

御きけんよく

廿六日

御きけんよく両寺へ代香大すけへ花へ焼香へ菓子まいる

廿七日

御きけんよく

廿八日

御きけんよく近衞殿従一位へ拝賀

廿九日

御きけんよく小御所にて當座始へ點人〻詠草伺有夜ニ入よ乙上　出御へする

へはらま也

二月一日

御機嫌よく御神供、師典侍殿日〻れ御代参も勤めまいらせ候参賀にて對面親王様准后様へにて口祝申夜ニ入にて盃にて三こん二こんめ小らゝ里にて三こんめ長橋殿にてしやく大原野祭七ッ過濟言上有にて神事とけ手なし出らるゝにてらけ物有

二日三日

御き嫌よく三日初午人形にて覽親王様にてはしめ敏宮様へも進しまいらせ候

四日

御き嫌よく

五日

御き嫌よく仁孝天皇様にて内〻にて祥月ニ付兩寺御代香師典侍殿にてもおにて焼香にてくもし申

六日

御き嫌よく兩寺御代香師のすけ殿にて花にて焼香にてくもし　和宮様方もにて焼

香御花御くこし上まいらせ候　親王様准后様方も御き嫌伺まいらせ候御くこし上まいらせ候　敏宮様方も同断ニ付御き嫌御伺御文計

七日

御き嫌よく上てれニ付聖そう御拝御學門《ママ》所へ御引直衣ニて成小御所ニて御こうしやく有御すゐ御浅《はカ》らま

八日

御き嫌よく御拝一条左大將様御拝賀ニ付朝かれゐ御對面

九日

御き嫌よく御拝御参り左大將様御直衣始ニつき常御所ニて御對面二こんの御盃二こんめ　天しやくニて御戴御通り聖護院やもれ宮様親王宣下ニ付こ己く御一ふたこんふ戴こんふ上ル　親王様糸櫻御覧よ入候御なくさみニゐのもれ色〻御らんニ入まいらせ候女中一同もいろ〵好いたゝきれ也御一こん御高つき御ちそう上まいらせ候こなたより　親王様へ二重の御

文こ内ニはあふきは印籠は硯石はきいさん進しまいらせ准后様へは花生五ツ
まいる

十日雪

御き嫌よくは庭

十一日

御き嫌よく新すけ為源内侍為伊賀為春れ参り御くま進上

十二日十三日

御き嫌よく

十四日

御き嫌よく聖門様蓁《マヽ》宮様親王宣下は礼は参内常は不ニて二こんのは盃ま
いる二獻め　天しやくは戴は通り有御机一箱こんふはきん上あふきは間
ニてはロ祝は重さかなまてはお盃旨申ノ口ニてはきん出ル　親王様准后様
へもならせまいらせは暇は對面はくわし進しまいらせ物は手つゝらは文この内色

〻御拝領あせちのすけ殿ゟも御あんこ内上まいらせ候

十五日

御き嫌よくふもんゑニ付御うけ物毎之通り桂御所よりも内外共上まいらせ候

關白殿尹宮殿聖門殿知門殿圓照寺宮殿ゟも上まいらせ候　こなさニて御ゑし

出來まいらせ候

十六日

御き嫌よく春日祭ニ付神事入

十七日

御機嫌よく春日まつり御當日十八日ヵニ付御ゑる八ツ　出御御引直衣御ゑとへも

めさるゝ　あつま遊ひすゝまいらせ候入御成御覧所へ成

十八日

御き嫌よく御法樂春日祭御當日御うけ物せと物清人〻ゟ上ル

十九日廿日

御き嫌よく

廿一日

御機嫌よく敏宮御春の御礼御参内御板こし毎之御通り申口へ成らせまいらす一ノ御間にて御對面御口祝御すゝ御重肴にて御盃まいる御引なし付御安んこ　御乙事の御よせ肴上まいらす　大典侍帥典侍ゟあせちゟ長橋ゟ大輔内侍ゟ伊よゟ越後ゟいらゟ駿河との御らゝえ御袖入此あとの人ゝれ御かゝえ計一とうへ御すもし孝順院ゟ御とを御ゐゝえ三ッ殘り高松ゟ御ちの人新宰相ゟへ送らせ候　此後とめなし

三月一日

御機嫌よく大下り中

二日三日

御機嫌よく

十五日

御き嫌よく内侍所三ケ夜御法樂ニ付候神事入参役中將典侍ゟ大輔内侍ゟへ仰出さるゝ神事入

十六日

御機嫌よく御丸火入候遊し行水毎之候通り帥典侍ゟ上らるゝ

十七日

御き嫌よくおもて遊し御ゆ　出御帥のすけゟ今日ゟ神事入候ゝし有

十八日

御き嫌よくおもて遊し　出御まへ参役の人ゝ参候三ケ夜共候くし有

十九日

御き嫌よくおもてくし　出御帥典侍ゟ大輔ゟ参候大すけ候清おもて戴候也

廿日

御き嫌よく御神事解

廿一日

御き嫌よく八もむりんぢさんに付御神事入

廿二日

御き嫌よく御丸火入

廿三日

御き嫌よく御なる六ツ前おもてまし五ツ比　出御朝かれゐにて御服毎之御通り御すそ帥ゐへ御頼申ス庭座舞御覧濟　入御四ツ半過行烈（ママ）御覧不へ成

廿四日

御き嫌よく准后方御子細御不勞にて御下り

廿五日

御き嫌よく靈かんしの宮方ゟ志ゆんさゐ上りの〳〵

廿六日

御き嫌よく仁孝天皇様御代香師典侍殿御花御燒香御くゟしもまいる八ツ

前比宮ゟ御機嫌伺文参る

廿七日廿八日

御き嫌よく廿八日ゟ大引

廿九日

御き嫌よく准后殿へ御尋御くゟしまいる

晦日

御き嫌よく

四月一日

御機嫌よく御拜御神供長橋殿日ゝれ御代参も勤めて　参賀御對面あらせ

めて　親王殿御参御口祝旨夜ニ入御盃御三こんまいる二こん小らゝゟ御

三こんめ長もし為にしやく

二日

御き嫌よく御拝あらせられ

三日

御き嫌よく

四日

御き嫌よく關白殿ゟ鳥類色〻に獻上准后殿三月廿四日ゟに子細に不勞十日に間に下り今日に心よくに上りまて御き嫌伺文まいる　上らぬに使上りのし　に上り

五日

御き嫌よく

六日

御機嫌よく御代香師典侍為に花に燒香にくもしも旨關白殿にもしめに參

り

七日

御きけんよく松尾の祭のさいこうニ付の御る六ツ半卯之刻そうもん有内侍

御とへ衣ニてまいらるゝ一とうの悦申上ミなく〳〵きらえのらけ物あり

暮六ツのする〳〵の事言上有の神事解め〳〵手なし出らるゝ此比きつ祢出

の庭あらしのニ付ゆなり神主の庭へまいり申きらセの初穂二枚神主へ五

百疋下さる

八日

御きけんよくの法樂有

九日

御きけんよく夜ニ入新すけ為局へ引るゝ

十日十一日十二日

御機嫌よく初夜半過のふしんこやより出火ニて俄ニの攝家なと方の条り尹

宮様も御参り清涼殿へ成らせ候其内下火ニ成附武家ゟももや御さわき
ニハ及ハぬよし言上有之もしの御間ニて下火ニ成御小座敷へ宮なと様も
御話〔詰カ〕申とかく御之りそよ八ッ過れし一同もゐい出

十三日

御き嫌よく藤大納言殿ゟ家來ニて御機嫌伺有

十四日

御き嫌よく一ッ橋ゟ青籠御よせ肴きん上其御まな尹宮様へもまいる御返
事有

十五日十六日十七日

御き嫌よく三日大引

十八日十九日

御き嫌よく十八日大出

廿日

御き嫌よく葵祭御當日御はる御早く五ッ比表皇し　出御御直衣めさるゝ
御佐法濟小御所まて　入御成けんもつ伺有御覧ふへ成親王宮もならせまいらせ候
御夕御せん小御所親王宮も御祝御戴遊はしは大すけ初御祝いたゝきれは
る後御庭御舟へ成表へも御くし下さる御内義ニても御くし拜領おそ染あ
をちれ典侍為七つ少し過濟まいらせ候すく〳〵　入御成御丸火解候　御聞
え物出ル准后宮御神事中御下り御上りあそはしは　もつならら又ゝ廿二
日もんより吉田祭御神事故御上り無御斷仰入候御機嫌うかゝひまいらせ候
御文参る

廿一日

御き嫌よく御神事とけニ付御機嫌伺薙髪へぬゝ参る御香具きり

廿二日

御機嫌よく桂宮へ一品准后宣下ニ付そうもん有こなさへ黄金一枚御さは
や十巻殿上人御使桂宮へ一品宣下ニ付御なから十五ゆひ三種一荷上まいらせ候

大夫生嶋　准后さん下ニ付御巻物五巻二種一荷御使同人そう者方へ大すけ初ゟも御まな料金千疋宰相のすけもあり　御服方へ文頼候也御臺肴別段上候あなさゟ御祝義三百疋ぬさぬ料二百疋大すけ長橋ゟ戴候也帥典侍ゟ三百疋計駿河とのへ二百疋ぬさひ料二百疋大輔内侍ゟ参候御言傳御ちゆつ内ニ御組物御筆洗色〻御よせ肴もまいる

廿三日

御き嫌よく吉田祭ニ付よへゟ御膳の御火計かわる　御あけ物あらため〳〵清人〻上ル御早く濟八ツ半過御する〳〵濟言上有御神事解准后ゟ御上り御よせ肴上り〳〵女中へもないめん御すもし戴候也

廿四日

御き嫌よく御拝御参り御すそ帥典侍方へ御頼申ス

廿五日

御き嫌よく御拝明日泉山仁孝天皇様御代香表へ仰出さるゝ

廿六日
御き嫌よく御代香表ゟ御花に燒香まいる
廿七日
御き嫌よく久ゝにて申ノ口迄知光院殿参候に鉢植上候黒之ゆもおもし下さる蓮正院殿不勞ニ付願いを金五十兩下さる
廿八日
御き嫌よく御神供大すけへ仰出さる神事入
廿九日
御き嫌よく
五月一日
御き嫌よく御拜に神くう大典侍参向日ゝれ御代参もつとめれ参賀御對面有夜ニ入に盃に三こん肴二こんめ小あゝ里に三獻長もし殿にしやく

二日

御機嫌よく御拝ならせられ

三日

御機嫌よく桂准后宮様一品准后宣下御礼御参内に付御小屏風七種御よせ肴上られ　常御所にて二こんの御盃二こんめ　天しやくにて御戴御通り毎之通り宮様御うちきめしかへ候一ノ御間にて御口祝御重肴御盃まいる宮様御うちき准后様へまいらせ候御こふなしにて御盃夕かた御一こん大〳〵御賑々御暇よまかり比こまたより進し候物三幅對いまた御出來まく四ッ折にて御跡より御手つから御もみ一疋きやまん御さら十枚御ふた物御はかりき三枚大すけ師典侍殿あせち殿長橋殿大輔内侍殿伊豫殿越後殿伊賀との駿河殿御反物あとハ嶋しゆすおもし日参うら松殿御包物御兒小文こ

四日

御きげんよく桂宮様へ螢まいる關白様へは二箱宛は請有

五日

御きげんよく朝は盃まいる朝ゟ出る中將のすけ為小式部内侍為丹波為親王様は礼は口祝はすゝは重さかなにては盃まいるは菓子も出ル祭賀御對めん御する御袴夜ニ入は盃は三献宛敏宮様より　親王様へはよせ肴進しめて親王様方もはよせ肴進しめて〳へ共昨年は乙く故ももや來年よりは進しめて

ぬやう仰まいる夕ゟさは盃は三こん二獻め次第は三こんめ長橋為はしやくは小ゟいらけも有

六日

御きげんよく仁孝天皇様は代香おもて方は花は燒香まいる

七日

御きげんよく御ぬくゝもり大すけ初いさゝた藤大納言為へも下さる蓮觀院為信敬院為へも下さる

八日
御き嫌よく關白様御初御参り兩人へ御ぬく戴らせれ返事まいる
九日
御き嫌よく藤大納言ゟ御ふく戴御礼文参る
十日
御機嫌よく御拝ならせらる
十一日
御機嫌よく准后様御色〳〵もりまてこなさな御よせ肴まいる大すけ御ふく御きやうおり師典侍ゟも同し事あをちのすきゟ御ゐもちん中將典侍ゟ御ゐあや新典侍ゟあられ織めん今参ゟ御ゐ綸子御丸すゝし長橋ゟ桃色とんす大輔内侍ゟ御ゐまんを小式部ゟ赤めん御下さちも有
十二日十三日
御き嫌よく十三日御代香おもてな

十四日

御き嫌よく關白殿ゟ宇治川あゆ上らる〻尹宮殿ゟ越前宰相ゟ忠さんの御たか御傳獻御使菊崎參る

十五日

御き嫌よく御法樂

十六日

御き嫌よく長橋のひろめニ付御かけ物二福〔マヽ〕對縮地御茶わん二ツ御茶入御上御膳一通御肴五種御はま長橋のゟ大すけへよせ肴こんとう一箱御里よりあや一反御もらひ申大すきゟひ綸子一さん文こふ入よせ肴進上ひる半比長橋の御局へ大すけあきちの中將典侍の新すきの高丸の越後の丹波の參る

長もしの杉戸前迄出むかひニ出らる〻中段南ゟ東向ニ座ス挨拶おもりあり

く御出ミな〳〵出揃長はしのゑしやくニて祝申すい物盃長もしのゟもら

ひ一人つゝえさゝめ濟御くわし御茶ふくさ共にもち其あと九こん右京大夫へ盃遣れす大瀧とりもち一こん盃つられす長もし様へ一同より柳たる御まな一折進上むらたもこほん一對

十七日

御機嫌よく小御所御當座御点人〻詠草伺有

十八日

御き嫌よく御わしの尾家御姫和宮様上らぬ何となく伊ら様局へ参らせ申ノ口へも参らせ御包物下さる人形袖入りんさし

十九日

御き嫌よく關東へ御文出ル

廿日廿一日

御き嫌よく

廿二日

御き嫌よく桂宮ゟ甘露寺殿もしめ此度のめて度さは祝ニ付めし一こん下さるこなたゟ五種のはよせ肴まいる一釆女と代大瀧もめしは賑〻之

廿三日廿四日

御き嫌よく御伺

廿五日

御き嫌よく御拝は参りは供大すけ長橋殿うら松殿藤丸殿伊豫殿越後殿也

廿六日

御き嫌よく仁孝天皇様御代香大すけは花は焼香香はくもしも旨和宮ゟよりもは花は焼香上る

廿七日

御き嫌よく

廿八日

御き嫌よく來月は神くうあそちのすけ殿へ仰出さるゝ春の參りもいたさ

れいよなも參らるゝ　法中參内に對面武家も有
廿九日
御きげんよく少し雷《らい》きしき
六月一日
御機嫌よく御拜御神供あせちの典侍な日〻れ御代參も勤め春れ參り伊豫なも參らるゝ　御くな進上參賀御對面有親王さ准后さに礼に口祝まいる夜に入に盃に三こんまいる二獻め小らゝ里に三こんめ長もしなにしやく
二日
御きげんよく御拜有
三日四日
御機嫌よく御拜四日に參り師典侍なにすそに賴申ス櫻宮へ願よて五十兩

此度ゟきりと出されハ

五日

御き嫌よく

六日

御き嫌よく仁孝天皇様御代香帥のすけ殿まる半比ゟかゝ由にて御機嫌うかゝひなみまゐる

七日

御きげんよく

八日

御き嫌よく桂宮殿ゟ孝順院殿御使ニて御言傳御内ゝの御品御まな上ゟれこなさゟ御風りん御うち包まいる孝順院殿へ御ゟ乙入まいところ御盃下さる女中一とうへ御すもし戴ハ也

九日

御き嫌よく妙しやう護院宮様は代香殿上人は花は焼香旨

十日

御き嫌よく

十一日

御きげんよく孝順院ゟ妙染院ゟ暑中御機嫌伺参のはまゐ上らる

十二日

御き嫌よく

十三日

御き嫌よく御代香おもてゟ知恩院宮様十六日は月忌ニ付桂宮様へもこと
くは進しめし様ニ申され

十四日

御機嫌よく御たん生日ニて常は不中段御座一こんのは盃参るきおんのゑ
ニて一こんは盃下段ニては通り有

十五日

御きけんよく祇おんの社臨時祭ニ付御なる六ツ五ツ前御表ましは湯めされは下袴ニて朝かれゐへ成は服男かさ也　勅使万里小路殿御きれ済かの〱朝かれゐまくそうもんは覧　入御成御おか乙済玄んもつは覧ふへ成らせの〱はくしも一とういさゝたれは也ミなく〱きかへいの刻過社頭済言上有は神事とけの〱

十六日

御き嫌よく御かつう表は盃八ツ半過其内ミなく〱きかへ表すミかの〱は内裏は盃一こん水仙出ル親王殿もはかつうは祝あそはしはさか川きもいさゝきはくもへ有こたくは一重はもらひ申大すけ殿白ゑ一もんの文こ内ニ嶋しゆすおもし入進上知恩院宮殿もは月乙ニ付こたくは一ふさ戴大すけはせたの邊ニて二百疋こんかいさゝき大すけ殿たさ二ゆひこんふ五十本上ル

十七日
御きけんよく小式部内しゟ月忌ニ付九こん硯ふた肴一とうにもらひ申
十八日
御きけんよく藤大納言ゟ暑中御機嫌伺に参りとう留やき物に盃にまゐ上ル
入道准后宮へにくもしまいる
十九日
御きけんよく近衛内府宮ゟ鰻魚にまん上
廿日
にきけんよく新清和院様に忌月ニ付白銀五枚出ル
廿一日廿二日
にきけんよく御拝廿二日に法楽
廿三日
御きけんよく御拝　見ならう年寄ニ申付雅楽ゟ申渡さす冬の地黒なちりめん

羽二重小袖夏地白つき帯嶋しゆす新すけ殿ゟ夏地黒富丸殿より二百疋

廿四日

御き嫌よく御拝

廿五日

御き嫌よく御拝に法楽桂宮様よりも天神にかけ物賀陽宮様仁門様ゟも上まいらせ候

廿六日

御き嫌よく仁孝天皇様御代香おもてゟ

廿七日廿八日

御きげんよく廿八日御神供大輔内侍殿へ仰出さるゝ

廿九日

御きげんよく水無月清もらひ暮過長はし殿まいらるゝ其間ふく者局まけ

申ノ口下へおり居候て御乙はくろ御くし行水御引直衣まて朝かれゐ御輪まめさるゝ入御成清人々御三間下段にて輪に入二こんの御さかつき二こんめゟ公家衆仕公四ッ過濟まいらせ候

七月一日

御機嫌よく御拝御神供大輔内侍ゐ日々御代參も勤候參賀御對面あらせ候親王ゐ御參り御口祝夜に入御盃御三こんまいる二こんめ小かゝり御三こんめ長橋ゐ御しやく帥のすけゐ局香衣勘定四日と口上にて申參る

二日三日四日

御き嫌よく四日御より合

五日

御きげんよく

六日

御きげんよく御水向《泉涌寺》御代香大すけまいるとおム様へも御花御焼香仁孝天皇様へ大すけよりも金百疋上ル新待賢門院様御忌月故別段御花一筒　四条院様へも御花一つゝ上ル

七日　御盃後大すけ不勞にて引

御きげんよく朝御盃まいる参賀御對面御する御はらま御梶御三間まて被遊ば御直衣めさるゝ帥の御もいをんらけ帯長もしのおとへ衣夕らム御盃御早く御三こん目御三こんめ長はしの御しやく親王様方中元御そう炎二百疋思召にて五百疋帥典侍のなちこの伊賀のへも五百疋下さる

八日

御きげんよく桂宮様方御祝義三百疋いたゝき候也

十五日

御きげんよく朝御盃まいる参賀御對面有例年之通り　准后様方蓮の御膳御添肴上りめく御祝あそばされ御すくおもへし長橋のより上りめく蓮れ御を

ん御添肴さもし御まん上御祝被遊すくにすへし一こんの御盃別段長橋局へ御盃下さるいよ局も御通りいたゝかまれ候夜ニ入御三こん御盃大典侍足痛御盃御断申入候

十六日

御き嫌よく夕らふ大文字御覧もちより

十七日

御き嫌よく

十八日

御機嫌よく御霊御出まて朔平御門御覧不御拝済下御霊御拝有親王殿准后殿御挑灯御覧ニ入まいらせ候准后殿色々見せ御覧ニ入まいらせ候大すけもしめ一同も戴候也御一こん御肴上まいらせ候大すけ初もいたゝき

十九日

御き嫌よく

廿日廿一日

御き嫌よく御拝廿一日御拝に法樂

廿二日

御き嫌よく御拝に参りにとを大すけ長橋のに兒うら松の伊よの

廿三日廿四日

御き嫌よく兩日御拝

廿五日　少〻風

御き嫌よく

廿六日

御きけんよく御代香表ゟ關東ゟ急に便り着

廿七日廿八日

御きけんよく

廿九日

御きけんよく師典侍殿へ來月一日
内侍所御神くう仰出され神事入

三十日

御機嫌よく八朔御祝義近衛内府殿へ御衝立前關白殿へおりとう旨御ふミ認
置

八月一日

御機嫌よく御拝御神供師典侍殿日ミれ御代参も勤らる参賀御對面あらせ
宮親王殿御礼御すゝ御重肴にて御盃まいる

二日三日四日五日六日

御きけんよく

七日

御き嫌よく夜に入大風雨常御殿らく別御そんし無御機けん伺所ミゟ文ま

いる

八日九日十日十一日十二日十三日

御き嫌よく

十四日

御き嫌よく花山院前右府へ俄ニ不勞のよし大すけも少〻不ろうニて下る

廿日

御き嫌よく大樹御むとひゟ御不勞なん〳〵御すく〻遊ハし申され今日ゟ御はつしニ成三ヶ日はいてう花山院へも同事大すけ表向ニて三ヶ日引籠長もしへ迄御とゝけ出ス

廿三日

御き嫌よく今日大すけ清く成　御機嫌伺文上ル御返事有長もしへゟ奉書御使守衛参り御請上ル巳ノ刻上り申ノ口ニて御口祝いたゝき候也

廿四日廿五日

御き嫌よく

廿六日

御き嫌よく仁孝天皇様御代香師典侍㐧より花より燒香よりくるしもまいる　後陽成院様二百五十御遠忌ニ付兩寺より法事有御代香あらせられ候よしゝ今迄ハより遠きれハならせられならら今年ゟ

廿七日

御き嫌よく

廿八日

御き嫌よく修學院まつ關白殿前關白殿より司前關白殿へおくの文ニて出ル師のすけ㐧子細所勞ニて下り

廿九日

御き嫌よく來月　内侍より御神供長橋㐧へ仰出さるゝ

三十日

御き嫌よく師のすけの今日心よく清められ御機嫌伺文参る御返事にめで度上まいらせさう御返事出ル此程ゟ准后へ御むさ〳〵御不参今日御参り藤大納言のゟふるやしきのまめ上まいらせ師典侍の今もんより御神事入故下らるゝ御より合にて御こし御おそく成

九月一日

御機嫌よく御拝御神供長橋の日ゝれ御代参も勤まいらせ朝かれゐ今参の長もしのゝよの参賀　御對面有親王へ准后へ御口祝まいる夜に入御盃御三こん當二こんめ小らゝ迄御三こん長橋の御しやく

二日

御き嫌よく八月分御参り御里も大すけ長橋のうら松の藤丸の高丸の伊豫の

三日四日　師の清上らるゝ

御き嫌よくあつたの社正迁宮に付御丸火入御直衣常御不御座まて御拝有

五日

御機嫌よく熱田社正迁宮ニ付御丸火御直衣常御不御庭よく御もい有准后殿御もしめ御庭ニておりミ候也師典侍為殘りより頭つう車ニて下らるゝ

六日

御機嫌よく加賀為頭つう車ニて下り師のすけ為ゟ御きけん伺文參る

七日

御き嫌よく

八日

御き嫌よく菊のきせわた御盃一こん旨御菊わたもめさせらるゝ准后殿もめさせらるゝ女中清人ニもめさせ候也小菊きせわた桂宮殿關白殿前關白殿より司前關白殿入道准后殿へおくの文ニてまいる

九日

御き嫌よく朝御さかつき旨參賀御對面御すゝ御もり儲親王殿御礼一之御

間よく御口祝御すゝ御重さかなにて御盃御くたしも出ル夕かた御盃御三こん肴二こんめも次第にいたゝき御三こん長もしは御しやく桂宮御方御領分まつ上まいらする

十日

御きけんよく例へん御丸火入御まし行水毎之御通り桂宮御方御神事中御機嫌伺まいらする御よせ肴上まいらする

十一日

御きけんよく例へいに付なる六ッ前五ッ半過表まし御湯濟こくきん出ル御下袴にて朝かれゐへ成御服男かた湯すそあをちのすきはへ御頼中ス大すけ湯致しなとへ衣内侍ふへ参り居御すそ御すゝ濟御口祝上ル御祝酒出ル入湯成神宮御法樂御小座敷御嘉[illegible]物あらせまいらする桂宮御方の大すき戴れ也山しなの宮御方なけこかきくり御文にて上まいらするはつきんすゝ御丸火解まいらする

十二日

御機嫌よく帥のすけ殿清上り候御花進上長橋殿より御きけん伺文有

十三日

御き嫌よく春日祭　勅使の事小倉殿桂殿へ願ニて十二日仰出され候由ニて宮殿へ御礼御吹てう申上候宮殿より御礼仰入候御文まいる放生會御延引乃今もんより御神事入長もし殿大輔内侍殿手なしニて下らるゝ

十四日

御き嫌よく

十五日

御機嫌よく放生會ニ付そう門《マヽ》有御法樂御かけ物有

十六日

御機嫌よく御神事解靈あんしの宮殿より御機嫌御伺御文計中將典侍殿なとひな妹故障ニて下り居候今日奉書出上らるゝ口祝すミ御前へ出らるゝ

薙髪ゟも御機嫌伺文有
　十七日大引
御きげんよく
　十八日十九日廿日
御きげんよく
　廿一日
御きげんよく内侍所御法楽
　廿二日
御きげんよく御拝御法楽親王様にたん生日毎之に通りにみな〳〵大引
　廿三日
御きげんよく御拝当月に参り師のすけ殿にも長橋殿うら松殿伊賀殿
　廿四日
御きげんよく尹宮様へによセ肴おくの文にて出る妙勝定院宮様先達てより

長〳〵の御不勞御やうに御よろしくらにて今日右京大夫御使ニて御重之物
皆御かしこまれ入ゝか御乞まひ申入御くはし進上スこれも右京大夫へ頼

廿五日

御き嫌よく

廿六日

御き嫌よく仁孝天皇様御代香大すけ參る御花御燒香御くはしも皆六日御
花もまいる十三日新朔平門院様御花もまいる

廿七日廿八日

御きけんよく廿八日長もしはへ御神くう仰出さる

廿九日

御き嫌よく後院御ちんしゆ御代參帥典侍は參候伊賀はも參候蓮観院
はも去らをまて參候大ニ忝りのよし

十月一日

御機嫌よく御拝あらせまいらせ候に御神供長はし殿日ゝれ御代参も勤られ参賀御對面有微妙覺院様方御ふしん御出來廿八日御引移りニ付御礼仰入まいらせ候御むら一折上まいらせ親王様准后様御口祝まいる夜ニ入御盃御三こんまいる二献め小らゝ里御三こん長橋殿御しやく跡の盃も有

二日

御き嫌よく御猪子御玄猪申出し毎之通り夜ふんり御盃御三こん御直衣御左御袖おふひ御津く〳〵つまいらせ御もいせん御手あらかけ帯也准后様御初女中一とう御つく〳〵済御三こん御盃まいる御三献長橋殿御しやく済御もちき戴するかとのおろうニて引故つゝ乙置　出られてないまゝかす

三日

御き嫌よく

四日

御き嫌よく桂宮様より孝順院殿は使ニてあまりは遠〳〵しくおぼしめしは言傳ニ三種はまな上まいらせ候こなさまよりも乙一疋は言傳ニまいらせ候観實院殿長春院殿も参御めもじはまなきん上くろしゆすおもし下さるは對面成は手つから下さる大すけもしめへ宮様よりはすもしいさゝたは也

五日

御き嫌よく關白様入道准后様へは庭菊はよせ肴おくの文ニてまいる

六日

御き嫌よく御代香おもてより

七日

御き嫌よくすい松院賀陽宮様へは頼まて参り居まいらせ候此度初御めもじ今日は暇こなさへは礼ニ参りおくよりたはこ入きせる袖入下さる大すけはしめへすもしもらひむらさきふくさ地ニ人形茶の茶わん五ツからさま遣はす

八日

御き嫌よく尹宮様ゟ御年寄千世浦ニ仰つきまいらせ候御礼ニ参まいらせ候御付帯下さる玉淨いゑヽ今までの通りとヽめられ七せきニ一人ふち下され御礼　藤大納言為御き嫌伺ニ参まいらせ候御とう留御盃上まいらせ候庭の菊も上まいらせ候

九日

御き嫌よく

十日

御機嫌よく新朔平門院様御忌月ニ付泉涌寺御代香大すけ御花御焼香御くわしもまいる大すけゟ中筒御もなか上ル

十一日

御機嫌よく入道准后様ゟ御ま那小むら小鳥上まいらせ候瑞龍寺様ゟ御庭菊上まいらせ候こなたゟも御庭のきく御移りニまいる

十二日

御き嫌よく正親町三条中納言との役ぢたひ願之通りと仰出さる

十三日

御き嫌よく新朔平門院さま御忌月ニ付大すけ始御機嫌伺よをぎら嶋御くわし上ル帥典侍との　両寺御代香御花御焼香御くわし旨伊賀とのふを条らるゝ申刻比御遊御き嫌うかゝひあミまいる女中一同藤大納言とのも一所三仲間よりやわ／＼きん上

十四日

御き嫌よく御猪子御玄猪申出し毎之通り夜ニ入御盃御三こん御はく／＼御直衣御左の御袖おゝひ御つく／＼済遊し御もいせん御手あゐかけ帯准后さま御もしめ女中一同きぬの袖おゝひはく／＼すミ御三こん御さらつき一こん御玄猪二こんめらへのこん御三献のせ出ル長橋との御しや。〈く脱カ〉何れも御もぢき戴ハ也源内侍とのふ労故包置出遊しうへいたゝかせハ

十五日

御き嫌よく新朔平門院様御祥忌萬事御手厚遊ハし進しられ事知光院ゟもしめ参り御礼文参る御小座敷事二度めし御

十六日

御機嫌よく徳川中納言ゟ相續御礼ちよ服御礼参内御對面天盃たふ

十七日十八日十九日

御機嫌よく

廿日

御き嫌よく御津料の御口切ニ付親王様御参り桂宮様准后様御不参あなたへまいる桂宮様方御薄板二枚上られこなた方御ゑちりめん進しられ藤大納言ゟめし御まな一折進上申ノ口まて御認メ九こん御くもし下さるおくまて一こん御戴

廿一日廿二日

御き嫌よく廿二日御拜御法樂御これゑの御菓子關白様入道准后様へまい

る

廿三日

御機嫌よく御拜にて法樂藤大局八日ゟとう留明朝にて暇もみ一反にて袖入下さる

廿四日

御き嫌よく御拜御法樂包られ參内ニ付　御對面有

廿五日

御き嫌よくにて拜にて參りにてとも大すけ長橋局うら松局富丸局伊よ局

廿六日

御き嫌よくにて猪子にて玄猪申出し毎之にて通り御代香師のすけ局光格天皇様御引上にて法事料拾枚出さる夜ニ入にて盃にてつく〳〵御直衣にて《左》袖おゝひつまかめ〳〵　准后局にて不參大すけれしめきぬの袖おひつきにて後にて三こんにてさゝつきまいる　長橋局にてしやく御はちきいさゝたれにて也師典侍局源内侍局駿

河との御もちまつゝ乙置出られ御後いさゝかす

廿七日廿八日

御き嫌よく廿七日関白様御出仕

廿九日

御き嫌よく御神くう長橋殿へ仰出さるゝ

三十日

御き嫌よく御神事入准后様御月水ニて御下り表口向へも申出ル

十一月一日

御き嫌よく御拝御神供長もし殿日〻れ御代参も勤候参賀御對面有親王様御礼御口祝肴夜ニ入御盃御三こん二こんめ小らゝ里御三こんめ長橋殿御しやく准后様より御き嫌御伺御文まいる

二日

御機嫌よく准后様ゟ御き嫌伺まいらせ候御すみまいる

三日

御き嫌よく准后様へ御尋うとん御よせ肴まいる御礼文まいる

四日

御き嫌よく春日まつりニ付御なる御もやく寅刻前明まへ表おし出御葵まつりの御通り御直衣めさるゝ御法楽う済　入御成御常御殿けんもつ伺御覧ふへならせられ《きゝへ》御一こんも出る五ッ半過入御成ゝなくきらへ何も済まいらせ候後なるきと今もんより御丸火入いつもの通り少ゝ御風氣御さじ伺

五日

御き嫌よく少ゝ御かせなから御かゝり床へハならせ候ニ親王様御慎月ニ付賀茂下上へ今日ゟ一七ケ日

六日

御きけんよく春日祭御滯なく濟言上有准后樣ゟ御機嫌伺として：御文まいる

七日

御機嫌よく親王樣へ御手さけまいる大引

八日

御機嫌よく少允伺御よろしき由申入藤大納言局御きけん伺文旨

九日

御きげんよく少允伺准后樣へ乙つゝんらく進しまいらせ候

十日

御きげんよく准后樣ゟ御きげん伺として御文まいる帥局十一日はゝかり日ニ御門のきりニさゝらるゝ

十一日

御きげんよく御法樂有御清めニて濟をまいらせ候

十二日

御きけんよく准后様へ御下り中御尋御重之内御ふうめん旨

十三日十四日十五日　親王様ゟうとん上らるゝ

御きけんよく此三日大引

十六日

御きけんよく大輔様下らるゝ

十七日

御きけんよく新嘗祭白御衣御冠御ゆらさ二通一式上り表へ出ス師典侍様頭痛き下らるゝ

十八日

御きけんよく御清御湯あらせらるゝ御清書有　上杉家内御對面ならせられぬ

十九日

事申渡し御まん拝領御礼有

御き嫌よし

廿日

御き嫌よし准后様ゟ参り夕方ゟ暇

廿一日

御機嫌よくゟ法楽大原野祭ニ付ゟらけ物松ゟ印

廿二日

御き嫌よく新嘗祭ゟ丸火入内侍ゟ無人ニ付新典侍為内侍ニ仰せまいらせ候口宣拝領ゟ礼申入まいらせ候きんし新内侍為采女ゟもいきん越後為玄んとう伊賀為供奉丹波為新内侍為上卿ゟまな廿三日ニ上候職事へハ口上計

廿三日

御き嫌よく表ゟ内見ニ成新内侍為ゟ礼申入まいらせ候ゟまな一折しん上

廿四日

御き嫌よく新嘗祭ゟ当日ニ付暮過表くしゟ湯あそハさまいらせ候こくきん出る

新内侍は一人にてきんしなしまゝ　出御初庭前にて中入四ツ半過上らせ候物すゝまいらせ候あかつよくしにて湯にて内ゝ出御よなか過何も済まいらせ候　入御八ツ半詰《ママ》のいし宿もん殘りあとゐい出親王様よりにて表上まいらせ候　准后様よりにて表外に色ゝにて箱物も二ツにてくし取有こなたのにて清きれ大すけいたゝき親王様方上まいらせ候の越後は准后様方のあきちはにて戴きさるくし　出御にて直衣にてゑとへにて打袴師のすけはへ　にてすそにて頼申スか乙あき五ツ衣済まいらせ候　にて神事とけらるゝ

廿五日

御機嫌よく節會ゑんこ　出御あらせられぬよし仰出され河もたは富丸はもゝ様にて出にてまゐ三種高松は大すけへにてもらひ申二種にうめん大へ柴かゝえふ成は程のゑんもきれゐもこ入きせる上は富丸は方人形一ツか乙入よめ様へすゝ取くみ物かんさし上は

廿六日

御き嫌のよし〳〵

廿七日

御き嫌よくゑとく院参

廿八日

御き嫌よく賀茂りんし祭の神事入

廿九日

御き嫌よく御拝の参り帥為への御すその頼申ス大典侍への神供仰出さる〳〵

神事入の丸火入のよし行水いつもれの通り

晦日

御き嫌よく賀茂臨時祭ニ付のおる七ツ半表よしの湯の下袴ニて朝かれゐ

出御御きん濟庭座三こん舞の覧出御のすそ帥為への頼申ス午刻入御ゑん

もつ南門の覧所へ成亥半刻過還り参御還立出御の打袴のおとへの直衣

朝かれゐまて男かたの服のくじも有伊よ為のまん法いさゝかるゝ

十二月

御機嫌よく御拜ハあらせられすに大すき
御神供日〻れ御代參も勤ル也參賀御對面親王様准后様御ふく參夜ニ入御盃
御三こんまいる二こんめ小らゝ里御三こん長もしへ御しやく

二日

御き嫌よく來五日徳川中納言大納言へ將軍宣下之事表ゟ申參る

三日四日

御き嫌よく

五日

御機嫌よく關東ゟ御便り和宮様御袖留ニ付大典侍御しゆちん御ふく別段
御なちゝ乙御一らさ絲帥典侍へ御な綸子御地赤あをちのすきへ御なこ御
ふく中將典侍へとた御ちゝみ御あこセ長もしへ御紅梅御ふく大輔内侍へ
御紅梅大御乳人御な里んもいよへ御地赤越後へ御地赤伊らへ御桃色駿河

とのに地赤三仲間もかしら〳〵にふくに下かふの節瀧にとも故にかさねら藤崎にねこにふく花崎にねこにはこせ准后ゟ上らぬお八百方に紅梅にふく大貳紫にあこせ藤坂きゝやうにかさねら大瀧紫にふく尾張茶はむらさきに服藤大納言方にしゆちんにふく別段にちゝみにほかしにあこせ

六日

御きげんよく泉涌寺に代香帥典侍方に花に燒香にくこしも旨

七日八日

七日

にき嫌よく御拜

九日

御機嫌よく　内侍所御神樂に神事入ニ付系役大典侍大輔内侍方へ仰出さるゝ

十日

御機嫌よくに丸火入毎之に通り

十一日

御機嫌よく　內侍所ニ而神樂ニ而當日八ッ過御神供大すけ大輔內侍淸き湯致し参向常ニ而ハ上段ニ成二人寄り参る酉ノ刻過表くし御湯両人も湯致し参向

出御成ニ而すゝいつもの通り榊濟御ハ作有　入御四ッ半過ニ而內〻中立過ニ而てうもんニ成らせられ玄もらくよく　入御成丑刻少し過ニ而するゝ濟られ〳〵両人寄り参り榊上ル藤丸為参うそうよく長〳〵下り十日上ゟ三種ニ而肴上ゟ金三百疋ニ而祝被下さる

慶應三卯年

御お母へ

績子

十一月七日

常御殿御出來ニて御する〳〵　入御成きんし殿督のすけ殿長橋殿

十五日

大原野察（ママ）ニ付濟候〳〵の暮過言上有御神事とかるゝ

同三卯年十二月十九日

宰相典侍殿病中ならふ上京ニ付　御所ゟ三拾枚下され庭田家へ御渡し申

は桂宮殿ゟ白ら候七枚准后殿ゟ拾枚ミな〳〵は渡し申入は玉嶋付添なら

ふこなさへゟ系りは事出來ら候廿二日出立のよし

宰相のすけ殿内實は十一月九日辰刻過セら去

廿日　りん王寺准后宮殿御養生叶候〳〵は今もんゟ三ヶ日もい

てう物音とゝめ候

宰相のすけ殿養生叶不申昨夜セい去とゝけ有有栖川中務卿宮殿一品宣下

御礼有

廿一日

事成事なし

廿二日

東西對屋そうしにてゐゝみらえ

廿三日

廿四日

孝明天皇様御一めくり御代参督すけ殿

廿五日

孝明天皇様御一周忌ニ付御内〻御代参大すけ伊豫殿も参御所一同より御法事上三十枚出ス御備へ両寺へ二百疋ツ、富丸殿も百疋ツ、上御所准后御よりより御心さし御そう粢戴

廿六日

廿七日

馬そろへ御覧男ゟ〻なり
廿八日
今日を御代香權典侍ゐ御花に燒香にくゐしまいる准后ゟ御機嫌に伺に
くわし上られ
慶應三　十二月九日
午刻比やうゐならさるに樣子表より申入おて非常のに用意に内儀に庭へ
土州さ川ま家來に庭へけいゐいにかわり〱まいり公家衆もにゐんさし
きへ詰〔ママ〕候中ノ口へも詰〔ママ〕候三方也よるにこしも仰出さ候ほに内〻に
ゟ里床にてにこし成れし伺あり藤宰相ゐ參候とう留
十日十一日十二十三日
大樹會津も大坂へ引取先〻に靜謐まて十四日ゟに庭へけいゐいの人〻次
しれ〱ならさるゝ中務卿宮ゐに參りに小座敷へめし　御對面成
三十日

御かもり物上させ
御かり床御當分御風氣
慶應三　六月十六日
御機嫌よく今日御結《むすひ》初ニ付たか司前關白殿へ表向小いさゝた御まな一折
御内〻の文ニて御よせさあな一折宛
政所御方へ御書棚一箱御まな一折
前關白殿な御傳へ政所御方より御すゝし紅白一かさね御帯御まな一折御
文まて上まいらせ候御かく門所鷹の御間ゑ〻う御向ニて御ふくれ御う
へな御むすひ被遊候て御跡大御乳人へ戴らせ候夕方月出御學門所中段よ
て月御覽大のまん　もきの御はしも付出ルおもてなうらへ三ゑん御セう
しあそれさ候月御覽後御三こん御盃まいる御もんせん御手なら御通り
有
慶應四辰年

二月三日

二條行幸ニ付候なる七ツ半

出御五ツ半過巳半二刻過大《マヽ》政官代江着御の事申來ル

三月九日

出御五ツ過巳刻前大《マヽ》政官代へ

着御暮ニ還幸成

十八日

立太后宣旨

慶應三卯卯年四月一日

御機嫌よく参賀候對面候てられ御はらま朝候盃あらせゐ候女中もら海

まて候礼申入もらまゐしめ諒闇中故夜の候盃一こんま省候もいせん候

手なら候通り松尾まかりニ付候神事准后迄候〆切暮過候する〳〵すミ言

上有御神事とけ准后さまへ口上まて申入

二日

御機嫌よく御手ならひ御清書被遊候中務卿宮さまへ御一こん出ル御手本御跡御認あなさへまいる

慶應三　十月廿八日

御常御殿追々御出來ニて酉刻ニ乙玄ゑ行れせ　常御殿二ノ御間御乙すらゝ里御かまへ御内ゝ　出御御覧すゝめ〱の初夜半過

同　十月七日

能登為事めし返され九月廿二日出立まて十月七日大津へ着同八日里元へ京着

御所より大津へも給り物有里元へ御認メ御杉折下され大〱有らさかりまて御礼申入候

十一月一日

御機嫌よく朝の盃はさなし参賀の對面小御所夜ニ入御盃御もいをん御手なりやくそ御通り

十一月廿日

來年三月廿一日時〔マヽ〕午立后仰出され御悦申入准后方へも御悦ニ参り御口祝御吸物戴候也　御内まてもすい物一同戴候也

廿一日

御き嫌よく妙染院方参ゟ守〔マヽ〕ニ御たいめん御まな上ゟ御包物下さる

慶應三卯

四月廿六日

御機嫌よく御かり床葵祭御當日作涼〔マヽ〕闇中故六川そう門〔マヽ〕計御はむうなし勅ろくおみの間代よく給ふ未半刻過　両社御する〱すミの〱御神事とけゟ准后方御ためきりもとらるゝ

五月朔日

御き嫌よく御かり床朝御盃御沙汰なし御あり床中ニて参賀御對面あらせられ候夜ニ入御盃一こん三人御通り准后御へも御礼ニ参ルはら海ニて御礼申入跡御袴免し候

二日三日四日

御き嫌御よしならら御かり床

五日

御かり床朝御盃御沙汰なし袴ニて御礼申上跡ハ免し候准后御へも御礼ニ参ル夜ニ入御盃一こん肴御もいたん御手なら御とをり

六日七日八日九日

御あり床

十日

御機嫌よく御床御はらひ

十一日

御きけんよく摂政殿ゟあゆ御まん上御文まいる藤大殿四月御神事前ゟとう留ニ御参り今日御いとまニ付ありしたゝみ二千疋下さる

十二日

御機嫌御よし〳〵

十三日

御きけんよく仁門殿ゟ御菓子一箱刑部御使ニて上る〳〵　別段大すけ長橋殿へ御くもし一箱ツヽ戴る也　藤宰相殿ゟ心よく成　御き嫌伺文参る

十四日

御きけんよく有卦入ニ付こもく御飾のすき殿宰相のすけ殿新宰相殿大輔内侍殿小式部内し殿阿波殿也仁門殿ゟいさゝたれ御菓子藤宰相殿へあまニて上ル

十五日

御き嫌よく十六日観實院様應修院長春院様御きけん伺参候御まな上まいらせ候

御包物下さる

十六日

御き嫌よく今日　孝明天皇様御遺金何れも戴ル也

十七日十八日十九日

御き嫌御よし〳〵十九日近習御もん御免

孝明天皇様御遺金給はり

廿日

御機嫌よくたか司前關白殿ゟ三種御よせ肴上まいらせ候　近衛前關白殿ゟ御菓子上まいらせ候　瑞龍寺宮殿ゟ御札御洗米御きん上こなたより御燈明料御供し料三十枚出さる

廿一日

御き嫌よくたか司前關白殿御参り御前へめす

廿二日

御き嫌よく東寺御代参大御乳人参なり　瑞龍寺殿よりお巳何ぞもいらゝたれ也

廿三日

御き嫌よく御より合大名も参る摂政殿御初御参り

廿四日

御き嫌よく入道准后殿へ御よせ肴まいる

廿五日

御機嫌よく　孝明天皇様御代香大すけ新典侍乃越後乃も願にて参なり今日

御三繪御打敷御戸帳も納なり御巻物三巻色目黄もへき白御影繪二重箱御やかいも長老へ渡し候節お中の御箱計あとゟ御外箱渡し候也

廿六日

御機嫌ゆよし〳〵事成事なし

慶應四辰年正月より

心おほへ

績子

正月元日

御神供あかゝへ付候御くうれ人そろひ言上有ハかり床中ハさとねよ参らせ候

供し候様申済候事言上有　御吉書被遊るゝまうのらさむらもせ候

ハよみ初もあらせ候ハかり床あららハつくろひ御目通りニてハ祝何を

もいさゝたるも也夜ニ入ハ盃こわくハハ膳五ッ衣こわくハハ祝ゝまうの方

御向ひ被遊る

中段口御座うき取大典侍帥典侍為長橋為前大御乳人伊豫為也別段御盃さ

ふハ三こんも出ルと不入ハかり床故其ハ海ゝにて御直衣何も御前よ置る

ゝ今もんよしれまうゑる

二日

三日

御祝きれふよ同しハ盃も同し事ハかり床中ハ通りハ常ハ不也

まゝ〳〵形勢そう〳〵敷て盃申の口へ出てもうけ計はらまれしめ〳〵

四日五日

五日千秋萬歳もあらせ候て候

六日

年越御盃一こんまいる

七日

朝御祝御らちんあむきて間ニて出る聖護院宮御機嫌て伺て菓子上め〳〵て重之物女中一同へ戴き候也夕らゝ御盃七くされ一こんまいる南て向の御座也てもいせんて手あらかけ帯やくそ伊豫為なりひとへ衣こわくてて膳五ッ衣て三こんぞそ入て通り有

八日

御きげんよく黒て所ゝゝ春れて去うき仰入候山階宮宮ゟ此節御機嫌て伺

御菓子上まいらせ候

九日

御きげんよく御くし行水あそはされ候

十日

御きげんよく節分ニ付夜ニ入御湯めされにてふさかり出來
内侍所へにて参りにてすゝ済まいらせ候　御口祝
御とし取まいらせ候　御すゝ御重さらなまて御盃まいる御手は付まいらせ候ににては
れきんにて手ならにて通り有　女中も年取御祝酒なし御口祝例の通り手なし
は参らに入御成御年こしのにて盃一こんまいる上段にてまめはやしろほうの
方へにてまき遊はされ候長もし為　きんしの御間常にてふ中段まめはやし別
殿にて涼ふもまめはやしにて下さちおけらもち一こん御通り済すく〳〵別殿
にて口祝にて三献にて三こんめ長もし為にてしやくにてそう養出一之にて間まてにて祝
あそはされ候にてもいきんにて手ならにて通り有御年の物にてまめにて年のにて数と

よ本とふやしハ也

十一日

御機嫌よく立春ニ付こもくハハ膳五ッきぬ也ハ盃ハ三こんも参る

十二日十三日十四日

十五日

御き嫌よく御元服に付ハなる八ッ半御しまひ御しんハはらひ御たゝ夜八文字御まもをハたゝ夜遊いし上らるゝ

二月十八日

春日祭御丸火中　御拜ハ参り白河殿御すゝハ上ハ引直衣ハなとへ紅御しやく御神樂例ゟハのハ用ひ御心願ニ付ハ参り

廿日

御別殿ハ涼所御まくら御口祝ハ兒鳥うたいるゝ

廿三日

桂宮様御気内きぬしよらくやき御茶わん御まん上女中へも御すもし御まん戴候也こなさゟ小式部殿もしめ御祝義下さる御暇節御文この内御もみ一疋と色々入進せまいらせ候准后様御不気也

孝順院殿気まいらせ御對面御包物下さる

廿四日

丹波介伺きぬしよ御茶包ん御前にて下さる

廿五日

泉涌寺御代香權すけ殿

四月朔日

寅半刻過大坂ゟ御便り御文気候よし〳〵

御機嫌よく御まなおぬ気ゝしく海候り大宮様桂宮様へも生魚進しまいらせ度

思召候へ共もちかね候し由ニてみな〳〵あかり候のまいりは留主の人〻いたゝき

二日

夕かたみな〳〵いたゝき藤大納言殿へもぬくこけ

三日

御機嫌よく御手習御道具一式上候様申参何も揃出し候也

四日

御機嫌よく御本色〻申参今参承知の由乍いかふ忘れかねやう〳〵揃出し候也知光院殿は初御参り御間物は認メ下さるはすもしはもらひ申は室殿は御重之内九こん戴候也大すけへ別ニはくこしいたゝき候也

五日

中將のすけ殿外祖母死去ニ付引籠はとゝけ有御留守中殿は機嫌伺ニ前新すけ殿大輔内侍殿源内侍殿丹波殿参らるゝ

六日

中院殿大坂ゟ罷り参り候御き嫌よき御事うかゝひ候也

七日

大坂ゟ御便り御き嫌よき御事伺寛禎殿参り候御重之内いたゝき候也藤宰相殿大坂へ御き嫌うかゝひニ下られ様岩倉殿申入られ　権典侍殿きつい御願まておいしましゝ所是も御延引ニ相成候

八日九日十日　両日大引　十一日出ル

十一日

大坂ゟ御便り御機嫌よくあらせられ

十二日十三日

大坂より御たより御機嫌御よし〳〵

十四日

大坂ゟ御便り御機嫌御よし〳〵前新典侍殿とう留ニ参らるゝ権典侍殿始

へ御すもし大すけへ別段ん御くわし到來

十五日

大坂御下さちゟ御便り御機嫌御よし〳〵　一条前右府様へ御見まひ御肴御くわし肴

十六日

大坂ゟ御便り御き嫌御よし〳〵一条様よ本と御大病ニ付督のすけ殿大典侍殿ゟ五種の御まゐ進上

十七日

大坂ゟ御文より　御き嫌御よし〳〵

十八日

孝順院殿御祭り

十九日

大坂ゟ御便りハなし乍御機嫌ハ御よし〳〵

女御様ゟ御機嫌御伺あそハし大坂へ御下し物二箱宛こなたゟ出し候也
廿日廿一日
大坂より御文より御機嫌よく廿日　住吉社　行幸
廿二日
藤大納言為妹實ハ八日死去ニ付今日ゟ引籠御届有
廿三日廿四日
大坂より御便り御機嫌御よし〳〵
廿五日
泉涌寺御代参北小路左京大夫大坂ゟ御便り御機嫌御よし〳〵
廿六日廿七日
大坂ゟ御文よ里御機嫌御よし〳〵廿七日常御殿御そうしニ付大宮様ゟ御
すもし戴候也
廿八日

大坂ゟ御所よりおかし　御機嫌伺御文出ル

廿九日

御機嫌よき御便り御盃申ノ口まて出もふけめく

大坂ニて東本願寺ニて異《い》人ニ御對面の御様子

閏四月朔日

二日

御機嫌よき御便り中宮寺宮ゟ御留主中の　御機嫌御伺大宮御所へまき三

十宣旨御所へ口上ニて權典侍ゐもしめへ御くこし料千疋大すけへ五百疋

三日

迎春御そうし大坂より御所よりおかし

四日

大坂へ御機嫌伺おミ出ル大坂ゟ松植木鉢五ツ一ツいそて川大坂城へ行幸

ゑいらう

御覧のよし

五日

大坂より候便り來ル七日卯刻御出門淀ニて候一宿還幸の候事仰来り何ら

萬事候する〳〵れやうふと賀茂下上上下御靈北野護淨院精進頭へ　候祈

禱仰付かゝ精進頭護淨院へめし候て申付候事

六日七日大坂

御出輦卯刻過表口向より申来ル

八日

淀城御出門卯半刻過東てら　着御午ノ刻前　午半一刻過候する〳〵還幸

候きげんよく御くし行水被遊大宮御かた候對面成桂宮御かたまいる旨

九日

御機嫌候よし〳〵方〻御かた候歡御機嫌伺有按察使殿宮内卿殿かも文ニて

御歡申入らるゝ御前詰公家衆めす

十日

御機嫌よく御拝御参り御前詰御ちさ〳〵御参り

十一日十二日十三日

御き嫌御よし〳〵

十四日

御き嫌御よし〳〵圓照寺宮様ゟ御機嫌御伺まき上ゟれ〳〵

十五日

御き嫌よく御別殿御涼所

十六日十七日

御機嫌御よし〳〵

十八日

御き嫌よく大坂御親征行幸還幸ニ付御祝心御賑〻表御ちさ〳〵ゟ御高つ

き三合はまなは精進はくわし花卯花五月松は前ニて男たち女房ハ一こん
拝領はみき〳〵女御所へ松鉢植は文この内は名酒いりはよせ肴まいる
十九日廿日
御機嫌よくは學門《マヽ》所へ成らせられ
廿一日
御きげんよくは學門《マヽ》所にて馬御覧富小路ゟは兒園池ゟはちごも参候なり
丸ゟ参候
廿二日
はきげんよく明日の行幸は延引仰出さるは道つくり出來たれはよし松ケ崎
は兒参候とう留なり
廿三日
御きげんはよし〳〵は學門《マヽ》所へならせ候はこしらへは札様のもれまい
る

廿四日
御きげんよく今日ゟ御學門《マヽ》所へならせられ御仕舞濟せ候て御男方おり乙すミ
廿五日廿六日
御きげんよくおもてへ成らせられ両日大引
廿七日
御きげんよく御學門《マヽ》所へならせられ大坂ゟ　還幸後御きげん御伺ニ蓮觀院ゟ信敬院ゟ参候　入御後御對面成御包物下さる
廿八日
御きげんよく御學門《マヽ》所へならせられ御拜御参り御拜小御所ニて御かまえ出來候朝御膳御おり乙を濟せられ御學門《マヽ》所へ成明二十九日　孝明天皇様御代参ニ大すけ参る伊豫ゟも願ニて参らるゝ帥典侍ゟ神事入願ニて春の参りも致さるゝ

廿九日

御き嫌よく大すけ御代参八ツ前比成り

御機けん伺文上ル

五月朔日

御機嫌よく御拜御神供帥典侍成御する〳〵濟春の参り致され何をすミめて〳〵表へならせられ〳〵大宮御へ一同御礼ニ参るあなたかたも宣旨成もしめ御礼ニ参らるゝ夜ニ入御盃御三獻まいる二こんめ小らゝり御三こんめ長はし成御しやく也

二日

御拜御参り御二度分三月四月

三日四日五日大引

御き嫌御よし〳〵

六日七日八日

御きけんよく六日夜ゟ御神事入七日松尾祭にりけ物あらせられ八日八もさ里んちさい　にきれ計　出御男らさに丸火故に内きふ成らせ候御くしをならせられ

九日

御き嫌によしく

十日

御機嫌よく還幸後にき嫌伺中將のすけ殿前新すけ殿大輔内侍殿源内侍殿丹波殿参候夕方表ゟ入御成御對面にまい上候に包物下さる對面もこ入袖入今日もしめて按察使殿宮内卿殿参候二人ゟにまゐ上られに包物下さる

十一十二十三十四十五日

御機嫌よくおもて

十六日十七十八日

御き嫌よくおもてへ成らせられ

十九日

御き嫌よく表へ成らせられ孝順院殿大輔内侍殿御まいり一こん下さる

廿日廿一日

御き嫌よく表へならせられ

廿二日

御き嫌よく桂宮殿御参内ニ付御まり一箱御よせ肴御まん上大典侍もしめへ思召殿ニてかゝえ二筋袖入長橋殿帥のすけ殿もしめも同し事らゝえニ人形添人も有御見きひしよ茶わん一ツつゝ下さる

御すもしないめんも戴ハ也少々宮殿御時氣ニて御ぬるおならせられ御さしも伺御藥御らきん御暇いあそいしらさく御ふく所ニて御とう留

廿三日廿四日

桂宮様少しはよろしくあらせ候へ共はぞう留

廿五日

御き嫌よくは表今日れは代参表より

桂宮様はゑい出はあんこの内まいる　還御後は勤ならせられぬ事仰まいる

廿六日

御き嫌よく表へ成能登様故障にて下らるゝ

廿七日

はき嫌よく表へならせ候

廿八日

はき嫌よく表へ成らせ候夜に入別殿は涼所御口祝は三こんは盃まいる

は三こんめ長橋様はしやく男りさめし鳥うたいるゝ帥典侍様へ　御神供

仰出さるゝ

廿九日晦日帥ゟまけられ

御きけんよく候表へならせられ

六月朔日

御きけんよく御拝御神供付られ

二日三日候拝ならせられ候

御きけんよく御拝

四日五日六日七日

御機嫌よく表へならせられ七日大すけ越後ゟ候水

八日

御機嫌よく候表水薬師丁眞ゟ八十年賀につき候らちん一重青物きん上お

なら三ゆひ候祝義五百疋候なし一疋下さる米賀に付候かちん一重候もら

ひ申文この内も乙一疋人形こさく入進上

九日十日
御き嫌よく表へ成らせられ十日中將典侍為暑中　御機嫌伺御參り御まいる
きん上付帯下さる十日權典侍為東對屋局へ御移り
十一日
御機嫌よく御表へ成有栖川殿ゟ大すけへ御菓子戴御兒へもゝ送らせられ
十二日
御機嫌よく御學問所《マヽ》御すゝみ御召り替にて午ノ刻過迄御内義御出來言上
有おもてへ出御成
十三日十四日
御き嫌よく表
十五日
御き嫌よく表八坂社御神事御當日朝ゟ
御ゑん　出御御ふく御兒もち出らるゝ御内義ふからせられ御くし一同戴

候也

十六日十七日　藤大の御三人共御参り

御き嫌よく表藤大納言の暑中御き嫌伺ニ御参り風りん二ッ御てうちん二

張按察使の宮内卿のも御参りあせちの御てうちん二もり宮内卿のより石

ニ付御おうおう竹石しよ付鉢御上御包物　付帯むいところそふ御二さり共

同し事

十八日

御き嫌よくおもて

十九日廿日

御き嫌よく両日御拝　廿日御参り御とも帥典侍の長はしの

廿一日廿二日廿三日

御機嫌よくおもて

廿四日

御きけんよく伊勢両宮あつたの社へ　勅使立候ニ付今もんより御神事入
今参殿上候てよりもしめての下り故一同方よセ肴進上

廿五日

神宝御覧清涼殿は引直衣はふく女房は小座敷方男方ニて　出御は丸火入
はくし行水いつものは通り

廿六日

御なるは早〻紫宸《マヽ》殿御拝済せ候　入御
内侍所へは内〻は参りは宮も督典侍局長橋局は児四人伊豫局也両日共は
内義にならセ候はなくさみはくしもあらせ候大宮御方はほり物とて
もゝなし参る

廿七日

御きけんよくおもて

廿八日

御きけんよく表権典侍局へもしめて　御神くう仰出され神事入

廿九日

御機嫌よく表水無月ニ付夕りよ御清いらひ御兒ニて上ル
おゝもくろ御くし行水毎之御通り朝のまゐふそ御輪ニめされ済まいらせ候御
三間上段ニ成らせまいらせ候
清人に女中下ゑんまで輪ニ入男方も和み入らるゝ二こんの御盃重まいる下
段ニて御通り伊よ為しやく也

七月朔日

日ふくまで御神供寅刻權典侍為始て勤まいらせ候日ゝれ御代參も勤まいらせ候夜ニ入
御盃御三こん一こんニ重まいる下段ニて御とをり跡の盃も有

二日

御機嫌よく伊勢御使ニ付　御拜御參り有

三日四日

御機嫌よくおもて女御所方御四日灯燈三種御よせ肴上まいらせ　御返事出ル

五日六日

御きけんよくおもて

七日

御機嫌よく今日あつたの社へ御使着ニ付

御拝はらをあそはし御梶御三間上段ニてあそはされは

御引直衣御机ハ御法楽の出ル御もいをん大すゑ　らけ帯新内侍為御手か

らむとへきぬ御梶七枚あそはされこんとん中へ入ちくか折御さた御よこ

御むをゑつよりらけ御うらよてもちらしとんおむもひそろハ七筋御よこ

計夜ニ入御盃御三こん御三こんめ長橋為御しやく

八日九日

御機嫌よくおもて九日藤大納言為今日御れと済すゝ空り人形千疋下さる

十日十一十二日十三日

御き嫌よく

十四日

御き嫌よくおもて夕方より御内義へ
入御成御一こん御賑ゝ今年ハ御まないたゝき候也

十五日

御き嫌よく昨日ニ同し蓮の御せん御添肴
大宮御所より上らう〳〵の御祝あそハされ長橋局大御乳人まん上御祝あふれ
されとな〳〵すへり御さかつき一枚御通り長はし局大御ちの人へ別段御
盃下され
大宮御所へも御礼ニ参り申ノ口まて御祝御すい物御くもしいたゝき御礼ニ
まいる

十六日表夕方ハなちこくふへきらへへんとう

十七日

御き嫌よくおもて御も御こりあそはされ候御さし伺丹後介めし少ゝ御時氣ニてあらを〱御薬御らきん御ら里床橋本様ゐもし姫《マヽ》姫大すけ局へまいり御めミへ申ノ口へ参り大宮様へも参るお静様付添つほねニて一こん出し候事御まゐ到来家来へゐかし被下候

十八十九廿日廿一日廿二日

御かり床

廿三日四日

いよ〱御よし〱様

廿五日

御き嫌よく帥典侍様御代参

八月廿七日

御即位ニ付女王有栖川中務卿宮様姫宮れぬの宮様御十一才御する〱と御用御勤あそハし其後あゐき御間ニて御きぬのまゝ御対面計ニて御玄り

そき中ノ口まて御膳まゐさらに御たいめん進しん物有
桂宮御方ニも御式御拝見ニ御参り御けん上物　紫辰《マヽ》殿御跡御拝見ニ成らせ
のゝ常御所まて二こんの御盃六本立御きやうせんも出ル御祝あそハされハ
大宮御方行啓成常御所上段ニて御三こんの御盃まいる御もいせん御手なか
御通り有大宮御方の人〻御もいせん御手なか御跡ニて御もいせん御手長
天盃下され　天しやくなり下﨟れ二こん下さるあふき御間御間ニて宣旨
為大進為御對面御盃　天しやくニて下さる中ノ口まて御祝御すい物御く
めし下さる

九月四日

たか司入道准后御方御八旬御年賀ニ付御かちん御まな一折御きん上大典侍
始めへも御かちん御よセ肴いたゝかれ也

五日

こなたゟ御祝進しられ候御高つき二合御まな御くわし御花むん御花臺九十色御品御文この内侍大すけ始ゟ御も乙一疋御人形から〳〵御よせ肴進上

夜御神樂御神事入來役師典侍殿長橋殿

六日七日

夜御神樂御當日御神供八ツ過夕かた表出し

出夜御湯氣役兩人もかゝ出湯氣向御すそ三位殿御きん藤宰相殿大宮様ゟ

も御くしの御品色〻御きん法桂宮様ゟも御くしれ御品上かた〳〵

むらさき中ゐた一反大すけ戴候也

（以下八行一枚挿入紙）

九月五日　御機嫌伺文上ル様徳大寺殿御申のよしにて儀同殿迄大すけ方文表へ前大御乳人もち出らるゝ

九月
三日

蓮観院殿もしめ御留守中御機嫌伺ニ御参り御ミや吹よせおもんはむ御すい物御もらひ申大宮殿へも御参り御包物下さる

四日

富小路殿左衛門殿御参りうとん御もらひ申　大宮殿へも御参り紫板〆帯御盃一枚つゝ下さる

（以下六行一枚挿入紙）

九月六日

關東へ出候序ニ靜寛院宮様へ御手らゝみ御らけ物進しめし節宮様への御返事も出るたら司前右府様方御よせ肴御留主の人ゝへ戴五種の御まな女房様へ　御き嫌伺ニ上候也女房様へ知光院殿御参りの節御留守の人ゝへ御たもこ入御きせる戴候也藤大殿藤宰相殿も同し事おゝ(マヽ)殿は袖入ニあんさし

八日
年號改元ニ付當御代中ハ御かもりあそはされ候ぬよし仰渡さるゝ
九日十日十一十二十三日十四
十五日
富丸爲十三日御神事とけ上め〳〵もつならちう日十四日ふく日まて上ら
れも十五日上乙故しやうあらら八月廿日神參りまてさあられ候事故御
乙やふ染分のゑを三通りきん上
十六日
東京ゟ行幸まへ御こしらへ御賑ゝ女御爲方御扇子一箱御よせさあれ近衞
前左府爲方御傳獻供奉の御らさ〳〵へも御きせるゑもこ入下さる
十七日
東京行幸ニ付御こしらへ帥典侍爲大御乳人御先まいりニて大宮爲へも御
暇にゟ參り御包物組物袖入扇あんあり下さる大御ちの人も組物袖入

十八日
師典侍ゐ大の乳人出立五ッ半過ゟおそくなる前

十九日

廿日
御機嫌よくの出輦五ッ半過出御きんしゐ
常の所まての渡し藤宰相ゐ新内侍ゐ巳ノ半刻おひるへ　着御午ノ刻過お
ひる　御出輦申ノ半刻大津へ　着御

廿一日
三位ゐもしめ巳ノ刻過出立

廿二日廿三日
亀山宿ゟ師ゐゟの文廿一日の認の文廿三日夜に入着のさわり無の便り

廿四廿五廿六廿七廿八廿九日
事成事なし

十月朔日

大宮様へ御礼ニ參る夜ニ入御盃申ノ口迄出御もうけ

七日

濱松宿ゟ長はし殿新内侍殿ゟ文着

八日

御留主中故御猪子なから御はたなしなから局の方かちん申付出來候故

相かはら御進し候今日箱根御こしに御祝御夕御膳おくへ出御すゝ御重肴

も出る

大宮様ゟも御よせ肴戴大すけはしめよりも御精進まちりの五種の御よせ

さかな上ル大宮様へ大すけ參り上ル

桂宮様よりも御硯ふたさかないたゝき御よせ肴上ル

九日

水薬師ゟ御重之内やれ〳〵十照方局へ御出お怪（ママ）方も局まて面會

十日大引　十一日按察使方も引

東京へ御便り出ル

十二日十三日

十三日東京へ　着済に付御ゑより

十四日

桂宮方より御鉢肴二ッ大すけへから物御んさ戴ル也

十五日十六日ゑら司入道方御所労段ゝ御むつらしき御やうす

十七日

ゑら司入道准后方御所労よほと御むつらしき御様子御よセ肴御戴あそれ

しれ様ニと文出ル

十八日十九日あきち方御暇御ふ川一ッ戴らセル

廿日宮内卿方参らるゝ

廿一日

東京より御便より十五日出の御文来る

廿二日

瑞龍寺殿方御機嫌御伺御文かき戴候也

廿三日

御留主殿中御機嫌伺梅園の侍従の御まいり富小路の御もしめ方御くわし

到來月きいの方御重之内

廿四日

山階宮殿より御重之内

廿五日

御代参表方御き嫌伺東京へ文出る

廿六日廿七日

廿八日越後の長〻所労にて下りいられ今日心よく上わすもし

御すい物大すけ方御まな進し候

廿九日

越後為上めて〳〵ニ付火ともしむしんとう御まな大すけ方らけニ付小ふんこ内ニおさ〳〵入もえいしめへむらさき中らるおもし袖入ちよく

十一月

御留守為中朝御をむ藤宰相為所労ニて出られも御玄つき計夜ニ入御盃御もうけ大宮為へ御まな進し候新典侍為御使御礼ニ参る宣旨為もしめも御礼ニ参らるゝ

二日

東京方御便り御道中にて御覧あらをめて〳〵御品共めされ思召為ニて一同拜領御見迄

三日四日五日
御文よりなし
六日
信敬院殿ゟ御うとん到來
七日
東京ゟ御便り御き嫌よく帥典侍殿ゟ東海道五十三次繪御もらひ申大すけ
藤宰相殿前大御ちの人三人へ藤丸殿富丸殿ゟきん到來
八日九日何も事成事なし
十日
十一月四日出御文ゝ東京ゟ着御き嫌御よし〱の御文より當今様御ちゝ
らいむもこ使番御取立につき御礼白むし到來二百疋遣いし候也
十一日十二十三十四十五十六日
十七日薄雪

十八日十九廿日廿一日廿二日廿三日廿四

廿五日廿六日廿七日大すけ局出又〻引十二月四日出れ

十二月三日

大宮御方らを御色〻の御品御ふく引こて大典侍御手提いさゝた三仲間

もれさゝきれ也

四日五日

内侍所御手もしめ

十一日

局すゝ拂東西一所

十五日

おく御すゝはらひ

十九日

御くしあき御ふくろ為定へいたゝかす

廿三日

孝明天皇様御三めくりニ付兩寺へ御備へ二百疋つゝ御兒百疋

廿二日

内侍所今日ゟ日ゝれ御代参東京ゟ御する〳〵御機嫌よく還幸成四つ半比

いろ〳〵御覧ならせられ御道具共夫ゝ御覧あらせられ

大宮様桂宮様へも進しられ御文ニて出す夜ニ入節分ニ付御参りあらせられ

御すゝ済られ　御口祝御すゝ御重さかな出ル御もいきん御手あら御通

り有女中もとし取御祝酒出ル御年越御盃一こん御まめはやし上段計きん

しの御間常御所中段藤宰相為まめもやし御別殿御涼所新内侍為御まめは

やし御服所御ゆ殿御三間上段夫済御通り戴

御別殿御すゝみ所御直衣めさるゝ御きん有御口祝御三こんまいる内侍御

しやく

常の御間しまて御そうに出ル御すゑ御もら海女中も一同いさゝたれ候也

廿四日

御黒戸へ成

廿五日

南殿御りまへ出來御供事物有山陵行幸まへ　御拝あらせられ御留主方中

女中一同はりまニて南殿へ参り拝致し候也　暮〻　還幸成

廿八日

巳刻女房方御入内仰出され御悦申入

明治二巳年

正月元日

四方拜表くし出御成御神供權典侍殿へ仰出され候へ共手なしにてあなた

へ付め〜　御代參帥典侍殿參らるゝの祝まてふの吉書遊はされ一ノの間

とら卯の間ゑおうの向にて被遊其後の祝表の對面事もあらせられ御もら

ゑめ朝らゐる大すけ長橋殿前大の乳五ツ衣節會　出御あらせめ〜

夜よの盃請取大典侍帥典侍殿長橋殿前大の乳伊豫殿こわく御のせん帥の

すけ殿への頼申ス　御三こんの重の通り中段にて長もし殿のしやく大す

け七十五才に成はらま狀しられもちもらま　大宮様への礼の吹聽ふさよ

て申入の物書へ頼候也

二日

御祝きれふゑ同しこなたより便始大宮様の方ゑらへにて九條様にあらせ

め〜故の使いの斷の文にて參る

三日
御祝きのふ同じ

四日
大宮様行啓の斷ニて御使もしめ油小路殿系へ御對面御三ッ肴ニて御盃下さる大進殿も春の御祝義申入へ御盃下さる立后後の御祝義御反物あや戴れ也御兒四人御ゐから二ゆひつゝ申の口ニて御認メ九こん御くもし下さる

五日
千秋萬歳さる例年之御通りうはら舞ニて御盃表めし申されて御湯殿始ニ付大すけ殿御てうし上る

六日
御年越御盃一こんまいる

七日

白馬節會午刻比　出御成入御八ツ過馬御覽　皇后宮少〻はらをならふ成らせ候は早く〻もんは成夜ニ入は盃七草の一こんこもく御は膳は三こんまいる

八日九日御拝

十日

御神樂は神事入参役権すけ宮長もし宮へ仰出さるゝ

十一日

神宮そうし始　出御成例之は通り

十二日

賀茂そうし始は清めよて御代拝仰出されは　御神樂は神供二人参向よなり半一刻過濟候

十三日

御神樂は神供権典侍宮参向長はし宮手なしニて白河宮内侍のは用勤む

よなか半すミまいらせ候

十四日

皇后の萬歳御覧に成隱居御礼藤大納言の不參按察使の宮内卿の參ゟ御な上ゟ御對面計かにちなれハ御盃下さる申の口にて御祝御認め御くこまし御年玉下さる

十五日

御祝常御所にて七種御かゆハ富小路の始御礼御對面御盃長はしの御しやく申の口にて御祝御したゝめくもし御年玉も下さるとんとくし小御所へ出御成すみまいらせ候御盃南御向御座一こんまいるこもく御御せん御三こんかさねまいらせ御通り長橋の御しやく

十六日

せう歌の節會　出御一こんおもりて　入御きんの內侍藤宰相のし新內侍

の供奉伊よの阿波の
十七日
さきちよニ付小は所へ　出御は直衣めさるゝ入御成は盃一こんは通りい
よの玄やく也
十八日
御き嫌よくは礼孝順院のむかり御對面は盃長橋のはしやく申の口ニて御
祝は認メ　皇后様へも參候其後九こんはくわしは年玉下さる
十九日
御き嫌よく舞は覧大宮様行啓めて度は斷仰入候藤谷の藤坂めしニてま
いらせ右衛門佐のすい參皇后様行啓は口祝まいるはなるの物も出宣旨様
はもいさんは手なら右兵衛佐の越前の太平樂ニては盃皇后様もはれさゝ
きこなく〳〵次第には通り有
廿日なとめなし

二月も乙えも

三月五日

御先まいり大典侍為新典侍為長橋為大に乳人阿波為に出立

七日

東京へ行幸卯半刻少し過

御出輦

九日

權中納言典侍為權すけ為伊よ為大和出立

十日

西尾土佐守御ヒに斷申しぬ〻

十一日

東京方にろゝえあらせられぬよしにて三筋出ル

十二日

神宮両社の参拝ならせられ候のうち祝の膳出ル　后宮よりの花の覧めし参る

十三日

大すけ御方熱田宿より文参る

十四《六》日

中の門御伊勢よりの御京桂宮より道中何のくのさはりあらせられぬ様の祈禱仰付候　八坂社北野より札上候

十八日

大宮よりのつゝみ遣し後の悦ニ富小路御いしめ祝され梅園御こなたへ参り中にてこなたより梅園御丹波御参らるゝ

十九日

廿日

櫻木より有馬へは願通りならせられ候ニ付の参りの留主人ゝよりの杉折のくつ

し上候の御悦ニて御礼

廿一日

大井河渡済ニ付大宮様へ御重之内御留主人〻より上ル后宮様桂宮様へ御よせ肴上ル大宮様ゟ御よせ肴桂宮様ゟたいえん后宮様ゟ済よせさられ瑞龍寺様ゟ隠居願之通り仰蒙り候ニ付さあや一巻御扇二本戴候也

廿二日廿三日廿四日廿五日箱根御こしあそはされ御祝御日ら故廿七御祝御膳おくへ出ル

廿六日廿七日御祝御せんおくへ出ル后宮様御すそ御痛

廿八日高階丹後伺

巳上刻御するへ西丸へ着済いらふ御きげんよくあらせられ東京へ着済ニ付御内儀御祝御膳おくへ出ル静寛院宮様ゟ隠居ニ付御祝あそはし戴さあや紅白三巻御祝義千疋いたゝき候也

廿九日三十日

四月朔日

去る三月廿八日巳上刻御する〳〵東京着御いらふ御機嫌よくならせられ事御留主辨事へ申来る御祝御せんたくへ出る夕方御盃御もうけ

二日三日四日

五日

后宮様御むさ〳〵様ニ付五日藤木典薬權助福井豐後守をしめて伺

六日

東京へ御き嫌伺御まな料千疋御留主の人〻ゟ上ル

七日

東京ゟ御便り廿八日出今日着いらふ御き嫌よ機御ゐより四月四日出御文

も参り日ゝの御伺白河殿へ仰付られ候よし近衛殿へ此方み着次第とゝめまいらせ候奉書出され候様申参りすく〳〵小大夫へ申付出ル御請東京へ上候候事

八日

后宮様弥御よろ敷七日昼夜御痛ならせられぬ事　桂宮様へも文にて申入

九日十日十一日十二十三十四十五十六十七十八

十九日廿日廿一日廿二日廿三日廿四日

廿五日

葵祭申半一刻過両社勅使御入り参りまいらせ候

廿六日

御代参おもて

延丸殿重服にて下り居られ今日上られ御すもし下さる

廿七日廿八日廿九日

五月朔日
夜ニ入御盃御もうけ
二日
富小路為御参り
三日
東京ゟ御便り　御機嫌御よしく
四日
梅園為むる後御暇局ニてむいとろ皿五枚あをち為へ上ル梅その為細工物
硯ふた翁さいく物
五日
后宮様へ御礼に参る宣旨為もしめ御礼ニ御参り夜ニ入御盃御もうけ夫ゟ
あはせと着かへ
六日七日

七日東京へ御便り出東京ゟも御たより　御文着　御き嫌御よし〳〵
　八日
新大なしき石薬師へ二三人行向ひえやうしもりそうぢ
　九日
華頂宮様方御留主様中御尋御まな一折戴候也生鯛二ツもむ
　十日十一日
　十二日
蓮観院へ信敬院へ観實院へ孝順院へ妙染院へ御参り蓮観院へ御すもし御
もらひ申候妙へ桂宮様方参る又帰り参る
　十三日十四日
十四日竹御所廉首座へ局へ参る御乙や新大へ御さとう一箱到來巻ら乙
うちもすゝ送り候たん堂へ御下帯あふき袖入遣いす
　十五日十六日

十六日新大社参願新屋敷辰ノ刻ニ下りはやう護浄院へらんしむ頼辰ノ刻
ニ下り
上御霊御湯立上ル　北野社へ参り御霊ニて神酒戴あまり丁ねいみ致しよ
く日さらし一反五百疋送る
十七日
夕ら上り愛姫為ゟもち植二鉢ゑふ為ゟ時計草一鉢はもらひ申
十八日
静寛院宮様此は儘は京住之事仰参りは礼は吹てうは文まいる
十九日
静寛院宮様よりは花生は進上は庭は花参りは
廿日
静寛院宮様ゟ六日限りは文箱参り早ゝ出しまいらせ候東京ゟは小元もひの事
申まいり十六日出五日限りはあゝ参る

廿一日

きんしの御間御引りさむらもえき御出來ニて上ル夫〻添本うも上ル

廿二日

有栖川殿ゟ東京へ御短刀小道具段〻御出來西本願寺ゟ獻上の廿六日御便りニ上ル〳〵御文まいり三種御よせ肴いさゝたれ也

廿三日廿四日

廿五日

御代參山科前中納言な

廿六日

廿七日

后宮殿御むさ〳〵御よろ敷今日御床はらひ御祝ニ付こなさゟ御花むん御花臺二箱五種御まな新内侍な御使ニて進し〳〵后宮殿ゟ三位な前大御ちの人御ちこニ御をやう御祝義三百疋ッヽ新大納言へきヽやう御をやう三

百疋戴る新内侍ゟしゆちんおもし三百疋越後ゟおそ染りさむら三百疋能
とゟ黒しゆすおもし手さたぬひ入三百疋御ちこ両人河内ゟ二百疋ッヽ被
下る御礼ニ参る
こなさ方宣旨ゟ初へ御祝義下さる
廿八日廿九日
后宮へ御参りしもしニて御暇
六月朔日
后宮へ御参り夜ニ入御盃御もふけ
二日三日東京方御便り
四日五日六日七日きおんのゑニて御物忌上ル
八日右京大夫所労たん〱むつかしく昨夜死去のとゝけ有新大
方二百疋權典侍ゟもしめ方千疋送る
九日十日十一日

十日の便りのつうの取られしめて度ならさせられぬ由申来る
十二日土用入
十三日十四日十五十六日水仙おくへ出ル
十七日
巳ノ刻過東京ゟの便り御き嫌よし〳〵
十八日
静寛院宮様ゟ少進の使のてうちん戴候也
一条全丸様よりのよせ肴いさゝか静寛院宮様へ上ル
十九日局の水
廿日按をち為暑中御き嫌伺に来らるゝ
后宮様へも来候
廿一日
廿二日

大宮御所にはこさまし後は歡ニ新内侍殿康丸殿新大納言河内殿参るはうちきニては對面は盃は認メ其後は庭拜見西のは物見も拜見は間物は前ニていさゝかは包物小町らさは組物は水入思召御ニてはさけ帯は引分前大は乳人越後殿へは没《紋カ》付はさけ帯下さるゆり参りは礼文頼ミは祝義新大五百疋

廿三日

三位殿今《内ゝ》参殿能登殿参ゟ三位殿小町らさは組物は水入今参殿は人形は袖入らんさしはさけ帯三位殿は引分のと殿もは《マゝ》没付はつき帯人形

廿四日廿五日御代参おさか前中納言

廿六日廿七日東京ゟは便り

廿八日廿九日三十日

七月朔日

后宮御は参りは口祝済〳〵ははあまめしぬき〳〵ミな〳〵后宮御へ

御礼ニ参る鷹司殿ゟ西瓜五ツいたゝき一条殿へ上ル文御物書へ頼ミ也

二日

東京ゟ御たより御機嫌よく藤大納言事去ル秋以來御所勞此ころは先御よろしく御心祝赤もん一重川ゝ御もらひ申御まな三種三位殿新大すちこ事のと事ゟ進上

三日四日五日六日

七日

東京ゟ御留守殿なから后宮殿へ御礼ニまいる

夜ニ入御盃御もうけ七夕御星まつり有

八日

桂宮殿ゟ中元御祝義いたゝき宮内卿殿御参り

九日

大宮殿ゟ中元御しうき五百疋后宮殿ゟも同御祝義五百疋三位殿も同御さ

らし一疋何ゟ御せわニ成まいらせ候とて下さる
十日十一日御めて度事ニ付さもし一折
客向
后宮様ゟ上まいらせ候大宮様桂宮様へさもし五さし上ル
十二日
静寛院宮様より中元御祝義三百疋戴さもし一折上ル
十三日
中山ハそ丸所労むつかしき由にて三位様下り
十四日
今日のほんの人〻　后宮様へ御礼済候ニ付小御ちやうちん十もりぎぬてうちん三もり進し候后宮様も御同断当桂宮様静寛院宮様へ同断御内〻の御文ニ而まいる三位様無ふく一日ニて今日上り中元御そうきさもし一折御そん上

十五日

御夕御膳おくへ出る御祝も出ル蓮の御膳后宮様より上かのく　れハ留主様作三之御間口ニて出る御盃ハなし后宮様へ御礼ニ参る御あいめん御祝いさゝきハ也

十六日

大文字梅園殿御参り后宮様へられり合ニ参り候様仰戴まいり御悦そういさゝたハ也

十七日十八日中山伯一位宣下御蒙り御吹聴有

十九日東京ゟうす地着　大宮様后宮様宮様らさへまいる女中一同拝領藤大様へも御内儀ゟ出す

廿日富小路殿御参りあらの御乙や

廿一日廿二日廿三日

廿一日東京へ御便り出ル

廿四日夕方宮内卿殿御暇付帯后宮様へも御参り人形下さる

廿五日御代参三位様参らるゝ午半刻比帰り参り候かみなをし出らるゝ

廿六日廿七日夕か之東京ゟ御便り御祈祷の事申参る

廿八日廿九日

八月朔日

御留主様中乍御けん上物宮中へ参る御空く日故　大宮様へ御内々進し候

物御衛立一箱明日まいる

二日

八朔御返し今日出る

三日四日五日六日七日八日両日新大引八日東京ゟ御文より

九日新大出ル福井所労段々心よく八月廿日過東京へ参り候様う

かゝひ有后宮様御灸点上《マヽ》ル後下り候事

十日十一日三位様残りなく待病御あかいたゝ引

十二日十三日東京ゟ御便り朝ゟひるまへ夕立もきしく近年ニ無雷鳴つよく午刻過晴ニ成候事
十四日后宮様御參り　十五日十六日
十七日夕らさゟ新大下り廿四日正忌ゟ湯出來らを九月一日局迄上り九月ゟ出仕
十日十一日十二日
九月朔日東京ゟ御便りにて后宮様東京へ行啓の事仰參り小大夫屋敷へ御使にてこえ新大つ本を迄上り候様三位様ゟ御使夕らさニ上り候事御返答申入御くゐし出ス

九月朔日

夕方局迄上り引居七日清湯出來九日ニ出仕隱居御礼申入東京へこゐく渉料三百疋御まな料七百疋御物書へ頼候也
十二日御気よりに出し候也

（以下四行一枚挿入紙）

十一日

大宮様御さた渡しニ付御祈禱三ヶ日

上下御霊北野祇おんへ

九日ゟ三ヶ日

九月十二日

霊らんしの宮様后宮様へ御れんと渡こひふ御参りこなたへもろうらより申

ノ口迄ならせらる御菓子出ル御手さけ物あなたへまいる新大もしめ御重

之内いたゝき候也

十三日十四日為ら司様東向ニ付こなたゟ御文こ内ニ御綸子一反

御組物御きせるもいく人形ぬり木御盃銀御盃

十五日

東京ゟ御為より三日限り御急使藤《マヽ》川まん水まて今日ニ成候由

十六日

后宮様御内ゝ御正忌のよしニて御不さん

十七日

内侍所へ隠居御礼申入金百疋と御肴料五百疋上ルさむらひ使口上よく御く満戴候也

后宮様へ松壽院宮様全丸宮様御参りに付御重之内御九こん戴新大三位様前大御乳人へ御文こ内に御あや一反つゝ前大御ちの人へ御ほんも一反戴一同ゟ松壽院様へ御組物すゝ取御きせる御盃御ふんこお入全丸様へきやうしもり小ぬんこ内に品々入松壽院様へ五種の御肴上候則鷹司様ゟいふゝたれ候御まいらせ也

十八日　十九日新大隠居御礼申入

大宮様后宮様へこもく御一ふる御肴一折つゝ御花ほん一箱つゝ両宮様へも同断后宮様ゟ御祝あそハし紅白綸子一反つゝ御祝義千疋御内々にて紫御ぬくゐられ御をやう

廿日廿一日廿二日廿三日

廿三日后宮様へ両宮様御いと満にならせられ参内殿ゟ御参内桂宮様巳ノ

刻静寛院宮様午ノ刻御参り后宮様ニて御すゝ御重肴ニて御盃進し候物有こなたニて御間之物出ル御乙や桂様ゟ御すもし静寛院宮様ゟあいめん

廿四日　廿五日御代参表より

廿六日廿七日蓮観院様観實院様孝順院様

后宮様へ御れんとまよ御参りこなたニても御間之物北乃御ゐんさしたニて御れあゝき

廿八日

東京より御便り富小路様御始御暇ニ御まいり

后宮様へも御参り御包物下さる

廿九日　三十日

大宮様へ御内ゝよて后宮様行啓午ノ半刻還御　よなら前東京ゟ御便り三日限り是迄の名靡せ候

（以下二行一枚挿入紙）
明治二年九月三十日三日限りにて是迄之名もんきられ新大納言坊門藤大納言京極と戴ル也

十月朔日　御ルのこ

后宮御へ御礼ニ参る夕ら上御盃御もふけ計

二日

后宮御五日御出輿ニ付御祝酒戴申ノ口にて御口祝御すい物いよゝ御おくニて色ゝ御馳走ル成ゝ御御綸子御ふく坊門いたゝき富小路御御ちりめん一反

二内侍御はしめ紅梅一反ッヽ前大御ちの人も御綸子御服越後御も同斷河内御紅梅一反

三日四日雨新内侍御河内御東京へ出立人揃ら手ふるまへニ成草津へ着いぬの半刻

五日雨　后宮様御する〳〵御出輿の事大宮様兩宮様へ申入
后宮様御出輿辰ノ半粟田へ御着巳ノ刻御着の事申參る御見送二内侍殿能
と殿帰り參〆七ッ前知光院殿へ綸子御うら共應修院殿へりんも御うら
共后宮様思召にて御ふる御あや御服坊門藏三位様へ御玄ゆちん御ふく前
大御ち殿へ白地御せんも越後殿御おもし御紗《ママ》ちりめん御ゑりんもおもし
下さるこなたより知光院殿へ御綸子うらつき應修院殿へも同斷
六日七《それ》日八日九日知光院様へまん進上
十日十一日
(以下四行一紙附箋)
右京大夫事 久禮波　新大夫事 阿屋波　小大夫事 新久礼波
十月十日に
組合にて御まな二種
久禮波へ五百疋　あやも新久礼波へ三百疋ッゝ
十二日

后宮御方ハ便りいらふハき嫌よく九日幸名あみ引されハ慰御のよし申参る知光院御へ三枚代　ハ供養料ハもな一筒寺門へハ廻し申入候事ハ備ハくこしも有

十三日ハいのこ

東京方ハたよりハ機嫌ハよし／＼殿妙染院殿十四日はゝかり日ニて下り十五日ニ上らるゝ

十四日

何を事成事なしらく事暇きれし候後礼ニ入來三種肴到來富丸殿たん生日ニ付硯ふた肴到來五種

十五日袖辨當應修院殿妙染院殿ハ涼所

紅葉染つくし美しき事

十六日

后宮御大井川ハ渡り大宮御方ハ重之內戴候也

十七日十八日
十八日桂宮様御くら付ニ付御らちん上まいらせ候こなさより三種御まなまいらせ候
おくられ御たのみ
十九日廿日廿一日三日坊門引
廿二日
東京ゟ大宮様へ御慰様ニとて金進しまいらせ候の千五百疋いさゝたれ
大宮様へ康丸殿参候御硯御水入下さる富小路殿御暇きん本小袖下さる
廿三日
梅園殿参らるゝ
廿四日
中御門殿御姫二方参らるゝ御包物下さる御重之内御もらひ申
廿五日
御猪子御日柄故何もなし三位様泉山へ御代参

廿六日少〻雨　廿七日

廿八日

后宮様廿四日午ノ刻前東京へ御着の事表ゟ申来る

廿九日

東京ゟ御便り御き嫌よく后宮様も御き嫌よく廿四日午刻前御着しもらく御休息にて御き嫌よく御對面御満足様三日限り御便り着

十一月朔日

御盃御もふけ計后宮様御礼に参られ知光院様御参り御便り御き嫌御よし〳〵長橋様より三位様前大御乳人私三人へ御くこし到来

二日三日四日五日六日七日八日

九日東京ゟ御便り御き嫌御よし〳〵こうしん御くしいさゝき御参り合をもいさゝよ

十日十一日寛禎様御使御細工物御重之内戴
十二日東京ゟ御もとへ御りさもら拝領坊門御もとえ十御かさもら八ツ御留主人ニ戴候也
十三日雨東京ゟ御便り御機嫌御よし〳〵　后宮様も御き嫌御よし〳〵
十四日十五日十六日東京ゟ御文より六日限りの御便り十一日め着
十七日十八日
東京ゟ御便り両日共御機嫌御よし〳〵十八日
光格天皇様へ御花一筒御備ニ蓮観院様迄出る
十九日廿日廿一日廿二日三之室二之室局へ
入來局ニて面會湯つき上きぬ一反ツヽ上候
廿三日桂宮様ゟも御くしれ御品紅板〆其外色〻戴候也
廿四日東京ゟ御便り御ふる御ふく御小長持ト大御長もちト二ツ來る御
ぬんこね納ル新嘗祭御當日大宮様より御くしの御品御重之物戴御綸子く

しけ様紫板〆梅園様
廿五日御代参中院正三位様あやめ様梅園様青柳様こあミゟ泉山へ参らるゝ
廿六日
大宮殿へ油小路様御京千種様も京着梅津も同刻御京后宮殿へ千種様御の〳〵
廿七日照高院宮御元服ニ付御冠奉書ニて出ル御直衣も明日表へ出る
廿八日油小路様宮中へ参候御言傳ニ御綸子一反千疋三位殿坊門前大
御乳人二三命婦様同断康丸様白ちりめん一反照高院宮殿御元服ニ付これ
ミより御使取次半金一枚二種壹荷
廿九日照高院宮殿御元服ニ付御札ニ御参り
御三間南御ゑんさしきまて御らき抜御硯ふミニのせ坊門御れミゝあせ申
御懐中あそはし御忘りそき
廿九日東京ゟ御便り大典侍殿ゟ人形御もらひ申伯一位殿ゟれ里百枚と御

座候へ共九十枚到來
三十日東京ゟ御文より

十二月朔日

朝御盃御はさかし夜ニ入御盃御もうけ
二日御文んとう御空き表へ出る
三日四日五日六日七日八日兩日撫物御引替七日靜寛院宮様ゟお藤為条られ
御菓子一箱御ふう面戴
八日桂宮様ゟ暮の御祝義三百疋坊門大典侍為始二命婦為もいさゝた
九日十日十一日東京ゟ御便り新嘗會御くし戴候
十二日十三日東對屋すゝ拂
十四日西對屋すゝに治定の所東京ゟ三日限御急便よそ霜月廿九日　勢州
外宮拜殿ゟ火出樹木へ火うつり候へとも　御社御別条あらせられぬ御事

申参り夫故十四日ハなめニ成十五日西對屋すゝはらひ
　十六日十七日
十八日大宮さまハそうしニてハよせさらねまいる十九日御神楽ニ付ハくし
のハ品大宮さま両宮さまへ参る
十九日東京ニて御神楽はらきかゝハはたハ神楽ニ付桂宮さまゟハくしれハ
品々の文ちりめん一反おもしニ切ミなく戴候也
廿日廿一日后宮さまハそうじ
廿二日こなた常御殿ハそうし長橋為ハ局へ三位さま始あつまり坊門局へ
引居方ニゟハはらひ参り其節ハ下よりもたせ上候
廿三日御くし上は茶ゟ渡しニ成
廿四日孝明天皇様ハ忌月ニ付三位さま両寺ハ勤ハ歳暮らけハ参り匣小路
さまもこなたゟハ参り
廿五日孝明天皇様ハ忌月ニ付表ゟ

御代参勅使清水谷正三位なれろ〳〵御供物あらせ候よしに内儀ゟ三位
局両寺へ女中よりもに花上ル表向にくもし大宮殿へまいる三位殿暮過す
く〳〵宮中へ帰り参候
廿六日廿七日廿八日東京ゟに便りに文有
御歳暮に祝義なら一折桂宮殿へ上ル廿八日なあムに日ゟら故明年ゟ廿七
日ゟ廿九日ニ上ルに其まゝれに返し
　廿九日三十日清はらひの人体参り居候事おもてより申参り表
に宜し次第はしめられの事申めてたし〳〵

明治三午年

績子

正月　元日
四方拜あらせられの沙汰ならら少〻の風心の湯出來まいらせぬの様子にて
あらせられにハ宮中まてハ二ノの間毎之のふまての座の参り取御もあ酒
置の祝義の膳も出る　のもんさん三位局二内侍為前大のちたくへの夕の
せんも出ルの祝濟まいらせ申ノ口まての祝戴ハ也の盃ハ東京にてあらせられ
宮中ハのもふけもなし朝あ迄ゐ男方五ヶ日女中ゑゑんあい祢もしねもし
ゑり附帯はあまの祝濟もあまなし后宮為への礼にまいる尤ゑきとゆひ五
ヶ日計のミ大すゑらりし
二日三日后宮為よりの心付五百疋
坊門前大の乳人三位為の綸子五百疋の祝の膳元日ふ同し
四日東京よりの便り
五日雨
朝のせん常御所にて出る朝の盃ハのもうけ計

千秋萬歳參内殿雨ニて切石之所にてまんさゐする共
六日　七日二ノ御間にて御かゆ出る
八日東寺ニてみしほ有
九日十日十一日安村局よひものし取
十二日十三日十四日十五日御祝
十六日安むら十七日十八日十九日廿日神參りねかひ
北野に參り京極殿へ立より久々にて御めのとゝ逢御悦包物上水入やき物
盃人形毛うへ上る二種の御まなも添京極殿ゟ冠えしち人形小ともし毛う
へうさたおき上り二ツ御をらひ申御門かきりニ上ル家來一同も御ち走い
たゝける由
廿一日瑞龍寺殿ゟ御そし玉御扇子一箱明日れ御便りに出ス坊門
へ御菓子いたゝける
廿二日あやめ殿神參沙留主人々ゟまと肴進上瑞龍寺殿への二

帖トハ菓子箱東京ゟ到來の二品坊門ゟ上ル
　廿三日　廿四日
廿五日　仁孝天皇様ハ廿五年ニ付両寺ハ代香三位さま今年よりハ實計をもちゐる
廿六日辰刻　勅使今城正三位さま参向神をん供しか〻ハ樂もなふをか〻事表より申入有俄の事ニてハ内儀大困り
　廿六日御代参坊門両寺泉涌寺ニてハ法事上ハ人數坊門京極さま大典侍さま二命婦三命婦さゝ波との六人より上ル御法事料二千疋也
桂宮さまより厚おほしめしニて坊門前大ハ乳人二三の命婦さまへ五百疋つゝいゑゝたれハ也
廿七日　坊門八ッ比ニ上ル
廿八日　廿九日竹田不動院よりとうそく正月八日童族ニ逢事ハせゝけ有表へ前大ハちの人仰出らるゝ
　二月朔日

上中下巳ノ日祓上り
二日后宮様へも上り乙の日もらひ后宮様中段ニて坊門待袴（マヽ）
千種様もらまあやめ様よも御手つさん
三日東京ゟ正月廿六日れ御事仰参る
四日少〻らセ　瑠理光院宮様御五十年忌ニ付二月八御内〻十一日表向観
實院□　御心さしすもし御ふさし御もらひ申坊門前大御乳人二三命（婦脱カ）様よ
り三百疋御乙まひ料ニて進上御悦の御返事まいる
五日知恩院方丈年始参内巳ノ刻ニ諸大夫の間迄参る
六日桂宮様ゟ思召ニて六日御もんしニ成候ニ付おきいおいさ（マヽ）戴也
東京ゟ御便りれ候一帖つゝ戴れ也
七日
八日瑠理光院宮様御五十年めくりに成候　坊門御ふしミ様故願れて泉
涌寺へ参り御花一筒坊門京極様前大御ちの人二三の命婦様ゟ上ル御り末

ノ刻比清め濟蓮観院様孝順院様坊門やしきにて御出まて御乙や蓮観殿ゟ包
物たき物御もらひ申
九日　十日東京ゟ御便り有新権命婦様ゟあらこらく到來
十一日十二日十三日十四日十五日十六日十七日
十八日東京より御便りまて大典侍殿より御もらひ申候　人形偏り其セり
臺のり玉印籠御もらひ申筑紫町殿ゟ菊花文ちん巻紙一まき御もらひ申
十九日廿日廿一日廿二日廿三日廿四日大宮殿へ大般若御札正月分榎本御
札進しまいらせ候桂宮殿へ大般若御札計旨
廿五日東京ゟ御便り二月十三日御認御文着
孝明天皇様御代参表より六条正二位様
廿六日廿七日九条入道殿へ御なし玉御り乙入旨御返事東京へ旨
廿八日　廿九日東京より巳ノ日もらひ御三度分廿七日夜着ニて土御門様
晦日ニ参まいらせ候故表へ申出る

三十日巳ノ日拂渡さるゝ

三月朔日　二日

三日は節句ニ付大宮様ゟ御方へ御盃臺御ちりめん十巻御まな一折おくの御方迄にて参る御返事出る女中へも御重之内戴向の御文御物かきへ頼御礼文も頼候也兩宮様より二種一荷上らるゝ女中へも御重之物

四日五日朝雨ふる後晴菖蒲小路殿匣殿参らるゝ康丸殿も参り度由願にて参らるゝ

六日七日八日九日十日兩日坊門引十一日大宮様より八丈嶋五反東京よりのり三百枚進しられ候由にて三位様へ八丈嶋一反坊門もしめへのり百枚いたゝき御礼文出る

十二日十三日東京より御便り康丸殿東向の事申まいる

十四日参内殿御花からりニて拝見御すもし御あい物御肴戴千種様木辻様

さしくし小弁も拜見應修院ゟ拜見大〳〵忝り御服所よりを御地走もらひ
候
十五日本壽院ゟ願書出る表へ出る此度ハ御はさにおよはれぬよし
十六日　十七日東京より御たより阿茶藤にも御断きこしめされ末の衆一
人高津たたたゐ東京へまゐり候治定
十八日御やくしもうて來廿二日廿七日拜有廿二日らさとゆ
廿三日大宮さまへ三位さま二命婦ゟなる後より參らるゝ御對面成御庭へも御
出の山たんふつゝ草
廿四日御馬場にて弁當東京ゟ茶ゐれく久禮波三人ゟ京申刻過申ノ口へ出
ゐ口祝色ゝ咄し有御機嫌よく后宮さまも御き嫌御よしとの事伺
廿五日御代參三位さま御參り八ツ過御ゟり御清め湯少ゝ風まよてあさゝまり
廿六日
廿七日蓮觀院ゟ觀實院ゟ御參り常御所牡丹咲りなきしにて一こんいさゝ

たすもし色〻の地走到來
廿八日坊門不勞にて引四月十四日出仕　宮中まての服くもり常の不まて
いつもの通り
四月十五日十六日十七日蓮觀様信敬様より御ふくの戴の礼らしとらちん
まいる
十八日十九日廿日東京よりの便り
今日藤浦東京へ出立
廿一日大典侍殿の言傳す丶一對すゝもち三枚らさ竝三位殿前大御ちの人
坊門三人ゟ進上
廿二日廿三日廿四日廿五日賀茂祭葵かけ御山陵御代参表ゟ梅園様の参り
廿五日葵の當日故前日口の下り三条邊出火あら〳〵敷事まて申刻過ちん
火梅園様の焼り後の静謐の伺文まいる
廿六日廿七日の御便りに久禮波當月廿八日出立の事申

久礼波出立の節坊門よりさらし一反五百疋送るは言傳ニはさけを十まん
上后宮御へもうちこ新清水院様今年は廿五年忌ニ付表ゟ　勅會之は法の
事申参る
明治三午書おとしは故
三月廿四日茶はんく久礼波三人帰京申刻過申ノ口ニて口祝色々咄し有
御機嫌はよし〳〵后宮御もはき嫌はよし〳〵の事伺
廿五日は代参三位御は参り八ッ過帰り参御清め湯少々風呂ニてあゑゝ
まり

五月朔日

康丸為東京へ出立ニ付は杉折はくこし下さる小文こよ御菓子坊門よりは
ゑ丸為へ送る
二日

桂宮様御別荘へ御初てならせられ候こなたより坊門菖蒲小路様二内侍様前
大御乳人こなたよりすぐニ参り五ッ半過ニ出らる前に参る両日参りの人
〻より宮様へまん千御まな上ル
諸大夫初藤崎もしめ御ミや有
宮様一夜御とう留御船にもめされあなたへ那《ニカ》る拝見
三日
三位様くしき様能登殿御参り宮様還御亥刻三位様もしめも御帰り亥刻過
四日
有栖川宮様御拝見の由ゑやふさし有
五日よひぎよりあひせニ成
六日
櫻木様御別荘御拝見
七日

八日富小路殿もしめ拜見竹御所上ろう局へ御出九日黒御ふゝゝ上ろう

九日

十日

夜ニ入東京ゟ御便り

十一日松山の壽波に長福寺へ参り桂宮殿御別莊拜見

十二日十三日

十四日新清和院様今年六月廿日御二十五めぐりニ成り候御ぜうも七重ニあらためられ御法事も是迄通りに勅會と仰出され候觀實院殿へ百金。〔信脱カ〕敬院殿二百金應修院殿長春院殿五十金ッヽ下され候大有難りニて御礼ニ参り候御く和し下さる

十五日十六日十七日土水性うけ入坊門うけ神様へこもく湯御な乃小むらことう上る孝順院殿御参りぜう留二日

十八日十九日御暇　廿日梅園院殿上らるゝ

廿一日あやめ小路殿下りニて京極殿へ御立より
廿二日廿三日廿四日坊門引
廿五日御代参表より
廿六日廿七日廿八日廿九日三十日
うけ入京極殿三命婦為坊門三人へ東京より千疋ツヽ御内々御さらし一疋
ツヽ拝領六月二日御便りの節御返事御礼文頼候也三位殿八月十四日東京
へ出立ニ治定

六月朔日

大宮殿へ月々御盃小預りよりまいり候御三こん御盃はんをられ御かもり
にて御まな進しめ〳〵よし小預りよりまいる此よし表より申入め〳〵由ならら
大宮殿へ御内儀より御心得ニ申入置候
二日

三日桂宮様より花崎御使ニ参候三位様東向ニ付
大宮様より后宮様より御慰様御くしれ御品進しまいらせ候よしニて坊門いしめへも御くしの御品いたゝき坊門ゟちりめん二内侍様にそ染あやめ様御反物

四日
后宮様御乳人御目ミへ藤嶋むすめ應修院様局へまいらせ候后宮様さゝ御服によてすき乙よまいる五日東京より御たより有
大すき様より御珍らしき御品下さる
伯一位様より御返事まいるあやめ様御下り

六日
妙荘嚴院宮様御五十めぐりに成候孝順院様知光院様へ御せらき御頼ミ申坊門二三命婦様より二百疋ツヽ京極様よりも御上れよし
九日御花上御

七日八日九日十日　あやめ殿上の〳〵
十一日
東京より御便り長橋殿よりむらさた白ゐらし一反かる田一箱御ミやの由御もらひ申れ
十二日坊門願ゐしきへ下り
十三日十四日十五日十六日十七日
十八日新清和院様御二十五年忌ニ付此度被塔七重ニあらためられ十八日御塔供養
十九日新清和院様両寺被代香表より
廿日
新清和院様御年忌ニ付もんしゆ院被代香表より泉涌寺御代香坊門御くヱし御花御焼香まいる御なしミの人〻より両寺へ御備御もな
廿一日坊門下り中　大宮殿より御尋御手さけ三重正親町少将殿入来ふれ

ひ

廿二日廿三日坊門上る鉢肴とか《こカ》さへも進上

廿四日

廿五日御代香表より庭田正三位殿梅園殿山陵へこなさより参候

廿六日梅園殿上候もゝ到來にてうちん五張大宮殿へに留主ゐ人ゝより

あやめ殿くしき殿もに人數まて上る

廿七日に水心祝なるのもん二内侍殿よりにもらひ申夜食三位殿より同斷

にもらひ家來迄

廿八日

富小路殿室町殿に参り室町殿局へに参りきなしよ茶わん五ッゝさま到來

あふま十本松山はしめへ

廿九日

水無月雷鳴風にて大さわき表淸はらひましに内義何もなし音羽にふより

暑中あけ香參る東京へ御便りに出る女中一同へもいゝゑゝたれ候也

七月朔日

昨日は雷ニて靈かんしの宮様音羽御方よりも御文ニて御見舞昨日音羽御方より暑中御茶さゝ《ママ》しん

二日

東京より御便り新權命婦殿より金平とう到來

三日

桂宮様東京より御ゑちこ御拝領御礼御黒戸へ御花上まいらせ候

四日

蓮観院殿信敬院殿孝順院殿妙染殿《ママ》觀實院殿長春院殿玉蓮院殿御參り御ま

あ御もらひ申御認御くもし間物一こん二条様へ御領方あゆまいる

五日

竹内殿こう玄川死去ニ付
桂宮様御外せきニて御ら〻迄四日より十日御引籠御と〻け有其御文東京
へ表の御便りに出し候
六日より坊門引
七日二内侍殿退られよりもしめての盆七夕祭相替らすくをれ
八日九日
十日泉涌寺御水向三位殿御参り青柳殿も参られ候
仁孝天皇様孝明天皇様へ御備へ二百疋ツ〻
八月
　十四日
三位様東京へ出立少〻雨
九月九日より坊門出る
同十六日

東京よりハ便り有二命ぬ為少ゝ工合あしくうさゐゑんいさゝかセ候本人へハ内ゝ福非より用意ニ二命ぬ為まてハゑゝ〔か脱カ〕・セ候、

九月十八日東京よりハ便り二命ぬ為願之通り隱居の事仰参り戴物七十石

此度ハ思召まて二十石ハ加増先ゝ御代より勤功ニつま正六位口旨〔宣カ〕給ハり候いまさ不勞中出まいらせす出仕のうへ長橋為より奉書ニて参るえゆちん小袖二十兩めてさくハ内ゝまて下さる

九月廿四日百ゝ御不上臈ら口しきもしめて参まいらせ小倉為むすめ〔大〕上ろうも附添参まいらせハミやハ重之内坊門へこう尺文こ内ニ細工物燒物ちよく一枚到來ハ用よりくるゐ人形袖入を植進し候

廿五日御代参表ゟ

十月十七日

靜寛院宮為よりあまりとを〳〵しくおほしめし故かもり合参り候様仰戴坊門二内侍為前大ハ乳人青柳為参りハ花生一箱三種ハまゐ上ル上ろう初

ゟ乳ゟ年寄へおもしゟ中ろう目録遣いすせきくふ有橋本殿ゟとりもちゟ
暇節しゆちんおもし坊門二内侍殿嶋しゆすたもしぬゐ取對ゑもこ入黑し
ゆすぬひおもし前大ゟちの人青柳殿おもしか茶あゝ大瀧高崎ゟ包物下さる
十八日
同宮様へ菖蒲小路殿匣小路殿岡殿三命ぬ殿參候ゟミやゟしゆろ一箱ゟ
まな三しゆ
明治三十一月七日磯浦隱居願之通りゟ礼おゐらゑもし到來翌日きめん火
もち巾ニ人形袖入包もれ遣し候也
十一月十一日延引乍隱居弘メニ付大宮様両間貫川殿藤坂へこふく涉一重
ツゝ進上　后宮様ゟ乳人甲斐こふくゟ一重らひらゑ殿ゟまな・（らひ脱カ）この根殿應
修院殿ふらまなしミ參り合ニ付こふくゟ一重外ニ亙んもふるきの一反進

しん隠居ニ付三仲間よりはち十枚外になる物十五
御服ふよりらさ五本先例のよしニて到來弘メニ付前大御乳人より御まな
二種蓮観院殿観實院殿さゝ波とのより御まな到來
十四日　隠居弘メニ付
竹御ふ御室よりこんぬ五十本御ゑる代三百疋上ろうに上﨟よりまき繪一
二文こ到來
十五日
靈らんしの宮殿よりこんふ五十本れふゝたれ也
廿四日
新嘗御當日后宮殿より御留主人ゝへ御くしれ御品戴御使小弁ゐこなふよ
りも御しれ下さる御今参御使
廿五日
御代参菖蒲小路ゐ参ゟ御花

十一月廿六日表より申来り東京御便り是より三八ニ成事
廿八日
音羽所より年中御撫物御引替日限御うらら《ゥカ》ひ十二月五日と申渡し有ミ
まて
十二月三日
内侍所御神楽ニ付御くしい大宮様両宮様へ東京より進し候様仰まいる
匣小路様所労ニて今日より下り
四日雪
東対屋すゝ拂あやめ様富小路様雪拝見ニ大宮様へ御来り
五日
西対屋すゝはらひ
六日七日東京より御便り二位様従二位宣下御礼ニ付たもこほん御まな料
五百疋世話親ニ付口ん料五百疋御もらひ申家来へも御祝義下さる

八日
桂宮様より暮の御祝き坊門三百疋前大御ちの人も三百疋岡殿二命ぬ殿へも今年より二百疋下さる明日常御殿御すゝ拂うんそう殿上人まいらるゝ
九日
大宮様思召にて暮の御祝義五百疋坊門前大ちの人兩人へ常御殿御すゝはらひ御早く濟夕方らより坊門出ル靜寛院宮様方富丸殿元服ニ付二百疋下さる御すゝニ付后宮様より御すゝまいらゝたれ也應修院殿より細工ふくろ物數ゝこんふ三十本
十日十一日十二日靜寛院宮様より御せうき三百疋ツゝ京極様坊門前大御ちゝ殿へ下さる
十三日　十四日節分大宮様御たん生日ニ付御祝御すい物　御所より御心付五兩京極様坊門菖蒲様御參り中御心付綸子小袖御祝きくしきの小路様御紋ちりめん青柳殿きんま小袖后宮様より富小路様長ゝ御參り御くろう

ニ思召ハ火もちハ祝きハ留主の三仲間へもハ心付らしら五百疋外三百疋
應修院とのへもハ心付有節分ニ付ハまめもやし二内侍さま中段ハ清間ハ三間
上段ハ湯殿ハ服不局家來ニて相濟子まつり十二月三日東京ゟ神樂ハ神事
ニ付ハ遠引ニて今日ニ成大宮さま兩宮さまへ大黒さまかのゝ樣文まて申參り則
とあふさまのをも參るハするゝ濟かのゝ上表より出る
ハ小座敷ゑをのハ間ゟ座四辻との參のゝ琴待〔持カ〕參
十六日
大宮さまハ床はらひニ付三種ハ肴ハるす一同より上ル
十七日
桂宮さまハすゝ拂ニてハよせ肴まいる蓮觀院さまハ參り口つらんハミや
十八日　十九日東京よりハゑより
新嘗ハ神事ゟくし拜領ハてん皇しニて坊門五重のハ重らへふさも有ハ弁
當大宮さまより進しかゝハくしの由十八日大宮さまハ床はらひニ付坊門ハあ

や一反前大御ちの人御綸子一反一同へ御重之内いた〻き候也
廿日廿一日あしきにてかちんねり
廿二日東京より御便り巳半刻過着かうしん御くし取御名代にて戴
后宮さまも御同様いまる御品着あし
廿三日孝明天皇様御祥月に付靈かんしの宮さまへ壹両御菓子料二百疋おく
より坊門よりも百疋御せかき料
廿四日両寺ともあやめさま御代参
廿五日両寺菖蒲さま御代参表より勅使阿野殿御祭御するく
大宮さまへ表向御くたし有両宮さまへも御くたし大宮さまへ御き嫌うか〻ひ大
典侍さまいしめ一同より御くたし京極さま岡殿坊門より御一ふに上候后宮さま
より御くたし戴御初穂御黒戸へ上ル
廿六日　今年より浄星佛セある様のをもいきられ今日護浄院へ治めれ〻
御初穂二千疋出され候由東京よりよへ御たよりならきれ〻極月十五日よ

りはまちあひは植木うそうのよし申来る取あへも渉き嫌伺今日より三日
限ニて出る　大宮殿よりも仰まいりは文出ル
廿七日
両宮殿へ参ら一折は歳暮は祝義
廿八日
大宮殿へたら一折上は返事有今年は参ら一折戴は礼文頼入也
廿九日清はらひ有めてさし〳〵

明治六年酉

いお母へ

績子

九條入道様御三年ニ付大宮様へ御機嫌伺ニ
御菓子料
七百疋
三位　岡
新三位　清水
筑紫町　岩瀬
菖蒲小路
くしきの小路

八月一日
皇宮様御袖留ニ付
同十月廿六日筑紫町様方御つゝへ
皇宮様御袖とめニ付
夏御白　御う地き
三位

白呉服　新三位
同　椹木
ゝ　清水
岩瀬
夏白　應修院
はうちき　筑紫まち

一乗寺村へたけかりニ行て
此家ニ侍りしことをおもひ出て明治六ッのとし神無月下二日懐旧のこ
ゝろを
形ゝそちニあまるとしへてまふきらニ
むかしを忍ふふちそこひしき
正三位績子
七十九才

書付くやる
高機廣崎隱居ゟ礼氣のかゝ七本到來
二百疋ツヽ遣はし候也
九月十八日
緋桃典侍とのゟ俄に催しに成　皇子さまゟこうたん作即刻逝去のよし
緋桃のすけさまも廿二日死去
十月
去る十三日午後八時過ゟ俄に小櫻典侍とのゟ催し成られ　姬宮さまゟ降さん
即刻逝去小櫻典侍とのも十四日死去
緋桃典侍との　十二月廿日百ヶ日ゟ引上のよしゟ香てん五百疋　兩三位筑
紫町匣小路岡との清水との岩瀨との葉室とのへ侍使にて上候

酉十二月十九日
大宮御去る十九日青山御所へ御引移りあらセられ
十二月廿八日御文にて表向濱荻のすけ殿ゟ仰参り其後表向文にて御悦申入

明治七戌年
同八乙亥

両お母へ

績子

孝明天皇様お祭典

一月三十日

お榊筑紫町殿ゟ仰下され御一所よ御頼申入候事

霊らんし殿へ御供養料の御事も仰下され候　金百疋上ル

二月廿一日

仁孝天皇様御祭典よくあらためゝニ付例年御供養料霊らんし殿是まてハ

壹両御くこし料二百疋出候へ共明治六年本んより御供養料千疋出候由ニ

て御所ゟ千疋是ゟ此御通り

三位ゟ　百疋

五十疋　岡殿ゟ

寛眞殿へあみニて出ル

大宮殿ゟおとひ　さけ一尺つゝいゑゝた富小路殿いしめも戴候故其人數

ゟ

七百疋

御肴料

新三位殿は三百疋に上れよし夫故此内ゟは御座無

又にのりもいたゝき

五百疋

御菓子料

三位

筑紫町

富小路

匣小路

室町

音町

椹木

青柳

篠波

三位

筑紫町

常行院

蓮徳院

椹木ゟ

はま荻様への
あみよて　文ハ筑紫様遊ハし被下候

十二日

三月十五日御便りに
桂宮様へ願候
三月十五日
霊らんし様ゟく〵那いまゝ御返事申入数とう様ゟの御文にて海苔二帖
上候事
同三月十三日
東京ゟ春の御返し拝領
大宮様后宮様よりも御返しいまゝき候也

三月十七日
長福寺ゟほしから物ゆゑし到來ニ付こんぬ料百疋　龍山殿死去のよし承り香てんとして又百疋

同年四月八日
桂宮様ハはやしハ能此度静寛院宮様ハ東上ニ付御暇あらせられ　ハ能ハもやしなそいし進しられニ付隱居めされ候参るハミや物ハらゑ
静寛院宮様ゟ當（四）月十五日ハ暇ニ参り候様仰戴参り候心得の所折あしく風邪ハ斷申入不参新三位様はしめハ参りハミや一所ょハ賴申匣小路様山小路様もハ参り
一新三位様ハめしふるしれハ地赤ハいたゝきれよし新三位様ゟハ傳へよて三位ハ丁子ふろ戴文ニてハ礼申入不参乍いたゝきしられ恐〳〵入候ハ目錄三千五百疋一同いたゝき候也

同年五月十三日
靈らんしなたもらひ戴数とうなた文らしも上ル
同年五月十五日
東京たは便り績子今年八十才ニ付杖めしられしよし紅梅のすけな新樹のすきなよりのは文おて　仰いゑゝき畏さ
十六日　兩宮なへ御礼御吹聽文ニて申入新三位なはくしなへも蓮名ニて申入ル
五月廿二日　さん別
桃の井ゐ花の井ゐ　千疋　繪嶋初嶋へ七百疋
同年四月八日
桂宮なニて靜寛院宮な此度は東上ニ付は暇ニあらさゐ其節はもやしは

能御覧ニ入まいらせ候私共もめされ卯半刻比ゟ御はいり　とをるすゑ御いとま申
入御ニひもならをの〳〵御様子

六月廿二日
静寛院宮様へをもまちよて参り御そばニて御菓子もいたゝき志もらくニ
て御暇申入

同年六月廿四日
静くわん院宮様御出輿ニ付侍山岡よて玉嶋へ口上ニて伺候所御する〳〵
れよし伺参り候宮様御出輿ニ付御乙おくり惣名代よ岩をな前日ゟ参まいらせ候
何も御する〳〵宮様ゟ御傳言もならをまいらせ候新三位様へ参まいらせ候其後水やし
きへを君之御する〳〵れ事伺めて度〳〵忝り〳〵候事

七月八日

御水向と申て口（蟲のため不明）ならをれ御作なまり御甚さしく成まいらせ候まゝ紅梅殿よ
り仰参り筑紫殿御参りのよし八日旧暦廿五日ニ当りまいらせ候
仁孝天皇様へ御備百疋ッゝ三位新三位殿岡様ゟ岩を様四人ゟ百疋ッゝ
孝明天皇様へ御菓子御榊是も一所ニつくし殿へ御頼申入候隠居仲間
九日
霊殿へ盆れ御供養料例年の御通り両三位岡様ゟ岩を様い昨年ゟやめ御用
のつくし殿ゟ御上れよし仰下され御一所ニ御上遊ハし被下候様申入候
事

六月廿九日
正親町三位殿ゟ西京《いさ子》三位屋敷へ御着里一位殿ゟ御傳言二百疋
正親町三位殿ゟきん一箱うち已三本
六月廿二日　七月卅一日正親町様

御出立七百疋上る

靜寛院宮様へまも待ニて參り御そもニて御くゐし戴きもらくニて御暇申入

同廿四日御出輿ニ付惣名代ニ岩瀬ゟ前日ゟ參候御する〳〵の御事 宮様ゟの御傳言もあらせられ事 新三位へも參られ其後やしきへも乙え御同様御する〳〵の事伺済安心申入候

正親町正二位様御夫婦ゟ御せん御もらひ申同三位様よりせん一箱うちわ三本

中山一位様ゟ杖御祝下され 五百疋御返し三百疋上候當年中の月〻の御入御目録も下さる

明治七戊年

八月三十日東京ゟ御便り績子追〻老年ニ及候ニ付 兩皇后様格別の思召を以金子二百圓拜領新三位様蓮觀院様も御同様おぼしめしニ付金二百兩

御さらし一疋ッヽ

七拾圓　大瀧へ

御同様　常照へ被下候

三拾圓　慈眼へ被下候

新三位局蓮觀院局績子も同事御さらし一疋是ハ九月四日着ニて戴候

桂宮御方参りいたゝき候也

御所へも御吹てう御礼文

大宮御へも御礼ふみ

皇后様へも申入文御一ッ

桂宮御へ文ニて御吹聴御礼申入候筈乍文数多御断申入侍使ニて上ル

同年九月廿四日

園御毎ヽ御心そつに仰被下大津へとう留ニ参り御ミや金千五百疋

ぬま尾濱浦へ二百疋つゝ
惣御家來へ三百疋
九月十八日
桂宮殿へ御機嫌伺御肴料
七百疋　三位
筑紫町　二人方上ル
此度結構ニ拜領ニ付御礼申入
御所へ　千五百疋
兩皇后樣へ千疋ッヽ上候
桂宮殿へ七百疋御返し候
御まな料三位新三位殿蓮觀院殿三人ゟ金千疋いたゝき候
右拜領ニ付心祝

十月廿九日　心祝ニ付新三位様御まねき申候へとも雨天ニて御断筑紫町様匣小路様樋木殿岡殿清水殿岩瀬殿入來　園様御取もち御頼申候也
豐岡殿も御出被下候
新三位様御はしめゟ御よせ肴三種御ならせむいり　樋木殿ゟ御ならしひ
外ニ包物人形ちよく三つかさね盃一枚
匣小路様ゟ目かねしやしん御もらひ申候きなしよちよく
大宮様へ御き嫌伺　七百疋

両三位　筑紫町殿

匣小路殿　岡殿清水殿

岩瀬殿

十一月十五日御便りニ　桂宮様へ願入候

十二月五日
富小路殿室町殿候ままき申入候出候二らふたもむ小むら五ッ候包物茶わん五つきむこよ焼ものさらつき五ッ被下候いらこ候取もち頼候也　茂山夫ぬ参り
極月廿二日　宮内省德大寺殿より候傳へニて明春一月十八日御會始ニ付御題給り候候達し有
　都部（マヽ）迎年

解題

吉田常吉

一　績子と中山家

本書の筆録者中山績子《いさ》は、中山家二十一代、正二位前権大納言愛親《なるちか》の十四女として、寛政七年（一七九五）二月十日に生まれた。母は家女房である。幼名を宗姫《みね》といい、文化四年（一八〇七）八月二十七日十三歳で召されて東宮（後の仁孝天皇）に仕え、上﨟となって高松局と称し、名を愛子《なり》と改めた。同十年十一月典侍雇となり、仁孝天皇の践祚にあたり、同十四年三月十九日典侍に補せられ、宰相典侍と称した。ついで同年四月二日従五位上に、文政九年（一八二六）五月十日正五位下に叙せられ、同十一年十月十一日名を績子と改めた。天保十年（一八三九）十月二十一日従四位下大典侍に進み、弘化二年（一八四五）八月八日正四位下、同三年正月二十八日従三位に昇った。同年二月孝明天皇の践祚にあたり、あらためて大典侍に任ぜられ、同年四月知行を加増された。嘉永元年（一八四八）嘉彰《よしあき》親王（後の小松宮彰仁親王）ならびに能久《よしひさ》親王（後に北白川宮）が仁孝天皇の御養子に仰出されたとき、その養母代となった。慶応三年（一八六七）正月明治天皇の践祚にあたり、さらにまたこれまで通りと仰出され、明治二年（一八六九）正月正三位を授けられ、同七年五月八十歳の高齢によって杖を許された。同八年二月十二日八十一歳をもって逝去し、中山家菩提所の京都廬山寺に葬られた。

績子の兄、二十二代忠尹の孫、すなわち愛親の曽孫が二十四代忠能《ただやす》である。忠能は朝権の回復に努め、ついに王政復古を実現し、明治新政の初めに議定職に列し、賞典禄千五百石を永世下賜された。その二女慶《よし》子は孝明天皇に権典侍として奉仕し、嘉永五年九月皇子祐《さち》宮、すなわち後の明治天皇を生んだ。したがって忠能は天皇の外祖父として幕末維新に活躍したことになる。また六女栄《えい》子は静寛院宮の上﨟となり、藤之井と称した。

このように中山績子は明治維新の大業に功績のあった中山家の出であり、仁孝・孝明・明治の三朝に歴事し、永く宮中の奥向、すなわち御内儀に奉仕し、また姪孫の慶子も同じであった。本書に収められた日記のある時期では、績子は大典侍として、慶子は典侍として、ともに孝明天皇に奉仕し、天皇崩御後も御内儀に留まったのである。したがって本書が孝明・明治の両朝にわたって、宮中奥向の消息を伝える貴重な史料であることは論をまたない。

二　御内儀の女房

本書は中山績子が御内儀に奉仕していた間の日記、いわゆる女房日記である。したがって日記には女房方の進退動作がしばしば出てくる。御内儀の女房について、本書の緒言にも簡単に触れているが、元一条家の侍で少時から同家に出仕し、宮中の公事に精通していた下橋敬長氏の談話速記（『幕末の宮廷』大正十一年、宮内省図書寮）があるので、日記の内容をさらに理解するために、これによって解説を加えよう。

御内儀の女房方には、典侍《てんじ》・内侍《ないし》・命婦《みょうぶ》・女蔵人《にょくらうど》・御差《おさし》、身分が下の方で御末《おすえ》・女嬬《にょじゅ》・御服所《ごふくじょ》がある。典侍の局には七人いて、その第一を大典侍といい、尚侍の置かれないこの時代には、御内儀女房方の頭である。大典侍という官は時々変らぬ置きすえである。その次に新大典侍・権中納言典侍・宰相典侍・按察使《あぜち》典侍があり、これらの官は時々変わる。その次に新典侍・今参《いままいり》がある。

内侍の局には四人いて、その第一が長橋局《ながはしのつぼね》で、官は勾当《こうとうの》内侍である。その次に小式部内侍・中将内侍・右衛門《よもの》内侍があり、これも時々変わる。そのほかに新内侍、ごく新しい人は今参といって、二ヶ月で新内侍になる。

命婦は七人で、その中に女蔵人一人・御差一人がいる。その名前は一番頭が伊予、次が大御乳《おおおち》、あとはすべて伊賀とか、大和とか、駿河とかという国名である。御差は天皇のお手水のときに御供をして行く役である。天皇の仰せに対して、命婦は直接に申上げることができない。御返答は典侍か内侍をもって申上げる。これに反して、御差は直接御返辞を申上げることができる。

典侍は堂上の中で格別の家柄の娘でなければなれない。その家柄でない娘が典侍になるときは、典侍の家柄の養女になる。たとえば中山前大納言忠能卿養女、実は倉橋正二位何々卿の女となれば、初めから典侍になれる。倉橋何々卿の娘というだけでは、内侍にしかなれない。このように内侍の局の家柄からは典侍の局に行かれない規則になっている。また命婦は地下《じげ》の娘であるが、本人の身分は地下でも従二位・正三位・従三位の娘でなければならない。

御末は七人で、その一番頭を尾張という。御末は四位・五位・六位の有位有官の娘で、表向の御用のほかに、天皇の召上り物をつくる、いわば奥御膳番である。

女嬬は七人で、その一番頭を阿茶、またあかかという。女嬬も四位・五位・六位の有位有官の娘で、御道具方である。たとえば灯火の油を差すこと、灯油・灯心・蠟燭や、御煙草盆に火をいれる炭、御火鉢に火をいれる炭など、総じて天皇の側近で使用する道具類を扱う。

御服所も七人いて、一番頭を右京大夫といい、右京大夫は表使を兼ねる。天皇の御召物はすべて御服所で仕立て、命婦へ渡し、命婦から典侍へ差出し、典侍がこれを整理する。御服所へは有位有官の者の娘と無位無官の士分の娘と、両方から出られる。御服所へ出る身分の娘が御末・女嬬に出たいときには、これまたそれ相当の身分の家柄の養女にならなければならない。

御末・女嬬・御服所の三つを三仲間《みなかま》という。維新後は三仲間を廃してすべて女嬬にしたが、女嬬の中に内訳があって、御末にあたる役を御膳係、女嬬にあたる役を御道具係、御服所にあたる役を御服係と改称し、官名は女嬬と総称していうことになった。

以上は下橋氏の談話速記『幕末の宮廷』から要約したものであるが、この速記録は女房日記を読むうえで参考になることが少なくないので、ぜひ一読されることをお薦めしたい。

三　日記に現われる女房方

本書は女房日記なので、御内儀の女房方がしばしば日記に現われる。日記が安政三年（一八五六）にはじまっているので、この年代における女房方を左に掲げよう。

〇御内儀女房

大典侍　従三位　藤原績子（故中山愛親卿女　六二歳）
新中納言典侍　従四位上　徳《のり》子（故勧修寺経逸卿女　六九歳）
按察使典侍　従五位上　静《さだ》子（故広橋胤定卿女　三六歳）

宰相典侍　　　　源嗣《つぐ》子（故庭田重能卿女　三七歳）
督典侍　無位　藤原慶《よし》子（中山忠能卿女　二二歳）
別当典侍　　　　尚《ひさ》子（甘露寺愛長卿女　一八歳）
勾当内侍　正五位上　兄《さき》子（故梅園実兄卿女　六六歳）
中将内侍　従五位下　房子（高野保右卿女　三四歳）
少将内侍　無位　重子（今城定章卿女　二九歳）
衛門内侍　　　　紀《もと》子（堀川康親卿女　二〇歳）
命婦　正六位上　小槻敬《しず》子（伊予　官務故壬生敬義宿称女　七〇歳）
同　正六位下　中原甫《なみ》子（大御乳人　大外記故柳小路師武朝臣女　四九歳）
同　無位　鴨昭《あき》子（越後　下賀茂社司故鴨脚秀豊卿女　五七歳）
同女蔵人　　　　克《かつ》子（能登　下賀茂社司故鴨脚光陳卿女　四一歳）
同　　　　持子（因幡　下賀茂社司梨木祐持卿女　三八歳）
同　　　　秦村子（伊賀　前松尾社神主故東相村卿女　四七歳）
同御差　　　　平朝《あけ》子（駿河　桂家諸大夫故生島成房朝臣女　五八歳）

御内儀の女房、すなわち内侍司（ないしのつかさ）の女官の長官は尚侍（ないしのかみ）であるが、後世には置かれないので、次官の典侍（ないしのすけ）が第一の女官ということになる。典侍は略してすけともいうので、日記では典侍方を略して「新中納言のすけ殿」「按察使のすけ殿」「宰相のすけ殿」「督のすけ殿」「別当のすけ殿」と書いていることが多い。またこれをさらに略して「新中殿」（安政四年五月十六日条、九八頁）、「あせち殿」（同三年八月十六日条、四九頁）、「宰相殿」（同年十一月二日条、六三頁）、「別当殿」（同年同月三日条、六三頁）などと書いているので注意すべきである。したがって「大すけ」とあるのは大典侍績子自身のことである。

内侍（掌侍、ないしのしやう）は典侍につぐ女官である。内侍の第一が勾当内侍で、略して勾当という。つねに長橋局にいるので、長橋局ともいう。大宝令の制では尚侍が伝宣・奏請を掌ったが、後世では尚侍が置かれなかったので、勾当内侍がもっぱら伝宣・奏請のことを掌るようになった。また剣璽を捧持するのも内侍の役で、「けんの内侍長橋殿、しのないし新内侍殿」（文久二年十一月十九日条、四七三頁）とあるのはこのことである。

前掲の御内儀女房は安政三年における女房方であるが、年代の移るにつれて女房方に異動のおこるのは当然である。このことは日記に記載されているので、実際はそれを参照すればよいわけであるが、日記から数例あげて参考に供しよう。

新中納言典侍勧修寺徳子は、安政四年五月十六日関白九条尚忠《ひさただ》から先朝よりの勤功によって新大典侍に仰付られ(九八頁)、文久二年十二月十日には従三位に叙せられ、新すけの局と仰付られ(四七八頁)、その十七日には願の通り隠居を許され、名を藤大納言と賜った(四八〇頁)。維新後になると、藤大納言を改めて名を京極と賜っている(明治二年九月三十日条、七三六頁)。

勾当内侍梅園兄子は、安政五年九月三日所労によって辞職を願出て許され、多年の勤労により典侍に昇せられ、小宰相典侍従四位下に任叙され(二〇四頁)、その五日に卒去しているが、卒去の記事は日記に欠いている。同年十月十八日の日記によると、中将内侍高野房子へ勾当内侍の御内意があって、房子はこれを御請けしている(二一五頁)。すなわち房子は内侍の第一に昇進したが、元治元年十月十一日謹慎を命ぜられ(五七四頁)、十一月二十二日には退役隠居を仰付られ、名を藤宰相と下されている(五八五頁)。欠員となった勾当内侍には、同年十二月二十五日新内侍が任命されている(五九二頁)。新内侍とは安政五年十月二十五日内侍御雇となった豊岡随資《あやすけ》の女であろうか(二一七頁)、その翌月十九日の条にはじめて新内侍の名が見えている(二二三頁)。

文久二年八月二十五日と九月一日には少将内侍今城重子と衛門内侍堀川紀子がそれぞれ辞職隠居しており、重子は少将、紀子は藤式部と名を賜っている(四四八・四五七頁)。

新しく御内儀にあがる女房を今参というが、日記にはしばしばこの名称が見える。安政六年八月八日中御門宗有の女が大典侍の局へ御目見に参上、ついで十一日に典侍御奉公人に召出され、名を今参と賜り（二七九・二八〇頁）、翌万延元年二月七日名を新典侍と賜っている（三一八頁）。普通二ヶ月ぐらいで今参から新典侍となるが、このように延引したのは、日記によると、まけ（月経）で宮参がおくれたためとある。

このように御内儀の女房方は年とともに異動があるので注意されたい。日記には御内儀の女房方ばかりでなく、准后をはじめ先帝およびその后妃付きの女房方もしばしば現われるので、参考のために、これも安政三年における女房方を左に掲げて置く。

○准后（九条夙子）女房

上　﨟　藤原公《きみ》子（八百　故高松公祐卿女　三四歳）

同　　長　子（五百　山井氏興卿女　三〇歳）

同　　平知《さえ》子（亭留　高倉永雅卿猶子実石井行弘卿女　四一歳）

御乳人　大中臣定子（大弐　春日社司故西師寿卿女　四三歳）

御年寄　藤　坂（随心院門跡侍岡本源義卿女　四三歳）

○光格天皇女房

蓮観院（元小上﨟菖蒲小路聴子　故姉小路公聴卿女　六三歳）

寂静院（元小上﨟常盤井家子　故柳原均光卿女　五七歳）

信敬院（元中臈藤式部清子　故外山光施卿女　四三歳）
実誠院（元下臈伊賀養子　松尾社司故東相養卿女　七九歳）
深修院（元御差代刑部　上賀茂社氏人故南大路長将県主女　六九歳）

〇仁孝天皇女房

観行院（元新典侍経子　橋本実久卿女　二三歳）
孝順院（元馬内侍嬉子　故今城定成卿女　五〇歳）
信楽院（元命婦紀伊信子　上賀茂社司故林重殖卿女　六六歳）
妙染院（元女蔵人淡路武子　下賀茂社司故泉亭春武卿女　五〇歳）

〇新清和院（光格天皇中宮故欣子内親王）女房

梅僊院（元上臈梅小路光子　故広橋伊光卿女　七七歳）
観実院（元上臈裏松興子　故今城定成卿女　五七歳）
応修院（元下臈常陸節子　日吉社司故生源寺業蕃卿女　五四歳）
長春院（元下臈長門希子　日吉社正祢宜生源寺希烈卿女　四二歳）

〇新皇嘉門院（仁孝天皇女御故藤原繁子）女房

心浄院（元上臈婦美充子　故姉小路公義朝臣女　六一歳）

信海院（元御乳人左衛門督季子　下賀茂社司故鴨脚秀豊卿女　七八歳）
観世院（元登世殖子　上賀茂社司故林重殖卿女　五七歳）
〇新朔平門院（仁孝天皇女御故藤原祺子）女房
知光院（元上﨟宣旨洗子　故岩倉具集卿女　五八歳）
蓮正院（元上﨟堀川善子　烏丸光政卿猶子実故勘解由小路資善卿女　四九歳）
梅芳院（元小上﨟梅の井永子　故冷泉為起卿女　四三歳）
王蓮院（元中﨟左衛門行子　倉橋泰行卿女　五一歳）
弘誓院（元御乳人大進庸子　故幸徳井保教女　六九歳）
本寿院（元下﨟播磨邑子　故松室秦重村女　五二歳）

四　日記の内容

欠失の部分　中山績子の日記は、六十二歳の安政三年（一八五六）より、八十一歳で逝去する前年の明治七年（一八七四）に至る、十九年間の日記である。しかしこの間に大きな欠失部分があって、連続した日記ではない。万延元年（一八六〇）八月二十三日より同年末まで（「端紙挿入」として十一月の日記が数日ある）、元治元年（一八六四）正月元日より八月まで、慶応元年（一八六五）全部、同三年正月元日より十一月六日まで（四月・五月・六月・十月に断続的に日記がある）、明治四年正月元日より同六年七月の末までの日記が大きく欠けている。このほかにも数日から数週間にわたって欠けている部分があるが、これはひじょうに多い。記事の精粗は、維新前に精しく、明治以降は簡単になっているので、大部分が大典侍時代の日記とみなしてさしつかえない。

績子がこの日記を筆録するにあたって、自身の覚書ないし留書の類によって書いたことは、ほぼ間違いない。万延元年八月二十二日の条のあとに「此あとわからす、うつしなし」（三五六頁）とあって、以後同年の日記がほとんど欠けており、文久元年三月九日の条のあとに「此後の心おほへ見え申さす、六月に成」（三七三頁）とあって、五月の末まで欠けており、慶応二年二月二十一日の条のあとに「此後とめなし」（六〇七頁）とあって、以後二月中の日記が欠けており、明治二年正月十九日の条のあとに「廿日よりとめなし」「二月も見えす」（七一五・七一六頁）とあって、正月二十日以降三月四日までの日記が欠けている。これらの事実から、績子は日々覚書ないし留書を記し、後日これを整理しつつ筆録してこの日記が成ったものと思われる。したがって覚書ないし留書の見あたらないところが、そのまま日記の欠失部分となったのであろう。

先にも述べたように、数日から数週間にわたり日記の欠けているところがひじょうに多いが、これは績子自身の都合によるものである。たとえば安政四年四月二十六日の条に「大雨にて大すけ五月二日まて所ろう下り」(九五頁)とあり、つづいて二十七日・二十八日・二十九日の三日間を一括した「廿九日御かり床はらハれ」(同上)というごとく簡単な記事がある。これは同月二十三日の条に天皇が風邪を召して仮床につかれたという記事に照応するもので、とくに記されたものであろう。また同年五月七日・八日・九日・十日の四日間を一括した記事では「御き嫌御よし〳〵、九日・十日大すけ引」(九七頁)とある。ここにいう「下り」とか「引」とかは、所労その他の理由で績子が御内儀を退出することで、したがって御内儀の模様を知りようがないから、ごく重要な記事は別として、数日間を一括して記したのであろう。日記にはこのような箇所がしばしばある。

このほか績子の御内儀退出によって完全に日記の欠けているところもある。たとえば安政四年八月五日・六日両日の条に「六日夕方より大すけ所労にて引、十月七日に出ル」(一一〇頁)とあって、そのあと日記は十月七日につづき、同六年十月二十五日の条のあとに「廿六日より大所労にて、廿九日御神事入、湯出来かね下り、十一月九日ニ上る」(一九三頁)とあって、そのあと十一月十二日につづき、万延元年七月十二日の条に「十二日より大すけ引、とめなし」(三五〇頁)とあって、そのあと同月二十四日につづき、文久三年二月六日の条に「少々所労ニてえ上り申さす、十一日局まて上り、廿日ニ出る」(四九四頁)とあって、そのあと同月二十日につづき、同三年九月二十日の条に「今日より大すけ引」(五三五頁)とあって、このあと十月一日につづき、慶応二年三月一日の条に「御機嫌よく、大下り中」

（六〇七頁）とあり、二日・三日両日の条に「御機嫌よく〳〵」（同上）との簡単な記事があって、このあと十五日につづいている。ここにいう「出ル」「上る」は御内儀に出仕することである。

このように日記に欠失部分のあることは、覚書ないし留書が失われたか、あるいは所労などで御内儀を退出したか、この二つの理由によるものとみてよいであろう。

女房詞　女房日記なので、古来一種の用語様式があって、これが用いられていることは、本書の緒言でも触れている。すなわち「まゐる」「られ候」「まゐらされ候」「けられ候」「させられ候」「られす」の変体仮名、「様」「殿」の草字については、緒言を参照されたい。ここで一言すべきことは、様・殿の敬意接尾辞の使い方である。摂家・親王・大臣にはかならず様を用い、それ以外には殿を用いている。日記ではこの使い別けが実に厳格に行なわれている。

女房日記の特徴の一つとして、女房詞がひじょうに多い。そのすべてについて触れることはできないが、しばしば出てくるものや難解なものに解説を加えよう。

「御機嫌御よし〳〵」「する〳〵」「にき〳〵」「むさ〳〵」のように、音の繰返しが多い。「する〳〵」は滞りなく物事のすむさま、「にき〳〵」はにぎやかなさま、「むさ〳〵」は病気が治りきらず不快なさまをいう。

上一音を残して「もじ」（文字）をつける、いわゆる文字詞がひじょうに多い。「おもし」「さもし」

「すもし」「ひもし」の類である。文字詞に限らず、一般に日記ではほとんど濁音を用いず、清音で書かれている場合が多いので注意を要する。前掲の文字詞は、それぞれ帯・肴・酢・姫の異名である。「おもし」は「嶋しゅす（繻子）おもし」「むらさき板〆おもし」などと、献上品や被下物によく出てくる。「さもし」の代わりに、同じく肴の異名である「まな」も使われる。

日記には盃事の記事が実によく出てくる。酒は「九こん」の語が使われている。これは九献の意で、三献づつ盃を三度さすことから出た酒の女房詞である。したがって「あま九こん」は甘酒の異名である。また「九こん」を文字詞にして「くもし」とも出てくる。ここで食物の二三の女房詞をあげれば、まず「こわく御《ご》」がある。これは赤飯の異名である。「かちん」は餅の異名で、「お」をつけて「おかちん」ともいう。「あかのおかちん」は煮た小豆をつけた餅の異名で、「あか」は小豆の色が赤いためにつけられた、小豆の女房詞である。「小いたゝき」「小戴」は「こいただきのかちん」の略で、摂関や宮が誕生日に宮中で召上る、煮た小豆をつけた餅のことである。「御間物《おあいのもの》」は食事と食事の間にたべるものの意で、間食の異名である。「まん」はまんじゅう（饅頭）の下を略した女房詞で、これに「お」をつけて「おまん」ともいい、またその大小によって「大まん」「小まん」ともいわれる。

日記にはまた神事の記事がひじょうに多い。安政六年二月二十九日の条に「石清水正せんくうニ付御神事入、手なし長橋殿さからるゝ」（二五〇頁）、その翌日の条には「宰相典侍殿手なしニて下らるゝ」

（同上）などとあって、神事に入ると女房方の御内儀を下る記事がしばしば出てくる。御内儀を下る理由となる「手なし」とは月経の女房詞で、月経中の女性は不浄とされ、供御や調度に触れることを禁じられていたので、あたかも手のないもののようであることから、この語が作られたのである。月経のことをまた「まけ」とも、「お」をつけて「おまけ」ともいう。万延元年四月十四日の条に「宰相典侍殿まけニて引」（三三五頁）とある。月経がすめば「お清」であり、元治元年十月二十九日の条に皇姉敏《とき》宮のことを記して「御うけ（有卦）入ニ付、十五日御まけ御清くあらせられ候ハヽ、十五日御けん上、もし御清からすハ、廿一日めて度御けん上」（五七八・九頁）とあるのがこれである。月経には「手なし」「まけ」の語がしばしば使われ、「月水」などという直接的な表現は、慶応二年十月三十日の条に「御神事入、准后様御月水ニて御下り」（六四八頁）とないわけではないが、ほとんど使用されていない。

神事に入って御内儀を下るのは「手なし」ばかりではない。忌服者、女房詞の「ぶくしゃ」も下るのである。安政五年十一月二十六日の条に「りんしさゐ（賀茂臨時祭）ニ付御神事入なり、御くま上ル、あせちのすけ殿・宰相典侍殿、いか（伊賀）殿ふく者ニて下り」（二二六頁）、また同六年九月十三日の条には「ほう生会（石清水放生会）御神事入、手なし・ふく者下り」（二八四頁）とあり、神事のとけたその十六日の条には「手なし・ふく者上らるゝ」（同上）とある。ちなみに安政五年十一月二十六日の条の「御くま」とは、神前に供えるお米、すなわちお供米の女房詞である。

幕末の日記　先にも一言したように、日記は績子の大典侍としての日記が主要部分を占め、日記に「大すけ」とあるのは績子自身のことである。「大すけ」の名称は明治二年の初めまでつづくが、同年三月七日明治天皇の再度の東幸後は新大納言と改称、日記には「新大」と出てくる。しかし同年九月三十日の条に「三日限りにて是迄之名はいせられ、新大納言坊門、藤大納言京極と戴候也」（七三六頁）とあって、坊門の名を賜り、これ以後、績子は「坊門」の名称で日記に登場する。

日記は御内儀の記録であるから、直接政治とはかかわりないが、日記を繙いていけば、そこにはおのずから幕末より維新へかけての歴史の流れが反映している。

安政五年には条約勅許問題がおこり、老中堀田備中守正睦《まさよし》が勅許奏請のために上京し、ついで無断条約調印を弁疏するために老中間部下総守詮勝《あきかつ》が上京し、翌六年にかけて安政の大獄がおこり、累は朝廷にも及ぶ。

安政五年二月九日の条に堀田正睦の参内、小御所において御対面の記事が見え、三月二十日の条には御暇参内、四月三日の条には御暇御対面の記事がある。この間、三月二十三日と四月一日に関白九条尚忠が参内して孝明天皇に御対面しており、いずれその措置について談じたのであろうが、これらの記事はいずれも簡単で、その内容をうかがうことができない。ことに五月十三日の条には関白をはじめ左大臣近衛忠凞《ただひろ》・右大臣鷹司輔凞《すけひろ》・内大臣一条忠香《ただか》・前内大臣三条実万《さねつむ》が参内し、御小座敷で天皇と御対面の記事はあるものの、実はこのとき時事の密勅を賜っているが、日記には密勅の記事はなく、単に参内御対面の記事にとどまっている。また六月二十七日・二十八日の条には前記の諸公卿を召す記事があり、二十七日には「異国舟ニ付御参しゆの御様子」（一八七頁）、二十八日には「異国事ニ付ての御事也」（一八九頁）とやや時勢を伝える記事が出ているが、それ以上に出ていない。あたかも二十八日は皇女降誕御七夜の儀あり、御名を富貴宮《ふきの》と賜った記事はひじょうに悉しいが、時勢を伝える記事は前述の程度にとどまっている。したがって水戸藩に降下した戊午の密勅についても、日記は少しも触れていない。この辺が政治向きにかかわりのない女房の日記の、女房日記たるゆえんであり、その政治向き記事には限界がある。

ついで安政五年十月二十四日の条に老中間部詮勝の参内の記事があり、すでに京都においては志士の逮捕がはじまっており、やがて幕府は四公の辞官・落飾を朝廷に迫る。翌安政六年正月十三日の条には病床中の天皇が九条関白と御対面の記事があり、四月二十七日の条には前関白鷹司政通の落飾の記事があり、十二月八日の条には青蓮院宮尊融親王の隠居・永蟄居の記事が見えて、これで安政大獄関係の記事は跡を断っている。

万延元年大老井伊掃部頭直弼《なおすけ》が桜田門外の変に仆れてから、幕府は公武合体政策をとり、皇妹和宮親《ちか》子内親王の降嫁を奏請する。この前後、和宮についての記事、たとえば同年六月十六日の月見の記事などが散見するが、降嫁に関する記事が日記に初見するのは、翌文久元年七月十二日の条で、それ以後、九月の三日と八日の条にあり、十月十五日の条には関東下向につき御暇参内の記事があるが、肝心の同月二十日京都発輿の記事はない。その後は十一月二十四日の条に江戸より便りがあった旨の、十二月九日の条に去る十一日辰刻に入城した旨の、さらに翌二年三月十三日の条には関東より便りがあり、婚儀の品々が到着した旨の記事が散見する。

和宮の降嫁問題がおこる以前、すでに嘉永四年七月に六歳で有栖川宮熾仁《たるひと》親王と婚約が整い、安政六年四月には明冬有栖川宮に入輿が内定していたのである。いっぽう安政六年三月二十九日には、日記にもあるように、祐宮の御手習始の儀があり、熾仁親王の父幟仁《たかひと》親王が御師範に選ばれている。和宮の降嫁問題が進捗して、熾仁親王との婚約は破談となったが、祐宮の御手習のために父宮がしばしば参内していることは、日記にしばしば見えている。現に和宮の関東下向の翌日、すなわち文久元年十月二十一日の条にも参内の記事がある。有栖川宮父子の感懐はいかばかりであったであろう。日記に散見するこれらの史料から推量するばかりである。

和宮に関して、万延元年六月十九日・二十日の条に「廿日和宮様初て御まけあそハし、めて度あかの御かちん御けん上、ミな〳〵もいたゝき候也」（三四七頁）の記事がある。弘化三年閏五月十日誕生の和宮が、数え年十五で初潮あり、御内儀であかのおかちんを戴いて祝ったという記事である。時に幕府は初度の降嫁の請願を却下され、再度の請願中で、この時期に和宮は一人前の女性になったのである。このような記事は女房日記なればこそ見られるので、他の史料ではうかがうことができないであろう。

文久二年には雄藩の京都周旋あり、朝権の伸張とともに、翌三年には将軍家茂の上洛を迎え、尊攘運動は極盛期に達するが、八月十八日の政変によって朝議一変、急進派の長州藩の勢力が失墜し、これが回復をめざして翌元治元年の禁門の変となる。日記にも時勢のあわただしい動きが伝えられる。

文久二年閏八月六日の条に関東から帰京した勅使大原重徳《しげとみ》の参内、ついで九日の条に大原勅使に随従した薩州藩主生父島津三郎久光の奏者所参内、十月四日の条に長州藩主松平大膳大夫（毛利慶親《よしちか》）参内の記事がそれぞれある。これ以降、同年の末にかけて、土州藩主松平土佐守（山内豊範《とよのり》）・因州藩主松平相模守（池田慶徳《よしのり》）・久留米藩主有馬中務大輔（慶頼《よしより》）・芸州藩主松平安芸守（浅野茂長《もちなが》）・津藩主藤堂大和守（高猷《たかゆき》）・前肥前藩主松平閑叟（鍋島斉正《なりまさ》）・阿州藩世子松平淡路守（蜂須賀茂韶《もちあき》）ら諸侯の参内の記事が見え、十二月二十三日と二十五日の条には関東より帰京した攘夷別勅使三条実美《さねとみ》の御機嫌伺いと御対面の記事がある。このように女房日記に武家の名が頻出するのも、時勢ならではの感が深い。この間、十月二十九日の条には島津久光の献上奉納米を広庭で天皇が御覧になった記事があり、十一月二日の条にはその一万石の頒賜があり、績子は十石、新宰相は九石、稚児は七石拝領したとある。

文久三年に入ると、正月十日の条の将軍後見職一橋慶喜の参内の記事につづき、三月七日の条には将軍家茂の参内、小御所において御対面、天盃を賜る記事が見える。家茂参内の記事は、同月十九日と四月二日の条にもあり、いよいよ十一日の攘夷祈願のための石清水社行幸となり、十二日に還幸されている。この間にも諸侯参内の記事が日記に散見するが、四月七日の条に「武家御対面」(五〇三頁)とあるのは、長州藩世子毛利定広と芸州藩世子浅野茂勲《もちこと》のことで、「馬献上二疋」(同上)とあるのは、紀州藩主徳川茂承《もちつぐ》の献上にかかるものである。ついで五月十八日の条には下坂していた家茂が帰京して参内し、六月三日の条には暇参内する記事がある。家茂は上洛に際して米十五万俵を献ずるが、これが頒賜について、七月十九日の条に「当春大樹公御上洛ニ付、御手薄くあらせられ候恐入せられ、十五万俵上られ、ミな〳〵御かそう米拝領」(五二五頁)とあり、ついで八月十日の条に「御かそう米三つわり、一分ハかねニていたゝき候也」(五二九頁)と見え、家茂の上洛によって、廷臣はもとより、女房たちまで潤ったことがわかる。

　七月晦日の条に天皇が雨中にもかかわらず、夕方から調練(会津藩)を御覧になり、ついで八月五日の条には馬揃(会津・因州・阿州・米沢・備前五藩)を御覧になる記事がある。天皇がこのように諸藩の調練を御覧になるようなことはなかったが、日記にかかる記事が散見するのも、時勢のしからしめるところであろう。そしていよいよ八月十八日を迎える。日記には「朝御早くより中河宮様・御摂家様かた御参り、不容易形勢ニ付」云々(五三〇頁)とあって、この日績子は憚り日で御内儀を退下していたが、清めた後、早々御機嫌伺いの口上を申入れたとある。中川宮尊融親王（後に朝彦親王）を中心とする政変の勃発を伝えている。しかし「不容易形勢」とあるばかりで、ここでも日記の記事はそれ以上に出ていない。

その後、十一月二十一日の条に江戸城本丸・二丸が焼失した記事があり、家茂および和宮へ被下物の記事が散見して、文久三年の日記は終る。

元治元年の日記は前半が欠けて、九月一日からはじまるので、七月十九日の禁門の変の記事はない。しかし変後の措置に関する記事はしばしば見うけられる。九月三日の条に関白二条斉敬《なりゆき》・右大臣徳大寺公純《きんいと》・弾正尹中川宮朝彦親王・常陸大守山階宮晃《あきら》親王・内大臣近衛忠房・権大納言九条道孝の変後の禁中詰を賞賜した記事が見えるが、二十二日・二十三日・二十七日の条にもこれらの宮・公卿および議奏・武家伝奏に物を賜った記事が見える。七日の条には禁門の変によって邸宅を焼失した前関白鷹司輔熙・輔政父子に金二百両と物を賜った記事がある。いっぽう武家方に対しては、五日の条に禁裏守衛総督一橋慶喜・京都守護職松平肥後守（容保《かたもり》）・所司代松平越中守（定敬《さだあき》）ら諸侯の軍労を賞賜する記事がある。また闕下の擾乱が鎮定したために、同月十日に内侍所で臨時御神楽が行なわれるが、十一日の条には神宮例幣使発遣の記事があり、「此ほとの御大変ニ付、とふそ〳〵天下泰平おたやかの様に別たん御幣物御奉納あらせられ候」云々（五五九頁）と、天下泰平を祈願している。

このあと日記は慶応元年を欠いて、同二年からはじまる。慶応二年を迎えて、政局は長州再征問題をめぐって重大化するが、日記にはそれをうかがうにたる記事がない。ただ八月二十日の条に、幕軍敗戦の最中、大坂城中で歿した将軍家茂の発喪の記事があるばかりである。こうした中で、四月七日の条に「此比きつね出、御庭あらし候ニ付、いなり神主御庭へまハり申きかせ、御初穂二枚、神主へ五百疋下さる」(六一二頁)という記事を見出す。いかにも御所らしい記事である。

孝明天皇はこの年も押し迫った十二月二十五日崩御、二十九日に喪が発せられるが、慶応二年の記事は十二月十一日の内侍所の臨時御神楽で終り、したがって天皇崩御関係の記事を欠いている。

そもそも天皇はこの内侍所の臨時御神楽の際に風邪を召し、十六日に痘瘡を発し、これが原因となって崩御されたのである。神事となれば天皇はかならず御湯を召して身を清める。日記によれば、この日も天皇は酉の刻(午後六時)に御湯を召され、入御になって神事が無事に終ったのが、丑の刻(午前二時)を少し過ぎていたという。だいたい神事は宵から暁にかけて行なわれるので、健康なときでも肉体的にかなり過重な所作であった。まして健康を害していたときは論外である。たとえば元治元年九月十五日に石清水放生会あり、その前日の十四日の条に「今はん放生会御丸火御神事入ニて、御するへの様、御すゝ参、御初穂白かね一枚・御くま参、御くしの湯御行水参、少々御むさへ、御用心様ニて御清め也」(五六二頁)とあって、御不快であったから用心して清められたと見えている。さらにまた文久二年十一月四日の条には「御丸火入、御湯殿ニて御清め、あかつきより俄に御とう御催し遊ハし、高しな典薬少允めし伺、少し御時きのよし申上、御せんニて御くたり」(四七〇頁)という記事がある。「御とう」は東司の上二音に「お」を冠した語で、大小便の女房詞である。それでここもそのように解釈したほうが素直であるが、高階典薬少允を召したとあるので、「御とう」を「御痘」と見て、痘瘡の気味が見受けられたので、典薬寮の医師が招かれたのではなかろうか。

筆者がこのように神事について二三の記述を引用したのには、一つの理由がある。それは孝明天皇の崩御に関して毒殺説があるからである。天皇は内侍所で行なわれた臨時御神楽の神事のあと発熱し、やがて全身に発疹が現われ、典薬寮の医師によって痘瘡と診断されるが、毒殺説もあるので、発病の発端となった神事について、参考までに事例をあげたまでである。ちなみに十二月十一日の内侍所の臨時御神楽の記事のあとに「藤丸殿ほうそうにて長〳〵下り、十日上られ」云々(六五七頁)という記載があって、まことに印象的である。これによって御内儀の中にも痘瘡を患う者があったことが知られるが、本叢書の『中山忠能日記』慶応二年十二月二十二日および翌三年正月十一日の条を参照すれば、これが事実であったことが裏書されよう。

このあと日記は十ヶ月以上も欠けて、慶応三年十一月七日にはじまる。しかも前に溯る日記がその後に混入して相錯綜し、かつ断片的であるが、政局の上では重大な時期である。

孝明天皇関係の記事としては、五月十六日およびそれ以後の条に遺金の頒賜があり（六六八頁）、十二月二十五日の条に一周忌の記事が見えている（六六〇頁）。十二月十九日の条に宰相典侍嗣子が病中ながら上京との記事があるが、これは和宮降嫁の際に特旨をもって御付を命ぜられていたからで、日記にもあるように、内実は十一月九日に死去し、ここは遺骸の帰洛ということになる（六五九頁）。

王政復古の大号令が渙発された十二月九日の条では、御内儀の庭に土州・薩州の藩兵がきて警衛にあたるという緊迫した空気を伝えており（六六一頁）、十日・十一日・十二日・十三日の条では将軍・会津も大坂に引取って静謐になり、十四日から警衛の人々も免ぜられたとある（同上）。記事がいずれも断片的なので、新旧政権の代替に伴なう混乱した雰囲気を伝える記事は、この箇所しかない。

維新後の日記　日記はこのあと明治の新政を迎えた明治元年（慶応四年）に入る。

正月三日の条に鳥羽・伏見の戦を伝えて、「また〳〵形勢そう〳〵敷」（六七二頁）とあるばかりで、このあと日記には欠失の箇所がままあって、政局の動向をとらえた記事に欠けることは、維新前と同様である。三月十八日に先帝孝明天皇の准后夙子《あさ》の立太后の宣旨あり（日記は慶応三年の箇所に混入している。六六三頁）、これ以後、日記に「大宮様」とあるのは、夙子を指す。四月一日から閏四月七日までの記事は、明治天皇の大坂親征行幸による留守中の記事である。閏四月二十二日の条に「明日の行幸御延引仰出さる、御道つくり出来かね候よし」（六八三頁）の記事がある。これは天皇が天智・孝明両帝の山陵への行幸を延引されたことで、これが実現するのは、天皇が東京から還幸後の十二月二十五日、孝明天皇陵に親謁されてその一半を果されるが、道路建設の未完成をもって延引となるのは、いかにも新政当初の諸事不行届の有様を物語っている。八月二十七日の条に即位の大礼、九月八日の条に改元の記事があり、ついで日記は東幸前のあわただしい空気を伝え、二十日の条の出輦となる。したがって九月二十一日から十二月二十二日還幸までの記事は、留守中の記事となる。この年の日記の最後、十二月二十八日の条に女御入内の記事がある。女御とは一条忠香の女美子《よし》のことで、即日皇后に冊立されるのである。

ついで日記は明治二年・三年とつづき、そのあと大きな欠失部分があって、六年八月から七年の末に至るが、摘記にとどまって記事はいよいよ簡単になる。

明治二年三月七日の条に再度の東幸の記事があり、これ以後、天皇は東京にとどまるので、以後は留守中の日記となる。再幸に先だって同月五日、天皇付きの大典侍以下の女房方が東京に出発し、御内儀はいよいよ寂寞となる。そして十月五日には皇后もまた京都を発輿される。いっぽう日記には五月十八日の条以降、かつての和宮、いまは薙髪した静寛院宮の名が散見するが、宮が同年二月三日帰洛したからで、七年六月二十四日の条には再び東京へ出発する記事が見える。

日記には随所に東京よりの便りが記載されており、また三年三月二十四日の条には「東京より茶・阿いく・久礼波（右京大夫）三人帰京、申刻過申ノ口へ出られ、口祝色々咄し有、御機嫌よく、后宮様も御き嫌御よしとの事伺」（七五三頁）とあって、東京から帰った女儒たちから天皇・皇后の御様子を伺っている。東京からの便りが鶴首され、またその噂をじかに聞くのがただ一つの楽しみになっていたほど、績子はすでに老齢に達していたのであった。

日記の内容について、維新前にはとくに政局の動向に重点を置きながら、維新後は御内儀の有様にも触れながら、解説を加えてきた。

史料的価値　政局の動向については、先にもしばしば述べたように、日記は詳細に伝えていない。女房日記として、これはむしろ当然のことであるが、仔細に見てゆけば、そこには前後照応する記事があって捨て難いものがある。しかし女房日記としての特色は、おのずから別の方面にある。大典侍中山績子の日記は御内儀の記録であるから、孝明天皇日常の進退動作はもちろん、准后夙子から皇子祐宮・皇姉敏宮・皇妹和宮、その他諸親王方の消息をはじめ、御内儀全般にわたって伝え、あますところがない。ことに儀式や年中行事の記事は詳細をきわめ、天皇以下女房方の服飾から所作に至るまで、あるいは賜物・献上品の内容までも詳細に書き留めている。したがって宮廷史の研究の上から貴重な文献であることはもちろんであるが、有職故実の研究の上からも見のがすことができないし、また幕末維新の女房詞の研究にも好個の文献である。このように見てくると、本書は史学・国文学の領域にまたがる貴重な文献であり、この点からいえば、本叢書の『押小路甫子日記』と双璧をなすものである。

中《なか》山《やま》績《いさ》子《こ》日《にっ》記《き》

日本史籍協會叢書 154

大正 六 年二月二十五日 初版
昭和四十二年七月二十五日 覆刻

編　者 日本史籍協會
代表者 森谷秀亮
東京都三鷹市上石原二一一二番地

發行者 財團法人 東京大學出版會
代表者 神立 誠
東京都文京區本郷七丁目三番一号
振替 東京五九九六四 電話(八一一)八八一四

印刷・株式會社平 文 社
本文用紙・北越製紙株式會社
クロス・日本クロス工業株式會社
製函・株式會社 光陽紙器製作所
製本・有限會社 新 榮 社

九一五四

日本史籍協会叢書 154
中山績子日記（オンデマンド版）

Digital Publishing

2015年1月15日　発行

編　者　　日本史籍協会
発行所　　一般財団法人　東京大学出版会
代表者　渡辺　浩
〒153-0041　東京都目黒区駒場4-5-29
TEL　03-6407-1069　FAX　03-6407-1991
URL　http://www.utp.or.jp

印刷・製本　　株式会社 デジタルパブリッシングサービス
TEL　03-5225-6061
URL　http://www.d-pub.co.jp/

AJ053

ISBN978-4-13-009454-2　　Printed in Japan